AP 경제학을 위한
프린스턴 이코노믹스

감수자 조형우

경제교육학 박사. 서울대학교 사회교육학과를 졸업하고 동 대학원에서 석사 및 박사 과정을 수료했다. 경기대학교와 고려대학교에 출강했으며, 현재 서울대학교 사회교육학과에 출강하고 있다.

AP 경제학을 위한
프린스턴 이코노믹스

지은이 김태리

초판 1쇄 인쇄일 2009년 5월 12일
초판 1쇄 발행일 2009년 5월 20일

펴낸이 박효상
편 집 신제찬, 김상호, 김진아, 조승주
마케팅 이종선, 이태호
디자인 둠벙

펴낸곳 사람in **출판등록** 제 10-1835호
주 소 121-839 서울특별시 마포구 서교동 378-16
전 화 02-338-3555
팩 스 02-338-3545
이메일 saramin@netsgo.com

ISBN 978-89-6049-121-2 (13320)

- 책값은 뒤표지에 있습니다.
- 잘못된 책은 구입하신 서점에서 바꾸어 드립니다.
- 저자와의 협의 하에 인지는 생략합니다.

PRI+N+STU+N

AP 경제학을 위한
프린스턴 이코노믹스
ECONOMICS

김태리 지음 | 조형우(서울대 경제학 박사) 감수

사람in

| 추천의 글 1 |
단 한 권의 진정한 청소년 경제서

최근 우리나라 특목고들에는 유학반이 속속 신설되고 있고, 한국과 일본의 국제학부를 목표로 하는 학생들이 점차 늘어나고 있다. 유학반이나 국제학부 진학반 학생들은 미국 대학의 교양 과정을 미리 이수하는 AP(Advanced Placement, 대학 학점 사전 취득제)를 이수해야 하는데, 그중에서 학생들이 가장 많이 선택하는 과목은 단연 미시경제학과 거시경제학이다.

필자는 미국의 대학에서 오랜 시간 동안 교수로 생활해왔다. 그리고 한국으로 돌아온 뒤에는 줄곧 우리의 고등학생들이 곧바로 영문 경제원론서를 접하기에 앞서 우리말로 된 경제학 준비서가 있으면 좋겠다는 생각을 해왔다. 일반 경제원론은 1000페이지가 넘는 분량에 전문적이고 딱딱한 내용들로만 가득 차 있어 부담이 될 수밖에 없다. 그리고 미국의 AP 참고서들의 경우에는 내용 요약만 되어 있을 뿐 이론이나 현상에 대한 설명 없이 문제만 제시되고 있어 경제학 전반에 대해 이해하는 데에는 도움을 주지 못한다. 그나마 청소년을 위한 경제학 도서라 자칭하는 책들이 더러 있지만, 이러한 책들도 단편적인 지식이나 가벼운 경제 상식을 전하는 데 그칠 뿐이다.

경제학은 암기보다는 논리적인 이해를 필요로 하는 학문이고, 사회과학의 일부임에도 수학, 통계학과 관련이 깊은 학문이기 때문에 처음에는 접근하기가 쉽지 않다. 이러한 문제점을 경험한 고등학교 3학년 학생 자신이 경제학 원론 수준의 내용까지 포괄하면서도 쉽고 재미있게 미시·거시경제학의 전반적인 내용을 실제 강의록 형식으로 정리하여, 또래 학생들의 공부에 도움을 주기 위해 펴낸 책이 바로 《프린스턴 이코노믹스》이다. 이 책은 흥미를 유발하고 청소년들이 쉽게 이해할 수 있는 예화를 활용하며 청소년다운 발랄한 문체로 경제학을 이야기하면서도 경제학의 이론적 깊이도 놓치지 않는 등의 많은 장점을 지니고 있다.

후학을 양성하는 교육자의 입장에서 이 책을 살펴본 뒤에 더욱 놀란 점은, 고등학생인 저자가 경제학이라는 학문에 녹아 있는 철학과 논리뿐만 아니라 경제학의 전반적인 흐름과 개별 이론까지 빠짐없이 이해하고 있다는 사실이었다.

언젠가 나는 우리나라뿐만 아니라 세계적으로 이름을 날릴 경제학자 한 명이 바로 여기에 있다고 말하게 될 것이라고 믿어 의심치 않는다. 이와 같은 태리 군의 첫걸음이 결코 헛되지 않을 것임을 나는 확신한다.

前 Central Michigan University Professor 한동욱

|추천의 글 2|
경제적 사고력과 경험, 지식의 결정체

청심국제중고등학교의 교장으로서 평소 많은 학생들을 지켜보아왔지만, 그 가운데에서도 김태리 군은 평소 방정한 품행과 모범이 되는 행동으로 나를 여러 번 미소 짓게 만든 그런 학생이었다. 그리고 태리 군이 학교의 자치법정인 명예위원회의 회원으로 활동하면서 본인과도 교류를 할 기회가 많았다.

태리 군은 평소 경제학에 큰 관심을 갖고 있었지만, 대한민국의 고등학생으로서 경제학에 쉽게 접근할 수 있도록 도움을 줄 만한 마땅한 도서나 교재가 없어 어려움을 겪어왔다. 이런 어려움을 경험하고 스스로 문제를 해결한 뒤, 또래 친구들이 보다 쉽게 경제학을 공부할 수 있는 방법이 없을까 고민하던 끝에 직접 원고를 쓰고 출판하기에 이르렀다.

경제학을 사랑하는 열아홉 살 소년의 입장에서 거쳐야 했던 어려움과 그에 대한 해법을 유쾌하고 명쾌하게 그려낸 《프린스턴 이코노믹스》

는 저자가 본교의 기업경영, 국제경제와 같은 교과 수업을 받으면서 쌓은 지식, 사회학 관련 과제연구(Project Research)를 수행하며 습득한 정보, 고교금융동아리의 부회장을 맡으면서 얻은 경험, FedEX Korea의 후원을 받은 CISA 벤처경영동아리 부회장을 수행하면서 익힌 지혜, 그리고 현대증권의 투자교육 및 Hunet의 Pre-MBA 과정을 밟으면서 쌓은 경험 등을 총망라하여 집대성한 청소년 경제학 학습의 결정체라고 할 수 있다.

학생의 입장에서 교수와 1대1로 수업을 하듯 쉽고 재미있게 경제학의 다양한 주제들을 쉽고 재미있게 풀어낸 《프린스턴 이코노믹스》는 AP 경제학의 미시경제학과 거시경제학 시험을 대비하는 학생들, 각종 경제 관련 경시대회를 준비하는 고등학생, 그리고 특목고 입학을 희망하는 중학생들의 경제 학습에 큰 도움이 될 뿐만 아니라 경제에 관한 상식의 차원을 넘어 보다 깊은 경제학 지식을 쌓고자 하는 분들에게도 힘이 되는 책이라고 감히 단언한다.

끝으로, 교과 수업을 병행하면서도 어렵고 힘든 작업을 훌륭하게 마무리한 김태리 군의 노고를 치하하며 이 글을 마칠까 한다.

청심국제중고등학교장 이종효

| 감수자의 글 |

효율적 경제 학습을 위한 최적의 경제 교과서

경제학은 '선택'과 관련한 학문이다. 자원의 희소성과 욕구의 다양성은 불가피하게 경제 원칙에 따르기 마련인 합리적 행위와 선택을 요구하고 있다. 최소의 비용으로 최대의 만족을 도출하기 위한 경제적 행위는 수없이 다양한 경제적 지식과 정보가 확산되는 학습 환경 속에 처한 우리 학생들이 수행해야 할 경제 학습과 선택 행위에도 당연히 적용된다.

그런데 다행스럽게도 시장경제는 경쟁 메커니즘을 통해 자원을 최적으로 선택하는 행위를 도와주고 있다. 경제학을 공부하는 입장에서도 마찬가지다.

'어떠한 경제학 원론서나 교과서가 가장 효율적인 학습을 유도할까? 어떤 경제학 참고서나 문제지가 나에게 가장 적합할까?'

이러한 고민과 선택의 문제를 해결하기 위해서는 물론 경제학을 전공한 사람이나 선생님의 가르침이 도움이 될 수 있다. 그런데 지금까지

학생들을 가르치는 입장에서 고등학생들을 위한 경제 교과서나 지도서를 선택하는 데 있어 가장 큰 아쉬움이 있다면 학생들의 눈높이에 맞추어 구성되고, 학생의 이해도에 걸맞은 경제학 관련 도서가 거의 없다는 사실이었다.

이런 면에서 김태리 군이 쓴 이 책 《프린스턴 이코노믹스》는 경제에 관한 이론서나 일반적인 문제집의 차원을 넘어 어떻게 하면 AP 경제학을 제대로 준비할 수 있는가, 어떻게 보다 깊은 경제학적 지식을 쌓을 수 있는가 하는 문제에 대한 구체적인 해결점을 제시하는 지도서이자 답변서로서 의미를 갖는다는 점에서 적극 추천하고 싶다. 대학교에서 강의하는 Micro Economics나 Macro Economics를 고등학교 수준에서 어떻게 하면 쉽게 학습할 수 있는가에 하는 문제에 대한 해결책을 이 책이 제시하고 있기 때문이다.

특히 지금까지 AP 경제학을 위해 학습하거나 준비를 할 때는 대학교 수준의 경제학 원론을 바탕으로 학습을 진행해야 했기 때문에 불필요하게 많은 내용이나 지식을 공부해야 하는 비효율적인 부분이 있었던 것에 비해 《프린스턴 이코노믹스》는 AP 경제학을 준비하는 과정에서 느꼈던 한국 학생으로서의 고민이 이끌어낸 핵심적인 경제개념들을 중심으로 정리되어 있어서 그만큼 효율적이다.

그래서 이 책의 가치가 더욱 빛난다.

서울대학교 경제교육학 박사 조형우

|저자의 말|
중고생의 눈높이에 맞춘 AP 경제학

AP(Advanced Placement) 시험은 대부분 특목고의 국제 계열 학생이나 유학을 준비하는 학생들이 치른다. AP는 미국 대학교의 1학년 수준에 해당하는 과목을 선수 학습함으로써 시간과 비용을 절약한다는 목적을 가질 뿐만 아니라, SAT2를 치른 뒤 보다 깊어진 학업 성취도를 객관적으로 증명 받기 위한 관문이기도 하다.

AP 중에서도 가장 많은 학생들이 치르는 시험은 단연 경제학이다. 사람들은 AP 경제학 시험이 인기 있는 이유가, 경제학이 단순하고 범위가 제한된 암기 과목이기 때문이라고 말하지만, 사실 경제학은 풍부한 상식과 범학문적인 논리성이 뒷받침되지 않으면 결코 접근하기가 쉽지 않은 과목이다. 그리고 경제학은 그래프나 수학적 도구를 사용하여 표현하는 학문이기 때문에 서술적 표현에만 익숙한 학생들은 이질적으로 느낄 수도 있다.

AP 경제학 시험과 관련된 서적들이 꽤 있지만, 딱딱하고 두툼한 경제학 원론서가 대부분이다. 중고등학생들의 눈높이에 맞는 책은 거의 찾아볼 수가 없다. 물론 중고등학생들을 위한다는 취지로 출판된 책들이 더러 있지만, 이러한 책들에는 정작 중요한 정보와 지식은 누락되어 있다. 그 예로 다음을 들 수 있다.

1. 내용을 설명하는 데 있어 난이도 조절에 실패했다.
2. 지나치게 한국 경제와 관련한 교과서적 내용만 담고 있다.
3. 단편적인 지식 전달에 그치고 있다.

저자들이 의도한 바는 아니겠지만, 이러한 책들은 청소년들의 경제학적 시야를 왜곡할 수 있다. 그리고 기존 경제학 원론서들은 전문적인 내용을 마치 헌법처럼 딱딱하게 기술하고 있어 독자들의 이해도를 크게 떨어뜨린다. 또한 AP 준비서를 표방하는 책들 대부분이 AP 시험을 주관하는 컬리지보드(Collegeboard, 미국의 세계적인 입시시험 기관) 사이트에 올라와 있는 기본적인 정보만 서술해놓거나, 최신의 경향을 반영하지 않고 해마다 문제만 조금씩 수정하고 보완하면서 가격만 높이는 어처구니없는 행태를 보인다. 상황이 이렇다 보니, 영미권 대학이나 일본, 중국 대학의 국제교양학부를 지망하는 학생들은 AP 시험을 위해 고액 과외를 받거나 수도권의 유학 학원에서 비싼 수업료를 지불하고 있다.

아직 고등학생 신분인 필자가 이 책을 쓴 이유가 여기에 있다. 필자가 1학년(2007년) 5월에 치른 AP 경제학만큼이라도 바람직한 학습 방향을 일러줌으로써 학생들의 부담을 조금이나 덜어주고 싶었기 때문이다.

또한 이 책은 특목고 국제 계열 학생과 해외 유학을 준비하는 학생들 외에 아래의 범주에 드는 분들에게도 매우 유용할 것이다.

한국 및 일본의 국제학부 입학을 준비하는 고등학생

경제를 선택과목으로 정한 국내 계열 고등학생

경제경시대회 및 경제 체험 대회를 준비하는 중고생

증권·선물경시대회를 준비하는 고등학생과 대학생

특목고 입시를 위한 논구술 시험을 대비하는 중학생

경제경영학에 대한 시사나 상식과 관련한 서적이 필요한 학생

경제 교양과 상식을 다지고 싶은 성인

이 7가지 범주에 최소한 한 가지 혹은 복수 해당되는 분들이 상당수이리라고 생각된다.

경제 관련 경시대회는 물론 증권·선물경시대회를 치르는 데 있어 대학교 1학년 수준의 경제학 지식은 필수적이다. 그리고 경제학은 경영학의 기본이다. 회계든 HR이든 마케팅이든 경제학의 기본적인 지식을 갖춘 분들은 어떤 하나의 정책이나 현상을 파악할 때의 이해도가 남들과 비교할 수 없을 만큼 높다. 실제로 증권경시대회를 대비한 표준 교재를 공부할 때도 기본적인 미시경제학적 통찰력과 거시경제학적 응용력을 갖춘다면 남들보다 훨씬 빠르게 진도를 나갈 수 있다는 사실을 필자

는 또래의 친구들을 통해 확인해왔다. 그리고 심화된 경제 마인드를 측정하는 경제경시대회를 준비하는 데 있어서도 튼튼한 기초를 다질 수 있을 것이다.

경제학만큼은 스스로 그래프를 그리고 시사에 적용해보며 한 단원, 한 단원 배워나가는 과정에서 누구나 쉽게 즐기며 공부할 수 있는 과목이라고 필자는 굳게 믿는다. 감히 단언하건대, 이렇게 착실하게 쌓은 지식은 평생의 소중한 자산이 될 것이다.

P.S.

경제학을 사랑하는 여러분께 티끌만 한 도움이나마 드리고 싶은 마음에, 저 하늘에 빛나는 별들의 격려와 영원토록 스산한 어둠의 이불과 함께 이렇게 마지막 한 글자, 한 글자를 적어 내려가며…….

청심국제고 기숙사 GLTC에서

김태리

―차례―

| 추천의 글 1 | 단 한 권의 진정한 청소년 경제서
| 추천의 글 2 | 경제적 사고력과 경험, 지식의 결정체
| 감수자의 말 | 효율적 경제 학습을 위한 최적의 경제 교과서
| 저자의 말 | 중고생의 눈높이에 맞춘 AP 경제학

Part 1. **AP 경제학**

[오리엔테이션] **AP 경제학이 뭐죠?** · · · · · · · · · · · · · · · · 021
선수과목이수제 | 시험의 구성 | 시험의 준비물 | 금지사항 | 경제학을 공부하는 올바른 방법 | 기타 경제학 관련 시험

Part 2. **미시경제학**

[첫 번째 수업] **경제학이란 어떤 학문일까?** · · · · · · · · · 035
경제학이란? | 경제학의 분류_미시경제학과 거시경제학, 실증경제학과 규범경제학

[두 번째 수업] **경제학의 기본 전제와 3대 경제체제** · · · · · · · 044
경제학이 말하는 '합리적인 인간' | 세계 3대 경제체제 | 경제학에서 말하는 자원이란 무엇인가?

태리의 개념 정리 노트 **NO. 1**

[세 번째 수업] **기회비용과 트레이드오프** · · · · · · · · · · 059
기회비용 | 상충관계

[네 번째 수업] **기회비용을 나타내는 생산가능곡선** · · · · · · · 068
생산가능곡선 | 생산가능곡선이 볼록하게 나타나는 이유

태리의 개념 정리 노트 NO. 2

[다섯 번째 수업] **왜 무역이 발생할까?** · · · · · · · · · · · 079
생산가능곡선의 확장 | 무역의 발생 | 절대우위와 비교우위 | 기회비용을 통한 비교우위 판단

[여섯 번째 수업] **수요곡선과 공급곡선의 이동** · · · · · · · 095
시장이란 무엇일까? | 시장가격의 결정 | 수요곡선을 이동시키는 주요 변수들 | 공급곡선과 변수들

[일곱 번째 수업] **균형가격과 잉여이론** · · · · · · · · · · · 114
균형이론 | 잉여이론 | 정부의 개입

[여덟 번째 수업] **수요와 공급의 가격탄력성** · · · · · · · · 127
가격탄력성이란? | 탄력성의 응용 | 탄력성의 실전

태리의 개념 정리 노트 NO. 3

[아홉 번째 수업] **조세의 귀착과 무역이론의 확장** · · · · · 146
조세의 귀착 | 국제무역의 이해 | 국제무역의 실전

[열 번째 수업] **소비심리와 국민경제의 순환** · · · · · · · 165
소비자의 행동과 심리 분석 | 수입 · 대체효과로 보는 한계효용균등의 법칙 | 경제순환도

[열한 번째 수업] **시장 실패와 정부 개입** · · · · · · · · · · 176
정부와 시장 | 정부가 추구하는 3대 효율성 | 공유성 | 시장에서의 정부

태리의 개념 정리 노트 NO. 4

[열두 번째 수업] **기업 경영의 경제학** · · · · · · · · · · · · · · · 187
공급 | 생산 | 비용 | 비용의 확장 | 외부효과

태리의 개념 정리 노트 NO. 5

[열세 번째 수업] **시장 해제** · 214
시장의 실제 | 완전경쟁시장 | 불완전경쟁시장

[열네 번째 수업] **완전경쟁시장** · · · · · · · · · · · · · · · · · 221
완전경쟁시장의 특징 | 이론의 확장과 그래프에의 적용 | 생산 중단과 기업의 퇴출

[열다섯 번째 수업] **독점시장** · · · · · · · · · · · · · · · · · · · 238
독점시장의 특징과 종류 | 독점기업의 실제 | 이론의 확장과 규제이론

[열여섯 번째 수업] **독점적 경쟁시장과 과점시장** · · · · · · · 253
독점적 경쟁시장이란? | 과점시장이란? _과점시장의 실제, 과점시장의 종류 및 경제적 효과, 게임 이론의 실제

태리의 개념 정리 노트 NO. 6

[열일곱 번째 수업] **요소시장과 노동력** · · · · · · · · · · · 274
자원시장의 서문 | 자원시장의 구조분석

태리의 개념 정리 노트 NO. 7

Part 3. **거시경제학**

[열여덟 번째 수업] **경제학의 통계학적 응용** · · · · · · · · 289
미국의 통계 | 통계 측정 방법 | GDP의 종류와 그 의미 | 심화된 GDP 측정 방법 | GDP 측정의 한계

[열아홉 번째 수업] **필립스의 역설** · · · · · · · · · · · · · · · · · 305
노동통계청 | 물가상승이란? | 물가상승의 영향 | 노동인구와 실업 | 실업의 종류 및 심화 개념

태리의 개념 정리 노트 NO. 8

[스무 번째 수업] **총수요와 총공급** · · · · · · · · · · · · · · · · · 324
총수요와 총공급 모델 | 고전학파의 이론 | 케인즈의 이론 | 총공급 모델 | 총수요 모델 | 총수요 모델의 심화된 분석 | 총수요와 총공급 모델의 실전

[스물한 번째 수업] **재정정책** · · · · · · · · · · · · · · · · · 343
재정정책이란? | 총수요 · 총공급곡선의 실제

태리의 개념 정리 노트 NO. 9

[스물두 번째 수업] **통화와 금융** · · · · · · · · · · · · · · · · · 365
통화의 경제학적 의미 | 통화의 의미 | 돈의 종류 | 통화정책에 대한 간단한 소개

[스물세 번째 수업] **통화정책** · · · · · · · · · · · · · · · · · 379
통화정책이란? | 이자율과 화폐의 수요 | 통화정책에 대한 경제학자들의 입장

[스물네 번째 수업] **환율과 경제성장** · · · · · · · · · · · · · · · · · 393
환율 | 무역을 제한하는 목적 | 경제성장론의 확장

태리의 개념 정리 노트 NO. 10

| Appendix | 미니 경제학 용어사전

AP 경제학은 대학교 1, 2학년에 해당하는 경제학 수업 내용을 다루고 있다. 자신의 학문적 성취도를 측정하려는 고등학생들이 주로 이 시험을 치른다. AP 경제학은 미시경제학과 거시경제학이라는 독립된 시험으로 구성되어 있다. 다행히 대학교 1, 2학기에 배우는 경제학원론보다는 수준이 낮고, 특히 미적분이 시험 범위에서 제외되면서 수학에 대한 부담이 없어졌다. AP 경제학은 대학교 과정을 선수 이수한다는 목적 외에 보다 확장된 경제학적 사고를 함양하기 위한 공부로서도 큰 도움이 된다.

오 리 엔 테 이 션

AP 경제학이 뭐죠?

PRI+N+STU+N ECONOMICS

▶ AP 경제학의 특징과 성격에 대해서 알아보자.
▶ 시험의 문제는 어떻게 구성되는가? 준비물과 금지사항은 무엇일까?
▶ 어떻게 공부하면 AP 경제학에 대비할 수 있을까?
▶ 경제학과 관련한 경시대회의 종류에 대해서 알아보자.

선수과목이수제

교수님, 반갑습니다. 저는 태리라고 합니다, 김태리.

만나서 반갑구나. 나는 한경제라고 한다.

제가 부탁드린 강의가 AP 경제학이잖아요. 본격적으로 수업을 시작하기 전에 AP 경제학에 관한 전반적인 내용을 다루어주시면 안 될까요?

안 그래도 그러려던 참이었다.

AP 경제학은 대학교 1학년 1·2학기에 해당하는(101, 102 레벨) 경제학 수업 내용을 다루고 있단다. 자신의 학문적 성취도를 측정하려는 고등학생들이 주로 이 시험을 치르지. 그런데 사실은 한국

대학교의 1·2학기에 배우는 경제학원론보다는 수준이 낮다. 특히 미적분이 시험 범위에서 제외되면서 수학에 대한 부담이 없어졌단다. 참고로 북미의 고등학생들은 AP 수준의 미시경제학을 첫 학기에 배우고 거시경제학은 두 번째 학기에 배운단다.

시험의 구성

AP 경제학은 미시경제학과 거시경제학이라는 독립된 시험으로 구성되어 각각 70분 내에 60문제를 풀게 되어 있는 객관식 부분과, 10분의 휴식 시간 후 10분의 읽기 시간을 가진 뒤에 50분 내에 3문제를 풀어야 하는 서술형 부분으로 나누어지는데, 객관식 시험은 전체 점수의 2/3, 주관식은 1/3을 차지한단다.

참고로 컬리지보드 시험의 특성상 5지선다형에서 한 문제를 틀리면 0.25점씩 감점을 당한다는 사실을 유념해야 한단다. 답을 기입하지 않고 공백으로 두면 그 점수만 포기하는 것이지만, 잘못된 답을 기입하면 마이너스 사항이 될 수 있거든. 따라서 찍기를 시도할 때는 5개의 보기 중에서 적어도 1개 이상을 안다는 확신이 있을 때에만 하도록 하자.

3문제가 출제되는 주관식 시험에서는 첫 번째 문제가 주관식 시험의 50%를 차지하고 나머지 두 문제가 각각 25%씩 차지하므로 시간 배분도 거기에 맞추는 것이 유리하다. 그리고 주관식 3문제에 딸린 작은 문제들이 꽤 있기 때문에 50분에 3문제라고 해서 안일하게 생각하면 절대로 안 된다. 문제 수로만 따지면, 주관식에만 소문제가 20문제 가까이 출제되는 경우도 있다는 사실을 잊지 말자.

우와, 생각보다 시험 형식이 어렵고 복잡하군요. 5점을 받기가 힘들겠어요. 만약 A에 해당하는 5점을 받지 못하면 어떻게 되죠?

11학년(고등학교 2학년) 이상이면 반드시 미시경제학과 거시경제학 두 과목 모두 5점을 획득해야 하지만, 9학년이나 10학년인 경우에는 한 과목 정도 4점을 받아도 '나이'라는 어드밴티지가 있기 때문에 그나마 부담이 덜할 것 같구나. 물론 될 수 있는 한 AP 경제학 시험은 합계 10점을 받는 것이 바람직하겠지. 경제학 외에 다른 과목도 마찬가지이지만 3점 이하의 점수는 절대로 받지 말도록 하자. 네 유학 전선에 적지 않은 타격을 줄 뿐만 아니라 다음 해에 시험을 또 치러야 하는 생고생을 해야 하기 때문이지.

시험의 준비물

다른 특별한 사항은 없나요?

물론 있지. 먼저 준비물에 관한 이야기를 하지 않을 수가 없구나. 네가 꼭 챙겨야 할 것들이 몇 가지 있단다.

①객관식용 2번 연필 2~3자루. 컴퓨터용 사인펜은 절대 안 된다.

②주관식용 검정색이나 어두운 블루 계통의 펜. 각각 1자루씩 준비하면 좋단다.

③본인의 Secondary School Code. Secondary School이란 한

국의 고등학교에 해당하지. 이 코드를 알려면 컬리지보드 홈페이지나 시험이 치러지는 학교의 웹사이트를 찾아보거나 직접 문의를 해야 해. 한국의 AP센터들은 거의가 특목고일 텐데, 그들의 경우 메일로 발송을 해줄 거야.

④ 본인의 Social Security Number. 한국의 주민등록번호에 해당하는데, 이 경우는 북미의 시민권이 있는 학생들만 해당된단다. 너희들은 상관이 없지.

⑤ 손목시계. AP뿐만 아니라 모든 시험을 치를 때 시간 관리를 위해 꼭 차도록 하자. 단, 소리가 나거나 알람 기능이 있으면 안 된단다. 물론 계산기 기능도 없어야겠지.

금지사항

> 금지사항 같은 것들은 없나요?

물론 금지사항도 숙지하고 시험에 임해야겠지?

① 계산기: AP 경제학 시험에서는 일반적인 계산기나 공학용 계산기 모두 쓸 수가 없단다. 그런데 사실 계산기가 필요할 정도로 복잡한 문제들은 출제되지 않기 때문에 걱정 안 해도 될 듯하다.

② 여분의 종이: 다시 말해서 연습장은 가지고 갈 수가 없단다. 하지만 시험지에 문제를 풀 공간이 여유로우니 이 역시 걱정하지 않아도 돼.

③컴퍼스, 각도기, 수정 테이프 또는 수정펜, 사진: 학생들 대부분이 시험을 치를 때 자가 있으면 유용하겠다는 말을 하는데, 원칙적으로 제도기는 쓸 수가 없단다. 하지만 시험관도 사람이므로 그래프가 깔끔하면 점수를 더 주지 않을까? 자를 사용할 수 없으므로 너는 여분의 2B 연필로 작도를 하도록 해라.

④휴대폰 등의 통신도구: 하지만 시험장에 가지고 가더라도 시험관들이 사전에 수거해서 보관을 해주기 때문에 큰 문제는 되지 않을 듯하다.

⑤음식물: 냄새가 심하지 않은 범위 내에서 가방 속에 넣어 입실할 수 있기는 하다. 초콜릿이나 사탕 정도를 챙겨가서 쉬는 시간마다 먹으면 두뇌 회전에 좋다고 하니까 참고하거라. AP 시험을 치른 아이들의 이야기를 들어보면 오리엔테이션이 조금 길어져서 오전시험은 12시(원칙은 오전 8시~11시)가 다 되어서야 끝난다고 하더구나. 대개 거시경제학 시험을 먼저 치르고 교내식당에서 점심 식사를 한 후에 미시경제학 시험을 오후 1시부터 4시 20~30분경까지 본단다. 원칙적으로는 오후 12시부터 3시까지지만 말이다. 너도 알다시피 보통 AP 시험은 특목고에서 치러지지. 그런데 학교에서는 식사가 제공되지 않는단다. 특히 경제학 시험을 치를 때는 AP센터가 아닌 타 학교의 학생들이 많이 오는데, 그 아이들은 나가서 사먹고 오거나 지인들이 도시락을 싸와야 하는 불편함이 없지 않단다. 보통 12시경에 끝나는 거시경제학과 1시경에 시작하는 미시경제학

두 가지 시험을 모두 치르는 학생들은 이미 치른 시험에 대한 해방감과 남은 시험에 대한 긴장감 때문에 평소처럼 자연스럽게 식사를 하기가 불가능하단다. 따라서 포만감을 느낄 수 있는 식사는 삼가는 것이 좋아.

경제학을 공부하는 올바른 방법

제 친구들 중에는 경제학을 독학으로 준비하는 애들이 더러 있어요. 그런 아이들은 어떻게 공부하는 게 좋은가요?

독학으로 준비한 대부분의 학생들이 주관식 시험에서 낭패를 본단다. 공부를 할 때는 단원별로 그래프를 정리한 후 그 그래프의 X, Y축에 어떤 개념이 들어가는지 반드시 암기해야 해. 시험을 치를 때 각각의 축에 개념을 기입하지 않으면 감점을 받을 수밖에 없지. 게다가 개념 기입이 신속하게 되지 않으면 의외로 한 문제를 푸는 데 시간이 많이 소요되는데, 많은 학생들이 이 때문에 점수에 악영향을 미치게 된단다. 그리고 장기적인 현상이나 법칙에 관한 그래프의 변화도 숙지하고 있어야 한단다. 당연한 말이지만, 충분히 연습을 하지 않으면 시험 당일의 긴장감 때문에 알던 사실도 잊어 먹고는 해.

그리고 서술형 시험에서는 시사와 상식을 필요로 하는 문제가 나오기도 하는데, 이럴 때는 나로서도 당황스럽더구나. 따라서 최근 1년간의 사회·문화적 사건들 중에서 경제와 관련 있는 부분들은 꼭 알아보도록 하자. 다시 한 번 강조하는데, 주관식 문항들은 객관식 문항들과 달리 학습 내용에 대한 깊은 이해를 요한단다. 잊지 말도록 해라.

주관식 시험이 문제로군요. 하긴 객관식은 그냥 달달 외워서 시험에 임하면 되니까 큰 문제는 없을 것 같아요. 뭐, 실수로 한두 개쯤 틀릴 수도 있겠죠.

그런데 학생들이 객관식 시험에서 가끔 덜미가 잡히기도 하는데, 보통 3가지 이유를 들 수 있단다.

첫째, 경제학적 시사와 상식에 대한 기초를 다지지 않고 난이도가 높은 특정 준비서만 보기 때문이다. 평소에 경제학에 관심을 가진 사람이라면 객관식뿐만 아니라 주관식에서도 크게 어려움을 겪지 않을 거야. AP 경제학 시험을 준비하는 학생들에게 너무 이상적인 말이 될지도 모르지만, 경제학을 공부하는 궁극적인 목적이 AP에서 고득점을 받는 것이 아니라는 점을 명심해야 한다. 경제학은 평생 두고두고 응용할 수 있는 학문이다. 오늘부터라도 홈페이지를 매일경제나 한국경제로 지정해놓고 매일 경제 관련 기사를 읽는 습관을 들이면 좋겠지. 그리고 증권이나 부동산 같은 분야의 기사도 틈틈이 읽도록 해라.

두 번째 이유야말로 사실상 네게 꼭 필요한 정보인데, 많은 수험자들이 상당한 수준의 경제학적 이해를 했음에도 불구하고 객관식 시험에서 쓰이는 용어들에 익숙하지 않아 어려움을 겪는단다. 해법은 하나뿐이다. 문제집을 많이 풀어보고, 문제집들의 해설까지 모두 차근차근 읽는 거야. 미국의 3대 출판사인 Barron's, Kaplan, Princeton Review의 책 외에 서울 교보문고처럼 큰 서점에 가면 영국의 McGraw-Hill에서 나온 문제집을 구할 수 있고 AP 경제학의 미국 교과서도 구비되어 있단다. 추천할 만한 책에 관해서는 이후에 다시 말해주겠다. 중요한 것은, 주머니사정이 여의치 않은 경우에는 그룹을 만들어서 한 권씩 구입하는 방법을 써서라도 다양한 교재를 접해보는 것이 필수적이라는 사실이다.

마지막으로, 객관식 시험에 대비하기 위해서는 개념을 잘 정리하는 것이 중요한데, 지금까지 내가 가르친 애들의 대부분은 따로 경제학 노트를 만드는 방법으로 고득점을 획득할 수 있었단다.

기타 경제학 관련 시험

와, 역시 AP는 '포스'가 대단하네요. 선생님, 그런데 특별히 AP 말고 경제학을 다루는 경시대회 같은 것이 있나요?

물론이지. 그렇다면 이번에는 국내외 대학에 진학하기 위해 필요한 인턴십과 봉사활동을 비롯한 과외활동의 일환으로서, 또 너의 경시대회 참여를 독려하는 의미에서 경제와 관련한 경시대회에 대해 소개하도록 하마. 참고로, 과외활동은 성적만큼이나 대입에 중요한 요소라는 거 알고 있겠지?

당연하죠.

그럼 일단 경제경시대회에 대해 설명해줄게.

전국 고교생 경제경시대회는 고등학교 학생들에게 경제에 대한 흥미를 유발하고 경제적 사고력을 배양할 수 있는 기회를 제공하는 한편, 경제 교육의 중요성에 대한 사회적 관심을 높이며 고등학교 경제 교육을 활성화하는 계기를 마련하기 위해 재정경제부와 KDI가 공동으로 매년 실시하는 대회다. 고등학교 1·2학년이면 누구나 참가가 가능하고, 참가비가 무료라는 장점이 있지. 하지만 시험이 있는 1월에 고교 국제반 1학년생들은 AP 혹은 SAT2, 특히 Math2C 준비로 한창 바쁠 때이고 영어 좀 한다는 아이들은 SAT1까지 치르기 때문에 이 경시대회를 준비하는 것이 힘들 수 있어. 그리고 서울이나 수도권의 AP 학원에 다녔거나 독학으로 AP 경제학을 영어로 독파한 학생들도 한국어 어휘와 표현에 익숙하지 않거나 한자 능력이 미숙해서 낭패를 보는 수가 있으므로 주의해야 한단다. 게다가 한국의 경제학 서적들과 AP 경제학 대비서의 내용이 상당히 다르다는 사실에도 주의해야 한다. 한국 경제학 서적으로 공부하다 보면 알게 되겠지만, 경제 윤리에 대해서도 잘 알고 있어야 한단다. AP 경제학은 그런 내용에 대해서는 다루지 않거든. 시험 시간은 2시간 정도. 그리고 인터넷(http://click.kdi.re.kr)에서 역대 시험문제들을 무료로 열람할 수 있단다. 그리고 문제들 중에는, 지문은 영어로 되어 있고 문제는 한글로 된 것들도 더러 있단다. 따라서 경제학이나 경영학과 관련된 영어 어휘를 습득해두면 시험을 치를 때 큰 도움이 되겠지.

　그런데 선생님, 저희 사촌누나가 전주상산고등학교에 재학 중인데요, 무슨 증권경시대회라든가…… 암튼 이상한 경시대회에 입상해서 돈을 꽤 벌었거든요. 그건 뭔지 아세요?

　전국투자자교육협의회에서 주관하는 경시대회들도 있어. 11월에 열리는데 고교생을 대상으로 하는 대회의 경우, 인터넷에서 다운로드할 수 있는 증권교육표준교재를 기본으로 출제가 된단다. 이 경시대회는 경제경시대회와는 달리 고등학교 3학년생도 출전이 가능하다는 점이 특징이라면 특징이지. 시험은 5지선다형 80문항이 출제되는데 역시 2시간에 걸쳐서 진행되며 개인전과 단체전으로 구분된단다. 출제 내용은 경제상식, 증권·선물 관련 기초지식, 증권투자 실용지식 등이다. 자세한 사항은 http://www.kcie.or.kr을 참조하도록. 증권경시대회는 경제학에 바탕을 두기는 하지만, 그 내용은 많이 다르단다. 그리고 표준교재는 구성 자체는 훌륭하지만 설명이 상당히 빈약하다는 약점이 있어. 그래서 심화 학습이 필요한 게 현실이다. 인문계의 많은 학생들이 친한 친구들끼리 팀을 이루어서 각자가 한 단원씩 프레젠테이션을 하는 방법으로 공부를 하고 있다고 하더구나. 한 가지 유의할 점은 국제 계열 학생들의 경우 한문 어휘나 표현, 한국의 법과 사회·문화에 익숙하지 않으면 매우 힘들 수도 있다는 것이다. 내가 가르친 어떤 아이는 AP 경제학을 영어로 공부한 탓에 모국어인 한국어를 해석하는 데 어려움을 겪었다고 하더구나.

대학생을 대상으로 하는 대회의 경우, 전국 4년제 대학의 학부생이면 누구나 참가 가능하지. 혹시 해외 대학으로 편입하려거나 커리어에 한 줄을 추구하고 싶은 학생들, 혹은 상금에 관심이 있는 대학생들은 참가를 고려해볼 만하다. 경시대회의 주제는 증권·선물시장과 관련된 내용으로서 분야에 제한이 없다. 이 역시 개인전과 단체전으로 분류돼. 더 자세한 사항은 http://univ.krx.co.kr에서 알 수 있을 게다. 참고로 말하자면, 증권경시대회가 경제경시대회보다 더 쉽다는 게 일반적인 의견이란다.

이 밖에도 수많은 경시대회가 있어. 그런 경시대회들은 널리 알려지지 않았고 기출문제도 구하기 힘들며 정보 자체가 얼마 없기 때문에 여기서는 소개를 하지 않겠지만, 그런 경시대회도 과외활동이나 커리어에 상당히 중요하므로, 경제·경영 계열에 관심이 있는 학생들은 다양한 대회에 참가해서 수상 실적을 내는 것이 필수적이다.

맞아요. 제 형이랑 친하게 지내는 친구들 중에는 Think Money 교재 영문번역대회에 참가해서 대상을 받기도 했어요. 남들이 무관심하게 지나치는 경시대회까지도 찾아내서 참가하는 것도 꽤 중요한 것 같아요.

네가 뭘 좀 아는구나. 세상을 살아가면서 그런 능동적인 마인드를 갖는 것이 참 중요하지. 자, 그럼 내일부터 본격적으로 수업을 시작할 테니 예습을 해오면 좋겠구나.

예, 알겠습니다.

PART. 2
미시 경제학

경제학에는 계량경제학, 국제경제학, 공공경제학 등의 다양한 하위 개념이 존재한다. 하지만 이 책에서는 그처럼 전문적이고 세부적인 분야까지는 다루지 않을 것이다. 대신 경제 현상을 바라보는 시야의 초점에 따라 구분하는 미시경제학과 거시경제학, 경제학적 현상에 접근하는 태도에 따른 분류인 실증경제학과 규범경제학에 대해서 공부할 것이다. 그중에서 미시경제학은 경제활동을 영위하는 사회 구성원의 단위에서 맞닥뜨릴 수 있는 경제학적 문제를 다룬다. 경제 주체로서의 개인이 가장 밀접하게 느낄 수 있는 분야가 바로 미시경제학이다.

첫 번째 수업

경제학이란 어떤 학문일까?

PRI+N+STU+N ECONOMICS

▶ 경제란 무엇을 의미하는 것일까?
▶ 학자들은 경제학을 어떻게 정의하고 있는지 알아보자.
▶ 경제적 현상을 바라보는 관점과 경제 현상에 접근하는 태도에 따라 경제학이 어떻게 구분되는지 알아보자.

경제학이란?

안녕하세요, 선생님. 오늘부터 본격적으로 경제학 수업을 하는 거죠?

그래. 오늘은 경제학에 관한 전반적인 내용을 배울 건데, 앞으로 익힐 내용의 기초가 되기 때문에 집중해야 한다.

예, 알겠습니다.

경제학의 영어 단어인 Economics는 그리스어 '오이코노미아(Oikonomia)'에 어원을 둔단다. 가계(Household)를 뜻하는 Oikos와 '규정하다' 혹은 '경영하다'는 뜻인 nem이라는 말이 합쳐져 만들어진 이 단어의 원어 의미인 '가계를 효율적으로 경영할 수 있는 기술'이 중국에 들어와 '경세제민(經世濟民, 세상을 다스리고 백성을 보

경제학이란 어떤 학문일까? **35**

살핀다)'이라고 번역되었고, 그 준말인 '경제(經濟)'가 학문화되어 한국이나 일본 등지로 퍼지면서 경제학이라는 단어로 자리 잡은 것이 경제학의 어원적 역사란다.

진정한 학문으로서의 경제학의 출발점은 1776년 영국의 경제학자 애덤 스미스(Adam Smith, 1723~1790)가 출판한 《국부론(An Inquiry into the Nature and Causes of the Wealth of Nations)》을 말하는 것이 일반적이란다. 애덤 스미스는 현대 경제학의 아버지라고 불리지.

선생님, 경제라는 것이 인류의 역사가 시작되면서부터 존재한 아주 오래된 분야라는 사실은 알겠는데, 왜 경제가 필요한지는 잘 모르겠어요.

태초에 아담과 이브가 하느님 아버지의 기분을 상하게 하지 않았다면, 인간은 영원토록 천국 같은 생활을 했겠지. 하지만 어쩔 수 없이 항상 부족함에 시달려야 하는 것이 우리 인간의 운명이란다. 경제란, 숙명과도 같은 이 부족함에 대한 문제를 해결하고자 하는 취지로 시작되었다고 볼 수 있어. '부족함'을 다른 말로 표현하면 '희소성(Scarcity)'이라고 할 수 있는데, 이 희소성이야말로 경제학의 핵심이란다. 한정된 자원을 어떻게 분배해야 가장 잘 분배했다고 소문이 날 수 있는가를 연구하는 학문이 바로 경제학이지. 영어로는 이렇게 정의한다.

Economics is a social science that studies how resources are used and is concerned with how resources can be used to their fullest potential.
경제학은 자원을 어떻게 활용하고 어떻게 최대한 활용할 수 있는지를 연구하는 사회과학이다.

조금 더 간략하게 하면 다음과 같이 줄일 수도 있겠지.

Economics is the study of how society manages its scarce resources.
경제학은 한 사회가 희소자원을 어떻게 관리하는가를 연구하는 학문이다.

그리고 선생님은 그냥 이렇게 정의한단다.

Economics is the study of scarcity.
경제학은 희소성의 학문이다.

그런데 이러한 경제학의 정의들은 경제학과 경영학의 범위에만 한정되는 것이 아니란다. 어떤 사람이 자신이 가지고 있는 것을 최대한 잘 이용하려 한다면, 그 사람은 이미 경제학의 영역 안에 있다고 할 수 있어. 우리 모두는 초기자산(Initial Endowment)으로 최상의 결과(Best outcomes)를 창출하려는 의도를 갖는데, 이러한 행위를 '경제학적 문제를 다룬다'고 말할 수 있단다.

자, 여기서는 우선 선택(Decision), 분배(Allocation), 희소성(Scarcity)이라는 단어에 주목하자꾸나. 왜냐하면, 이 세 단어가 경제학이라는 학문을 구성하는 가장 기본적인 요소들이기 때문이니까.

경제학의 분류

그런데 선생님, 어제 아버지 서재에서 책을 찾다가 계량경제학(Econometrics), 국제경제학(international economics), 공공경제학(economics of public sector) 등 상당히 다양한 종류의 경제학 서적들이 있는 것을 발견했어요. 경제학의 종류가 그렇게 많은가요?

물론이지. 경제학에는 하위 분야가 아주 많아. 그 종류를 하나하나 설명하기에는 시간이 오래 걸리고 박사 과정까지는 공부해봐야 대부분의 경제학 분야를 접할 수 있기 때문에 우리의 수업 시간에는 다루지 않겠다. 대신 인터넷 검색을 해보면 1시간 안에 대부분의 경제학 분야에 대해서 간략하게나마 알 수 있을 게다.

우리가 공부하는 대학교 1학년 수준의

> **희소성** 물질에 대한 인간의 욕구를 충족시켜줄 수 있는 자원의 공급이 상대적으로 부족한 상태를 이르는 말.
> **미시** 작게 보임 또는 작게 봄.
> **거시** 어떤 대상을 전체적으로 크게 봄.
> **실증** ①확실한 증거. ②실제로 증명함 또는 그런 사실.
> **규범** ①인간이 행동하거나 판단할 때에 마땅히 따르고 지켜야 할 가치 판단의 기준. ②사유나 의지, 감정 따위가 일정한 이상이나 목적을 이루기 위해 마땅히 따르고 지켜야 할 법칙과 원리.

경제학에서는 '경제학적 시야의 초점'에 따라 미시경제학과 거시경제학으로 분류하거나, '경제학적 현상에 접근할 때 객관성을 갖느냐, 주관성을 갖느냐'에 따라 실증경제학과 규범경제학으로 구분한단다. 하나씩 천천히 알아보도록 하자꾸나.

(1) 미시(Micro)와 거시(Macro)

미시경제학(Microeconomics)은 경제활동을 영위하는 사회 구성원의 단위에서 맞닥뜨릴 수 있는 경제학적 문제를 다루는 학문이고, 거시경제학(Macroeconomics)은 물가상승이나 실업, 경제 성장 같은 한 사회의 전반적인 경제 문제에 초점을 두는 학문이란다.

먼저 미시경제학의 영문 정의는 다음과 같단다.

The study of the economic problems faced by individual units within the overall economy.
한 전체적 경제 속에 위치한 개별 주체들이 맞닥뜨리는 경제 문제를 연구하는 학문.

The study of how households and firms make decisions and how they interact in markets.
가계와 기업들의 의사결정 과정과 그들의 시장 내 상호작용을 연구하는 학문.

어떤 경제학자들은 미시경제학을 기업경제학(Economics of Firms) 혹은 가격이론경제학(Economics of Price Theory)이라고도 하지.

그리고 거시경제학에 대한 영문 정의는 아래와 같단다.

The study of the economic problems encountered by nation as a whole.
한 국가 전체가 맞닥뜨린 경제 문제를 연구하는 학문.

The study of economy-wide phenomena.
한 경제의 전반적인 현상을 연구하는 학문.

(2) 실증(Positive)과 규범(Normative)

사실 미시경제학이나 거시경제학은 많은 사람들이 용어 정도는 상식처럼 알고 있지. 하지만 이제 배울 내용은 아마 보통 사람들에게는 익숙하지 않을 게다. 먼저 실증경제학(Positive Economics)이 뭔지 알아보자.

실증경제학은 현실의 경제 현상에 대해 가설을 세우고 분석한 결과로 얻은 일련의 체계적인 사실을 정립한 학문이야. 보통 영어로 표현할 때는 'what is'라는 구문으로 시작한단다. 우리가 흔히 쓰는 '경제학' 혹은 '경제 이론'이라는 말은 바로 이 실증경제학을 두고 하는 말이지.

그리고 규범경제학(Normative Economics)은 마땅히 있어야 할 어떤 경제 상태가 무엇인가에 대한 판단을 내리는 기준에 관한 학문으로, 주관적인 가치판단을 하는 것을 전제로 한단다. 영어로 표현할 때는 보통 'What ought to be' 혹은 'What should be'라는 구문으로 시작하지. 그러나 어떤 문장이 실증적인 사실을 말하는지, 혹은 규범적인 사실을 말하는지에 대해 판단하는 것은 특정 어구나 어휘를 보고 판단할 것이 아니라 그 글을 해석했을 때 어떤 의미를 갖는가에 달려 있단다.

예를 들어 다음과 같은 문장이 제시되었다고 가정해보자.

Minimum-wage laws is a cause of unemployment.
최소임금법은 실업을 유발하는 한 원인이다.

위의 문장은 단순히 하나의 현상을 나타낸 것에 불과하다. 이런 경우 실증경제학에 관한 것이라고 할 수 있어. 그리고 다음 문장을 보렴.

A decrease in property taxes-reduce the price of newly-built homes.
재산세 하락은 새 집들의 가격을 낮춘다.

이 역시 단순한 인과관계를 설명한 것뿐이기 때문에 실증경제학에 속하는 문장이라고 할 수 있어.

하지만 다음 문장을 보려무나.

The government should not approbate the minimum-wage laws.
정부는 최고임금법을 폐지하지 말아야 한다.

The high price of gasoline in the U.S. is unacceptable.
미국에서의 고유가는 용납되지 않는다.

어때? 이 두 문장에서는 최소임금제가 특정 국가에 긍정적인 영향을 미친다는 것과 높은 유가를 용납할 수 없다는 화자의 가치판단이 담겨 있기 때문에 규범경제학과 관련한 문장이라고 할 수 있어.

조금 어렵지? 이렇게 생각하면 보다 이해가 쉬울 거다. 경제의 있는 모습 그대로를 기술하는 것이 실증경제학인 반면에 경제 정책을 수립하거나 구체적인 경제적 목표를 정할 때는 규범경제학을 도입한단다. 경제 현상에 대해 객관성을 취하는 실증경제학에 비해 규범경제학이 주관성을 띠는 것은, 어떤 경제 상태가 바람직하고 어떤 경제 상태가 바람직하지 않은가에 대한 가치판단이 개입하기 때문이지.

앞으로 경제학을 공부해나가면서 느끼게 되겠지만, 경제학은

'가정(Hypothesis)'과 '예시(Example)'의 학문이기도 하단다. 가정이 정말 많이 제시되고, 이 가정들을 둘러싼 수많은 예시들이 제시되기 때문이야.

너무 많은 지식을 한꺼번에 담으면 두뇌가 스트레스를 받을 테니까, 오늘은 여기까지만 하도록 하자.

아휴, 경제학에 관한 전반적인 내용만 들었는데도 시간이 벌써 이렇게 되었네요. 그럼 내일 뵙겠습니다. 선생님.

그래, 조심해서 가거라.

두 번째 수업

경제학의 기본 전제와 3대 **경제체제**

PRI+N+STU+N ECONOMICS

▶ 경제학에서 말하는 '합리적인 인간'의 의미는 무엇일까?
▶ 국제사회의 세 가지 경제체제에 대해서 알아보자.
▶ 경제학에서 말하는 '자원'의 의미와 종류에 대해서 알아보자.

경제학이 말하는 '합리적 인간'

안녕하세요, 선생님.

그래, 어서 오너라.

오늘은 무얼 배우게 되나요?

오늘은 지구상의 경제가 어떤 형태를 취하고 있는지를 배우게 될 거야. 네가 아는 경제학의 정의 가운데 기억나는 것이 있으면 말해보겠니?

음, '경제학은 선택의 학문이다(Economics is the study of decision). 이게 제일 먼저 생각나요.

그래. 아주 적당한 정의를 들었구나. 오늘 네가 배울 내용이 바로 '선택'의 문제를 다룰 것이거든. 아래의 세 가지 경제학적 문제는 미국의 경제학자인 폴 새뮤얼슨(Paul Anthony Samuelson)이 정리한 것이란다.

1. 무엇을 생산할 것인가(What to produce)
2. 어떻게 생산할 것인가(How to produce)
3. 누구를 위하여 생산할 것인가(For whom to produce)

'새뮤얼슨의 이론(Samuelson's Theory)'이라고 하는 위 세 가지 문제는 우리나라 수능에서도 자주 등장하니까, 알아두면 좋을 게다. 그리고 관련지어서 알아두면 좋은 것이 있는데, 미국의 저명한 정책학자이자 통신이론가인 해럴드 라스웰(Harold Dwight Lasswell)이라는 사람이 정치학을 다음과 같이 정의했단다.

Who Gets What, when, and How?
누가 무엇을, 언제, 그리고 어떻게 획득하는가?

이것을 '라스웰의 정의(Lasswell's Definition)'라고 하는데, 정치학과 경제학의 깊은 연관성을 보여주는 한 사례라고 할 수 있지.
앞으로 전개될 여러 가지 경제학적 개념들은 위와 같은 질문들에 답하는 데 많은 도움을 줄 것이다. 물론 답변은 네 몫이지. 알겠니, 태리야? 졸지 말고!
아, 죄송해요. 그래도 필기는 꼼꼼하게 했으니까 너무 걱정하지

마세요.

에헴! 내가 지금 들려준 질문들에 '누구(Who)' 라는 단어가 등장했지? 물론 'Who' 는 사람을 지칭해. 여기서 아주 중요한 개념 한 가지가 등장하는데, 경제학에서 말하는 '사람' 이란 '합리적인 사람' 을 말한다는 사실이야. 이 '합리적인 사람' 은 자신의 이익을 우선적으로 고려하고 한정된 자원을 가장 효율적으로 사용할 줄 아는 존재를 가리키지. 경제학은 '합리적인 인간이라면 이렇게 행동할 것이다' 라는 합리성의 가정에 기초를 두고 있어.

나중에 네가 어떤 경제학 원서를 읽더라도 '모든 개인은 합리적이다(All individuals are rational).' 라는 전제가 명시되어 있다는 사실을 확인할 수 있을 게다. 이 '합리적인 사람' 을 영문으로 설명하자면 다음과 같단다.

> individuals who systematically and purposefully do the best they can to achieve their objectives.
> 목적 달성을 위해서 조직적이고 계획적으로 자신들의 최선을 다하는 주체(들).

개인이 할 수 있는 한 최대한으로 자신의 경제적 이익을 추구한다는 뜻이지.

음, 우리 학교의 슬로건 중의 하나인 이타적 품성(Altruistic Mind)은 경제학에서 말하는 '합리적 인간' 에는 어울리지 않는군요.

그렇구나. 경제학에서 말하는 합리적 인간은 그런 이타적 품성을 전혀 갖지 않지. 그리고 '합리성'이라는 말은 '효율성(Efficiency)'과 관련이 있는데, 이는 '공평성(Equity)'이라는 개념과 대립된단다. 참고로, '합리적 인간'을 라틴어로 표현하면 '경제인(Homo Economicus)'이라고 해.

> **합리성** 이론이나 이치에 합당한 성질.
> **효율성** 들인 노력에 따라 보다 큰 결실을 얻으려는 성질이나 태도.
> **공평성** 어느 쪽으로도 치우치지 않고 고르게 하려는 성질이나 태도.

세계 3大 경제체제

선생님, 그런데 오늘 배울 내용이 경제의 형태라고 말씀하셨잖아요. 저는 중학교 사회 시간에 배웠던 민주주의, 사회주의 뭐 그런 걸 배울 줄 알았어요. 그런데 선생님께선 경제의 기본 전제인 '모든 개인은 합리적이다'라는 개념을 설명해 주셨어요. 그게 경제의 형태랑 어떤 관련이 있죠?

정말 날카롭고 훌륭한 질문이다. 오늘 수업의 핵심 내용인 3가지 경제체제를 분류하는 데 있어서 기준이 되는 지표가 바로 아까 말했던 경제학적 문제를 해결해나가는 방법론의 차이 때문에 발생하는 것이란다. 더 정확히 말하자면, 그 문제를 해결하는 주체가 누구냐에 따라 서로 다른 형태의 경제체제를 구축하게 되는 거지.

태리야, 그리고 민주주의와 공산주의는 정치체제이지 경제체제가 아니란다. 약간 헷갈릴 수도 있는데, 지금부터 차근차근 알아보도록 하자.

가장 먼저 알아볼 것이 중앙통제경제(Command Economy)다. 이 경제체제에서는 중앙정부가 경제활동에서 발생할 수 있는 기본적인 문제들을 해결하기 위해 개입한단다. 보통 근대의 중국, 쿠바 그리고 북한의 경제체제가 바로 이 중앙통제경제의 형태를 취하고 있다. 이러한 경제체제를 취하는 나라들의 정치체제를 바로 공산주의(Communism) 혹은 사회주의(Socialism)라고 해. 그런데 중앙통제경제체제는 크게 4가지 단점이 있어. 중요하니까, 귀를 바짝 기울이도록 해라.

중앙통제경제는 배당량(Quota)과 생산계획(Production Plan)을 미리 정해서 각각의 상품과 서비스의 제조량을 결정해. 예를 들어서, 인구가 10명밖에 없는 마을이 있다고 치자꾸나. 이 마을의 이장은 이번 달에 마을 주민 한 사람이 필요로 하는 빵의 개수가 20개니까, 빵은 200개(20×10)만 만들겠다는 계획을 세웠어. 여기서 한 사람에게 주어지는 빵 20개는 배당량이고 200개는 생산계획이 되지. 그런데 이렇게 규모가 작은 집단에서는 이러한 계획이 맞아 들어갈 수도 있지만, 그 범위가 커져서 국가적으로 수행될 때는 이게 보통 어려운 일이 아니란다. 게다가 한 가지 상품 혹은 서비스만 생각하는 것이 아니라 무수히 많은 상품들과 서비스, 그리고 그것 사이에 놓여 있는 상호적인 관계를 고려해서 분배와 생산의 수준을 조절해야 하는데, 이러한 일을 완벽하게 수행하려면 엄청난 시간과 자본이 투여되어야 해. 물론 시간과 돈을 들였다고 해서 계획을 완벽하게 세운다는 보장도 없지. 그리고 모든 상품과 서비스의 가격은 물론 모든 근로자들의 임금도 국가가 정해야 하는데, 이 모든 일을 완벽하게 수행하려면 신의 도움 없이는 절대적으로 불가능한 일이야.

그리고 이와 같은 공산주의적 사고가 주입되고 평등한 국가관을 내세우면 의사와 식당 웨이터의 봉급이 비슷해져버리게 된단다(절대로 웨이터님들을 비하하는 발언은 아닙니다). 이런 상황이라면 누가 어렵게 공부해서 의사가 되려고 할까. 이는 오히려 근로자들의 노동 효율을 떨어뜨리는 역효과를 가져올 수 있단다.

하지만 분명 장점도 있어. 대다수 사람들의 임금이 비슷해지면 하위계층, 다시 말해서 경제적 열등계층은 없어지겠지.

네, 잘 알겠어요. 그러면 자본주의는 중앙통제경제의 반대 개념이라고 이해하면 될까요?

그래. 자본주의(Capitalism)는 보통 시장경제(Market Economy)라고 하는데, 이는 중앙통제경제의 반대 개념이라고 생각하면 돼. 중앙정부의 개입을 최소화하고 시장에서의 수요와 공급(Demand & Supply)이 가격을 결정하는 지표가 되지. 자본주의 체제에서는 사유재산을 인정하기 때문에 노동자들에게 경제 동기(Economic Incentive)를 부여함으로써 무한경쟁을 유도한단다.

나중에 더 자세히 배우겠지만, 수요와 공급 곡선은 가격(Price)이라는 도구로 사람들의 수입과 생산 수준을 결정해. 경제학자 애덤 스미스는 자신의 책 《국부론》에서 '보이지 않는 손'이라는 표현을 썼는데, 이는 가격을 가리킨단다. 정부의 규제와 간섭을 배제하고 개인의 자유로운 경제활동이 보장된 상황에서도 시장은 이 '보이지 않는 손'에 의해 부의 공정하고 효율적인 분배가 실현된다고 보았단다. 자유방임주의(Laissez-Faire)를 지지했던 사람들도 같은 생각이었지.

그런데 이런 의문이 생기지 않니? 이처럼 무계획적으로 보이는 생산구조가 정말 자본주의 경제체제를 잘 이끌어갈 수 있을까? 애덤 스미스 아저씨는 이 질문을 예상하고 미리 답변을 내놓았단다. 자유로운 경제체제에서는 분명 소외계층이 발생할 수밖에 없다는 점이지. 자본주의처럼 효율성만 추구하는 사회에서는 이러한 문제가 발생하게 되는데, 이 문제점을 보완하기 위해 다음과 같은 경제체제가 등장하게 되었지.

그게 뭔데요?

바로 혼합경제체제(Mixed Economy)야. 효율성만 추구하는 자본주의 체제의 단점을 보완하기 위해 중앙통제경제의 특성인 공평성을 도입한 것이지. 어떤 학생들은 혼합경제체제를 시장경제(자본주의)와 중앙통제경제의 단순한 혼합이라고 생각하는데, 그것은 틀린 발상이란다. 그래서 사람들이 헷갈릴까 봐, 경제학자들은 혼합경제체제를 더 정확하게 '수정자본주의(Modified Capitalism)'라고 말하기도 한단다.

> **보이지 않는 손** 영국의 경제학자 애덤 스미스가 사용한 말로, 부를 공정하고 효율적으로 분배하는 시장의 기능에 대해서 설명하고 있다.
> **공유지의 비극** 공동체가 함께 사용하는 공적 자원은 관리의 부재와 남용으로 고갈될 위험성이 있다는 의미를 갖는다.

중앙통제경제, 시장경제, 혼합경제, 자본주의, 공산주의, 사회주의, 수정자본주의······. 아이고 헷갈려.

하하하, 너무 어렵게 생각하지 말거라. 익숙해지면 그다지 헷갈리진 않을 거다.

아무튼, 현재 세계 과반수의 사람들이 바로 이 혼합경제체제 아래에 살고 있단다. 그 이유는 혼합경제체제가 인간 사회에 있어 가장 적합한 경제체제이기 때문이기도 하지만, 사실 이 세상에 순수한 자본주의나 중앙통제경제는 존재하지 않기 때문이란다.

무한경쟁체제의 순수자본주의 아래에 있는 사람들은 남을 이기기 위해 치고받으면서 싸울 것이고, 이러한 일은 결과적으로 모두에게 최선의 결과를 가져다주지 못해. 이는 나중에 설명할 '공유지의 비극(Tragedy Of Commons)'에서 분명하게 드러날 게다. 그리고 쿠바나 북한 같은 중앙통제경제 체제에서도 잉여 생산물에 대한 사유재산은 인정하고 있으며, 이 잉여생산물은 자유롭게 판매할 수 있도록 하고 있어. 이런 식으로 효율성의 범위에 조금이나마 발을 들여놓았기 때문에 완벽하게 중앙통제경제가 이루어지고 있다고 보기는 어렵지.

경제학에서 말하는 자원이란 무엇인가?

자, 다음 문장을 보렴.

It is not from the benevolence of the butcher, the brewer, or the baker that we expect our dinner, but from their regard to their own interest. We address ourselves, not to their humanity but to their self-love, and never talk to them of our own necessities but of their advantages.

우리가 저녁식사를 기대할 수 있는 것은 정육업자, 양조업자, 제빵업자들의 자비심 때문이 아니라 그들 개개인이 이익을 추구하기 때문이다. 사람은 누구나 생산물의 가치가 극대화되는 방향으로 자신의 자원을 활용하려고 노력한다. 그는 공익을 증진하려고 의도하지 않으며 또 얼마나 증대시킬 수 있는지도 알지 못한다.

애덤 스미스의 《국부론》에 나와 있는 구절이란다. 자본주의를 설명할 때 많이 인용되는 구절이니까, 한번쯤 봐두면 좋을 게다.

쉽게 말해서, 우리가 밥을 먹을 수 있는 이유는 음식을 완성하기까지 사용되는 자원을 제공해주는 사람들이 우리를 먹여 살리기 위해 노력한 결과가 아니라, 그들이 이윤을 추구하는 과정에서 어쩌다 보니 발생한 것이라는 의미란다. 그들은 단지 자신의 안전과 이익을 위하여 행동할 뿐이지만, 이렇게 행동하는 가운데 '보이지 않는 손'의 인도를 받아서 원래 의도하지 않았던 목표를 달성할 수 있게 된다는 말이지. 이와 같이 사람들은 자신의 이익을 열심히 추구하는 가운데서 사회나 국가 전체의 이익을 증대시킨단다.

그런데 여기서 말하는 '자원'이라는 것을 경제학적으로는 어떻게 볼 수 있을까?

지금까지 우리는 경제활동에서 발생하는 기본적인 문제들과 그것을 처리하는 각 경제체제의 형태에 관해 알아보았다. 경제체제는 그 기본적인 문제들을 해결하기 위해 존재하고, 경제의 기본적인 문제들은 자원의 희소성 때문에 존재하지. 자원의 희소성이란 말은 알겠는데, 경제학에서 말하는 자원이란 뭘까? 경제학은 사회과학의 한 분야란다. 경제학자들 역시 다른 순수 과학자들처럼 전문용어를 쓰기 좋아한단다. '자원'이라는 말 역시 경제학적으로 정의가 되어 있지.

A resource is anything that can be used to produce a good or service.
자원은 재화와 용역을 생산하기 위한 어떠한 수단이다.

즉, 자원이란 재화나 서비스를 생산하기 위해 사용되는 그 무엇이다. 그런데 지금 강의실 밖으로 나가서 지나가는 초등학생을 붙잡고 자원의 종류에 대해서 말해보라고 하면 돈, 땅, 일꾼 등이라고 답할 거야.

어! 저도 그렇게 답하려고 했는데.

하지만 경제학에서 말하는 자원의 종류는 상식적으로 알고 있는 것과는 조금 차이가 있어.

①토지(Land): 이것은 사전적 의미인 '땅'만을 말하는 게 아니라 자연에서 얻을 수 있는 모든 자원을 말한단다. 예를 들어, 바다, 유전, 다이아몬드 광산, 농업용 토지 등등을 들 수 있지.

②노동력(Labor): 이것 또한 물리적인 의미에만 한정시킬 수는 없단다. 인간은 지구상에서 가장 고등한 생물로서 다양한 일을 수행할 수 있는 능력을 갖고 있는데, 그것은 땅을 잘 파고 돌을 잘 나르는 물리적인 힘에 관한 능력뿐만 아니라, 맨큐 교수님의 강의 능력, 데이비드 베컴의 프리킥 실력 등 경제적 가치를 생산하는 인간의 모든 활동을 포함한다는 사실을 알아두자.

③자본(Capital): 이것 역시 '돈(Money)'과 관련한 의미로만 한정시키기보다는 상품 생산에 필요한 기계 장비 등을 포함하는 '(기초)자본'을 뜻한단다. 예를 들어, 덤프트럭, 포크 레인, 공장 건물, 컴퓨터, 페이퍼 클립 또한 여기에 포함되지.

게다가 학자들에 따라서는 기업가정신(경영자적 능력) 또한 자원에 포함된다고 말하는데, 일반적으로는 위의 3가지만을 경제학이 말하는 '자원'으로 정의하고 있어.

음, 생각나는 게 있어요. 저희 아버지께서 보시던 엄청 오래된 한국 경제학 원론서를 슬쩍 들여다본 적이 있는데, 거기에 생산함수라는 게 있었어요. 그때는 그게 뭘 말하는지 몰랐는데, 지금은 조금 알 것 같아요.

그래? 그게 뭐였는지 칠판에 한번 적어보겠니?

$$Y=Af(L, K, N, H)$$

참고로 알아두면 좋은 함수구나. 너도 알다시피 소문자 f는 함수를 나타내는 수학적 기호지? 그리고 괄호 속에 있는 것은 변량들인데, 이 4가지 문자들은 생산요소(Factors of Production)를 나타낸단다. 흔히 자원(Resources) 혹은 투입(Input)이라고 불리지. 여기서 L은 노동력, K는 자본, N은 토지, H는 경영자적 능력을 말하지. 그리고 가장 중요한 대문자 A는 기술(Technology)을 가리켜. 바로 이 함수적 관계가 한 경제의 생산량을 좌우하게 된단다. 이것은 나중에 GDP로 확장되는 개념인데, 그건 거시경제학을 배울 때 다루도록 하자꾸나.

네.

그리고 생산요소 말고 분배요소(Allocation Factors)가 있는데, 여기에는 지대(Rent)와 임금(Wage) 그리고 비용(Cost)이 있단다. 그리고 마지막으로 지출요소(Expenditure Factors)가 있는데, 여기서의 지출이란 저축(Savings)과 소비(Consumption)로 이루어진다는 사실만 잊지 않으면 되겠다.

자, 오늘은 여기까지 하자. 고생했다.

고생은요? 선생님 고맙습니다. 다음 시간에 뵙겠습니다.

태리의 개념 정리 노트 NO. 1

1. 경제란 무엇인가
- 재화와 용역을 생산하고 분배, 소비하는 활동과 그 활동에 관련된 질서와 행위의 총체.
- 경제는 희소한 자원을 어떻게 활용하고 분배하는지의 문제를 다룬다.

2. 경제학의 정의
- 경제학은 한 사회가 희소한 자원을 어떻게 활용하고 분배하는지를 연구하는 학문이다.
- 인간의 생활 가운데 부(富) 또는 재화, 용역을 생산하고 분배하며 소비하는 활동을 다루는 사회과학의 한 분야

3. 경제학의 구분
- 경제 현상을 바라보는 관점에 따른 분류
  ① 미시경제학: 소비자나 기업 등 개별 경제주체들의 경제 활동을 다루는 경제학의 한 분야. 기업경제학 또는 가격이론경제학이라고도 한다.
  ② 거시경제학: 소득 수준, 물가상승, 실업 등과 같이 한 국가와 사회의 전반적인 경제 문제에 초점을 맞추는 경제학의 한 분야.
- 경제 현상에 접근하는 태도와 입장에 따른 분류
  ① 실증경제학: 현실의 경제사회에 존재하는 경제 현상을 사실 그대로 기술하고 분석한 결과를 통해 얻은 일련의 체계적인 지식. 흔히 '경제학'이라고 말할 때는 실증경제학을 가리키는 것이다.
  ② 규범경제학: 어떤 경제 상태가 바람직하고, 어떤 경제 상태가 바람직하지

않은가에 대한 판단을 내리는 기준에 관한 경제학의 한 분야. 실증경제학이 경제 현상에 대해 객관적인 입장을 취하는 것에 비해 규범경제학은 주관성을 띤다.

4. 경제학에서 말하는 합리성과 효율성
- **'합리적 인간'의 의미:** 경제학에서 말하는 '사람'이란 합리성을 갖춘 인격체를 가리킨다. '합리적인 인간'은 자신의 이익을 우선적으로 고려하고 한정된 자원을 효율적으로 사용할 줄 아는 존재로, 경제학은 '합리적인 사람이라면 이렇게 행동할 것이다' 라는 합리성의 가정에 기초하여 이론을 전개한다.
- **합리성과 효율성 vs 공평성:** 합리성을 추구한다는 것은 다시 말해서 최소한의 효율성을 추구한다는 것과 같은 맥락이다. 이는 사회적 복지와 관련을 맺는 '공평성' 과는 대립되는 개념이다.

5. 세계 3大 경제체제
① 중앙통제경제: 중앙정부가 경제활동에서 발생할 수 있는 기본적인 문제들을 해결하기 위해 적극적으로 개입하는 경제체제. 이러한 경제체제를 취하는 나라들은 공산주의 혹은 사회주의의 정치체제를 띠게 된다. 중앙통제경제체제는 공평성을 추구한다.
② 시장경제: 중앙정부의 개입을 최소화하고, 시장에서의 수요와 공급이 가격을 결정하는 지표가 된다. 보통 자본주의라고도 표현한다. 시장경제는 효율성을 추구한다.
③ 혼합경제: 효율성만 추구하는 시장경제체제의 단점을 보완하기 위해 중앙통

제경제의 특성인 공평을 도입하여 절충한 경제체제다. 수정자본주의라고도 한다. 현재 세계 대부분의 사람들은 바로 이 혼합경제체제에서 경제활동을 하고 있다.

6. 경제학에서 말하는 '자원'

- **자원의 3요소**

  ① 토지(land): 자연에서 얻을 수 있는 모든 자원

  ② 노동력(labor): 인간의 물리적인 능력과 지적인 능력, 예술적 능력을 포함하여 경제적 가치를 생산할 수 있는 모든 활동

  ③ 자본(capital): 자금, 생산설비 등의 초기자본

  ④ 경영자적 능력: 기업가정신이라고도 한다. 기업을 운영하고 관리하는 능력을 말한다. 단, 경제학에서는 일반적으로 이것을 제외한 위의 3가지를 '자원'으로 규정하고 있다.

7. 그 외의 개념들

- **생산함수**

$Y = Af(L, K, N, H)$

A=기술, L=노동력, K=자본, N=토지, H=경영자적 능력

- **생산요소**: 자원의 3요소 + 경영자적 능력

- **분배요소**: 지대, 임금, 비용

- **지출요소**: 소비, 저축

세 번째 수업
기회비용과 트레이드오프
PRI+N+STU+N ECONOMICS

▶ 경제학의 주요 개념인 '기회비용'에 대해서 알아보자.
▶ 경제학에서 효용이란 어떤 의미를 갖는가?
▶ 상충관계의 개념을 정리하고, 이와 자원의 희소성에는 어떤 연관이 있는지 생각해보자.

기회비용

선생님, 제가 강의계획표 보고 오늘 공부할 내용을 예습했거든요? 그런데 기회비용이랑 상충관계(Trade-off)가 조금 헷갈려요.

대부분의 학생들이 중학교 3학년 사회 시간에 기회비용이라는 개념에 대해서 배운다는 걸 나도 알고 있단다. 물론 당시에는 AP 수준의 난해도가 없어서 재미있게 공부했을 것이지만 말이야. 아무튼 네가 헷갈려 하는 기회비용부터 공부해보도록 하자.

'기회비용'을 간단하게 정의하자면 어떤 선택을 하면서 포기했던 그 어떤 것으로부터 얻어낼 수 있는 이익을 말하는 것이란다. 만약 어떤 사람이 1,000만 원을 어떤 기업에 투자했다고 가정했을 때, 그 사람은 그 돈을 투자하는 대신에 은행에 저축해 이자를 받을 수도 있었을 거야. 이럴 때 투자 대신 저축을 선택해서 받을 수 있는 이자가 바로 기회비용이 되는 거지. 중학교 교과서에도 기회비용에 대해 정의를 하고 있지만 AP 시험에서는 더 확장된 개념을 묻는단다. 일단은 중학교 시절의 기억을 떠올려보자.

Opportunity Cost is the 'Best Alternative'.
기회비용이란 최고의 대안이다.

여기서 말하는 'Alternative(대안, 달리 선택한 것)'란 어떤 것을 선택하고 난 뒤의 두 번째 '최선의 선택'이라고 할 수 있어. 이것은 상품이나 서비스에 대한 만족도, 그러니까 인간의 욕망을 충족시켜줄 수 있는 재화의 효용과 깊은 관련이 있단다.
효용(Utility)은 크게 두 가지로 나눌 수 있어.

기수적 효용(Cardinal Utility)
서수적 효용(Ordinal Utility)

효용에 대해 연구했던 초기의 학자들은 효용을 구체적인 수치로 나타낼 수 있다고 여겼는데, 이와 같이 재화의 효용을 숫자로 표시할 때 그것을 '기수적 효용'이라고 해. 이에 대하여 효용은 측정할 수는 없지만 비교할 수는 있다는 입장에서 서열로서 나타낼 때 이것을 '서수적 효용'이라고 하지. 그러니까 특정한 재화나 서비스들 중에서 가장 만족도가 높은 것을 선택했다면, 기회비용이란 그 다음으로 가장 큰 수치 혹은 서열을 가진 것이 되겠지.

효용에 대해서는 나중에 더 자세하게 설명할 기회가 있을 게다. 그럼 지금은 기회비용을 대학 수준의 경제학에서는 어떻게 정의하고 있는지 알아보자꾸나.

> Opportunity Cost is what must be sacrificed or given up to obtain some item.
> 기회비용이란 특정 상품을 얻기 위해서 희생되어지거나, 포기되어져야만 하는 무엇이다.

중학교 때와 별다른 건 없는데요?

그렇지? 대학교 수준이라고 해서 전혀 다른 개념이 나오거나 심오한 깊이의 주제를 다루지는 않아. 많은 경제학 서적들에서 기회비용을 설명하면서 다루는 비행기 좌석 이야기를 해보도록 하자.

이코노미 클래스보다 값이 보통 두 배 이상 비싼 비즈니스 클래스를 타는 세일즈맨들이 존재하는 이유가 뭘까? 초음속 여객기인 프랑스의 콩코드 여객기가 처음 나왔을 때 사람들은 과연 콩코드 여객기를 이용하는 승객이 있을까 의아해했단다. 왜냐하면 콩코드 여객기의 항공료는 같은 거리를 운항하는 보잉이나 에어버스 여객기 1등석 평균 가격의 다섯 배를 넘었으니까. 하지만 분명 콩코드 여객기를 이용하는 승객이 있었단다.

여기서 우리는 안락함과 비용, 시간과 비용이라는 상충관계(Trade-off)과 맞닥뜨리게 돼. 상충관계란, 두 가지 이상의 가치들이 상호 충돌하여 결국에는 Win-Win으로 끝나지 않는 경우를 말하지. 정상적인 방법으로는 적은 비용을 들이면서 콩코드 여객기를 이용하는 것처럼 빠르게 이동하는 두 가지 가치를 모두 보유할 수 없는 경우를 들 수 있어.

아, 알겠어요.

잠시 쉬어갈 겸해서 내가 미국을 여행하면서 만난 스코틀랜드 출신의 독특한 악센트를 가진 한 펀드매니저로부터 들은 이야기를 들려주마.

20세기 후반의 어느 날, 독일과 프랑스, 미국의 사업가들이 미국의 한 기차 같은 칸에 나란히 탑승하게 되었어. 하필이면 그들 세 사람 모두 광신적인 애국주의자 수준의 귀빈들이셔서 쉴 새 없이 모국의 자랑을 늘어놓기 시작했단다. 한참 침을 튀기며 얘기를 나누던 중에 프랑스 사업가가 이런 제안을 했지.

"자신의 나라가 그렇게 좋다고 자부할 수 있다면, 지금 이 자리에서 자기 나라에 가장 많은 무언가를 차창 밖으로 던지도록 합시다. 만약 그럴 수 없다면, 그분의 나라는 다른 나라보다 열등한 겁니다."

독일과 미국의 사업가도 그의 말에 동의했어.

먼저, 말을 꺼낸 프랑스 사업가가 자기 가방에 들어 있던 최고급 와인 세트를 꺼내 차창 밖으로 내던졌단다. 그러자 독일 사업가는 당시 세계 최정상급 세단 중의 하나인 메르세데스 벤츠의 키를 차창 밖으로 서슴없이 던져버렸어. 그랬더니 이번에는 미국 사업가가 자리에서 벌떡 일어나 승객들 사이를 비집고 다니며 아무 사람이나 붙잡고 무언가를 물어보더니 갑자기 한 사람을 붙잡고는 차창 밖으로 던져버리는 거야. 독일과 프랑스의 사업가는 어처구니가 없어서 도대체 이게 무슨 짓이냐고 소리쳤어. 그랬더니 그 미국 사업가가 이렇게 대답했다는구나.

"저 사람의 직업이 변호사라는군요."

하하하! 말도 안 돼요.

그만큼 미국에 변호사가 많다는 사실을 풍자한 이야기겠지? 미국에는 하도 변호사가 많다 보니 변호사들 사이의 빈부 격차도 상당히 심하다고 해. 내가 미국 맨해튼을 여행할 때 한 흑인 변호사를 만난 적이 있는데, 그는 1시간에 무려 900달러에 가까운 돈을 벌어들인다고 하더구나. 그리고 이런 변호사들은 대부분이 많게는 3~4명의 비서를 두고 있는데, 왜 능력 있는 변호사들이 비서를 두는 걸까?

1시간에 900달러를 벌어들일 정도라면, 그런 사람들은 직무 경험이 풍부할 것이고 보고서 작성 같은 사무 능력도 보통 사람들보다 신속하고 정확하게 수행할 거야. 하지만 기껏해야 20~30달러 정도의 수익밖에는 보장되지 않는 보고서 작성에 1시간 동안이나 매달린다면, 그 변호사는 엄청난 손해를 보는 셈이지. 그래서 그 변호사는 어떻게 하는 것이 가장 효율적인가를 따져본 뒤에 시간 대비 부가가치가 떨어지는 허드렛일을 시키기 위해 비서를 둔 거겠지. 이것 역시 경제적 개념에서 비롯된 것이지?

물론이죠.

상충관계(Trade-Off)

상충관계는 '역의 관계'라고도 해. 이제 보다 더 깊이 알아보도록 하자.

태리 같은 학생에게는 시간이 가장 중요한 자원이겠지? 그런데 공부하는 시간과 과외활동에 써야 할 시간 사이에는 트레이드오프가 발생할 수밖에 없어. 그리고 모든 시간을 공부에 할애한다고 해도 분명 AP 미적분학, 물리학, 세계사, 중국어 혹은 SAT나 ACT 중에서 어떤 것에 더 많은 시간을 할애해야 할지 고민하게 될 게다. 그렇지?

다시 말해서 우리 모두는 항상 트레이드오프를 경험한다고 할 수 있어. 기회비용이 구체적인 차선책 또는 대안에 관해서 이야기하는 반면 트레이드오프는 각각의 선택들 사이에 존재하는 관계에 초점을 맞춘다는 것이 다른 점이다.

트레이드오프를 설명하는 가장 고전적인 예를 들어서 조금 더 알아보도록 하자.

아, 생각나는 게 있어요. '총'이랑 '버터'요.

그렇지. 거의 모든 경제학 원론서가 총(Guns)과 버터(Butter)를 들어 설명하고 있어. 총은 국방(National Defense)을 대유하고, 버터는 식량(Food) 혹은 소비재(Consumer Goods)를 말하지. 간혹 학자들 중에는 총이 자본재(Capital Goods), 즉 기계류나 장비류를 뜻한다고 말하기도 하지만 AP 시험에 이런 대유적인 표현을 정확하게 알아야 하는 문항이 출제되지는 않으니까, 너무 신경 쓰지 않아도 된단다. 그냥 이들 사이에 상충관계가 성립된다고만 알면 돼. 참고로, 버터 대신 빵(Buns)을 사용하는 학자들도 있다는 것 정도는 알아두고.

상충관계는 주로 개인의 선택에서보다는 사회 전체의 선택에서 더 중요한 문제로 대두된단다. 아프리카나 남아메리카의 원주민 부족을 위해 고심하는 추장도 항상 이러한 상충관계에 놓이게 되거든. 타 부족의 침입을 막기 위해 열심히 울타리를 쌓을 것인가, 아니면 열심히 식량을 경작할 것인가? 울타리 쌓는 데 더 많은 주민을 동원하면 그만큼 먹을 식량이 줄어들고, 반대로 식량을 경작하는 데 더 많은 주민을 동원하면 외적을 막는 데 지장이 생긴다는 것을 알고서 사바나 추장은 항상 고심하고 있지. 이처럼 사회 전체가 봉착하는 상충관계를 서구에서는 오래전부터 '총과 버터(guns and butter)'라고 표현했고 이것을 경제학자들이 상충관계를 설명하는 비유적 표현으로 자주 인용했어.

어느 나라든지 총과 버터 모두 절대적으로 필요하다. 어느 나라가 외국의 침략을 막기 위해 총을 많이 생산하여 국방에 치중한다면, 그만큼 식량 생산이 감소하게 된다. 이와 반대로 많은 사람들이 식량 생산에 몰두하다 보면, 외국의 침략을 받기 쉽다. 이 나라는 총을 더 생산하면서 버터를 포기해야 하는지, 아니면 버터를 더 생산하면서 총을 포기해야 하는지를 선택하지 않으면 안 되지. 이 나라가 이러한 선택을 해야 하는 이유는 사용할 수 있는 자원이 한정되어 있기 때문에, 즉 자원이 희소하기 때문이란다. 희소한 노동력과 물자를 총을 생산하거나 식량을 생산하기 위해 배분해야 하는데, 한 가지에 치중하다 보면 다른 한 가지는 희생될 수밖에 없어. 이것이 바로 경제학자들이 이야기하는 상충관계란다.

그리고 트레이드오프를 이야기할 때 반드시 거론하는 것이 공평성(Equity)과 효율성(Efficiency)이다. 공평성은 제한된 희소 자원을 적절하게 사용하여 발생한 이익을 사회 구성원들에게 공평하게 분배하는 것을 말하고, 효율성은 유한한 자원을 통해 최대의 효과를 창출하는 것을 말해. 보통 이와 관련하여 빠지지 않고 등장하는 개념이 '파이 이론(Pie Theory)'이란다. 효율성이 파이의 크기를 최대화하는 데 있다면, 공평성은 파이를 얼마나 잘게 나누는가에 주안점을 두고 있지. 몇몇 경제학 서적에서는 파이 대신 피자 혹은 빵 등 다양한 이름을 붙이는데, 다 같은 것이라고 생각하면 된다.

만약 정부가 공평성만 내세워서 부유층의 자산에 지나치게 높은 세금을 부과하여 빈곤한 사람들에게 재분배하겠다고 한다면, 이는 부유층들에게서 일을 할 동기를 빼앗을 수도 있어.

그게 정부가 지나치게 공평성에만 치중하면 안 되는 이유군요.

그렇지. 같은 맥락으로, 지나치게 효율성에만 치중하면 거대 기업들의 횡포가 거세어지고 빈익빈부익부 현상이 가속화될 거야. 그러면 결과적으로 소외계층이 발생하여 사회 문제로 확산될 수 있어. 따라서 치밀한 공공정책으로 균형을 맞추는 게 중요하단다.

트레이드오프와 관련한 세 번째 사항으로는 환경의 보전과 기업의 이윤을 들 수 있어. 얼핏 생각하면, 깨끗한 환경과 높은 소득 사이에는 아무런 관계가 없는 것처럼 보이지만, 정부가 각 기업들에게 부과하는 환경부담세는 의외로 커서 기업의 이윤을 축소시키고, 근로자들에게 더 적은 임금을 지급하게 하며, 재화나 서비스에 더 높은 가격이 매겨지도록 만드는 원인이 된단다. 하지만 우리는 그러한 대가를 치르면서 대자연을 바라봄에 있어 조금은 덜 부끄러울 수 있는 것이지.

경제에 환경의 의미까지 포함되어 있다니, 놀라워요. 그런데 자연의 일부인 제 두뇌도 조금씩 피로에 오염되고 있으니 어쩌죠?

얼씨구! 오늘 배운 걸 이상한 방향으로 써먹는구나. 오늘은 네가 힘들어하는 기색이 역력하니 이만 하도록 하자. 다음 시간에는 더 흥미진진한 내용을 배우게 될 게다. 기대해도 좋아. 그럼 조심해서 가거라.

네, 선생님. 그럼 안녕히 계세요.

네 번째 수업
기회비용을 나타내는 생산가능곡선

PRI+N+STU+N ECONOMICS

▶ 생산가능곡선의 의미를 파악하고, 기회비용과의 관계에 대해 알아보자.
▶ 생산가능곡선이 볼록하게 나타나는 이유를 분업의 효과와 특화의 효과와 관련지어 생각해보자.

생산가능곡선

　　　　　　　　어서 오너라. 오늘은 너를 축하해줄 만한 일이 있단다.

　네? 혹시 다른 학원생들 중에 저를 흠모하는 여자아이라도 생겼나요?

　네가 그러니까 국어 점수가 낮지.

　어? 어떻게 아셨어요?

　'주제 파악'을 못하잖아. 내가 축하해줄 일이란, 오늘 수업에서 네가 드디어 처음으로 경제학과 관련한 그래프를 그려보게 될 것이기 때문이란다. 그럼 본격적인 수업을 시작하기에 앞서, 한 가지 짚고 넘어가자꾸나. 지난 수업 시간에 배운 '기회비용'을 기억하고 있니?

그럼요.

좋아. 그럼 기회비용은 왜 존재할까? 그것이 자원의 희소성 때문이라는 사실은 잘 알고 있겠지?

네, 알고 있어요. '경제학에서의 모든 길은 희소성으로 통한다'는 말도 있잖아요.

네 말대로 희소성은 다양한 경제학적 개념의 기반이 되지. 그럼 지금부터 톰 행크스가 주연한 영화 〈캐스트 어웨이(Cast Away)〉의 모티프가 되었던 로빈슨 크루소의 삶에서 가장 단순한 경제 구조를 떠올리며 생산가능곡선(Production Possibilities Frontier 혹은 Production Possibilities Curve)이라는 것에 대해서 알아보도록 하자.

난파를 당한 로빈슨 크루소는 안타깝게도 도구가 부족하고 기술도 딱히 없었기 때문에 표류를 시작한 며칠 동안은 물고기를 잡거나 야자수 열매를 따면서 근근이 연명을 했지. 그는 하루 동안 최선을 다해도 기껏해야 물고기 4마리를 잡거나 코코넛 8개를 구하는 것이 전부였어. 이를 표로 만들어보면 아래와 같단다.

이렇게 로빈슨 크루소가 하루 동안 구할 수 있는 채취물들의 조합을 '생산 가능(Production Possibilities)'이라고 한단다. 이것을 그래프로 나타낸 것을 생산가능곡선이라고 하는데, 이 곡선은 한 개인이나 집단이 생산을 할 수 있거나 없는 것의 지표가 돼. 나중에 더 자세히 설

물고기	코코넛
4	0
3	2
2	4
1	6
0	8

명하겠지만, 생산가능곡선은 소비가능곡선(Consumption Possibilities Frontier 혹은 Consumption Possibilities Curve)과 예산제약선(Budget Constraint)이 되기도 한단다. 자, 로빈슨 크루소의 경우에는 다음과 같은 그래프가 그려지겠구나.

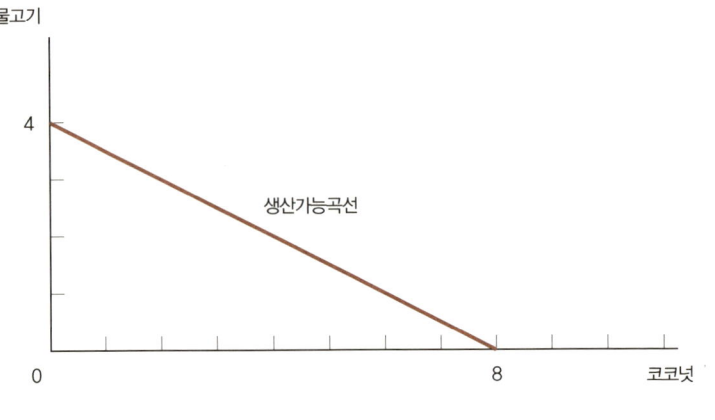

로빈슨 크루소의 소비생산가능곡선

조금 전의 그 표를 좌표평면상에 나타낸 거군요? 로빈슨 크루소가 가진 기술력과 자원을 가장 효율적으로 이용했을 때 이 직선만큼의 생산을 이룩할 수 있다는 걸 알겠어요.

그렇지. 네가 보기엔 어떠니? 앞에서 본 표와 이 그래프는 같은 정보를 나타내고 있지만, 느낌은 전혀 다르지? 이 생산가능곡선을 경제학자들은 흔히 기회비용의 시각화(Visualization Of Scarcity)라고 부르는데, 그 이유는 이 그래프의 기울기가 로빈슨 크루소의 기회비용을 보여주기 때문이야. 참고로, 경제학에서 말하는 비용이란 보통 기회비용을 뜻한다고 보면 돼. 기회비용은 가격(Price)을 포함한 희생된 가치이고, 가격이란 재화나 서비스를 얻기 위해서 지불해야 하는 비용의 일부분이지.

왼쪽의 그래프를 통해서 알 수 있는 것은 1마리의 생선을 얻기 위해서는 2개의 코코넛을 포기해야 하며, 1개의 코코넛을 더 얻기 위해서는 1/2개의 생선을 희생해야 하지. 그리고 이 그래프의 기울기가 로빈슨 아저씨가 처리해야 할 비용에 해당한단다. 여기서 다시 한 번 강조하는데, 비용의 처리 수단은 돈(Money)뿐만이 아니고 우리가 어떤 선택을 하기 위해 다른 선택을 포기하면서 치르는 희생도 포함된다는 사실을 잊지 말거라. 비용에 대한 구체적인 설명은 나중에 더 자세히 하도록 하마.

그런데 이 곡선만 가지고는 로빈슨이 어떤 선택을 해야 하는지는 절대로 알 수 없단다. 우리가 알 수 있는 것은 기회비용일 뿐, 어떤 선택을 했을 때 최상의 이익을 취할 수 있는지는 알 수가 없어. 왜냐하면 소비의 최종 목표는 로빈슨 자신만이 아는 사실이기 때문에 그래프에게 입이 백 개가 있다 하더라도 그건 말해줄 수가 없지.

생산가능곡선이 볼록하게 나타나는 이유

그런데 대부분의 생산가능곡선은 로빈슨의 경우처럼 기울기가 일정하지는 않단다(B). 다시 말해서 기회비용이 일정하지 않다는 뜻이지. 일반적으로는 (A)에서 볼 수 있는 것처럼 그래프가 원점에 대해 볼록 (Concave to the Origin)하게 된단다. 드물게 '밖으로 휜(Bowed-Out)'이라는 말을 쓰기도 하는데, 반의어로는 오목한(Convex)이란 단어가 있어. 경제학뿐만 아니라 수학이나 과학에서도 자주 나오는 용어이므로 기억해두자꾸나.

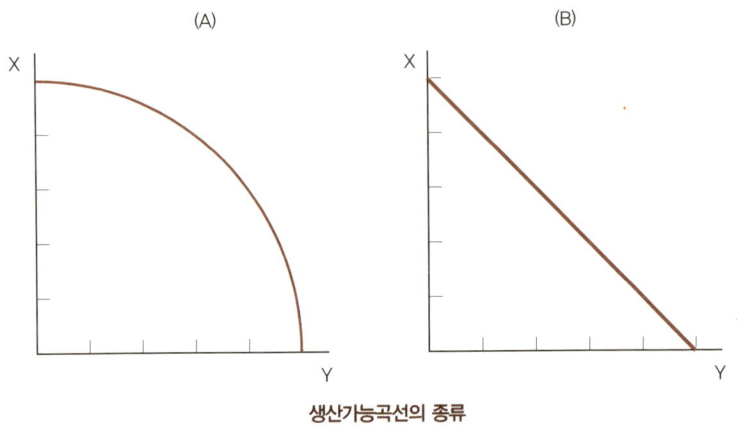

생산가능곡선의 종류

선생님, 그렇다면 대부분의 생산가능곡선이 볼록하게 나타나는 이유가 뭐죠?

좋은 질문이다. 첫 번째로는 '한계비용체증의 법칙(The Law of Increasing Costs)'이 작용하기 때문이란다. 다른 말로는 한계생산 체감의 법칙(The Law of Diminishing Production)이라고도 하지. 자, 우리는 여기서 생산가능곡선의 기울기, 즉 기회비용에 주목해보자. 기울기가 일정하지 않다는 것은 기회비용이 일정하지 않다는 뜻인데, 그래프를 자세히 보면 어느 한 쪽의 생산에 집중하면 할수록 다른 쪽 생산량이 점점 떨어지는 것을 알 수 있단다. 이해가 되니?

> **한계** 국어사전에서는 '사물이나 능력, 책임 따위가 실제 작용할 수 있는 범위. 또는 그런 범위를 나타내는 선'이라고 정의했고, 영어로는 'marginal'이라고 쓴다. 경제학에서 사용할 때는 '1단위가 늘어날 때'라고 받아들이면 된다.

아, 그러니까 Y재를 많이 생산하면 X재의 생산량이 급격히 떨어진다는 말이죠?

너도 《십오 소년 표류기》(원제: 2년간의 휴가)라는 소설을 읽어 봤겠지?

네, 그럼요.

이 소설에 등장하는 소년들은 각자가 가진 특기를 살려서 저마다 역할을 맡고 수행했기 때문에 어른들 없이도 무인도에서 훌륭하게 생활해나갈 수 있었지.

분업의 힘이겠죠?

그렇지. 만약 자존심 강하고 대범한 드니팬에게 뜨개질을 시켰다면, 그것은 굉장히 비효율적인 선택이 되겠지. 정부가 마케팅 능력이 뛰어난 사람에게 보육원에 가서 애를 보라고 하거나 전복을 따는 해녀들에게 강력반 형사를 시키는 것 역시 마찬가지야. 두 경우 다 비효율적인 직업 선택이란다.

정리하자면, 모든 자원들은 어떤 재화 생산 혹은 서비스 창출에 특별한 기술이나 재능을 가지고 있으며, 이러한 능력이 궁합이 잘 맞는 특정 산업과 연결이 되면 효율은 극대화될 수 있어. 이를 분업의 효과(Effect of Division of Labor)와 특화의 효과(Specialization

Effect)라고 한단다. 이를 영어로 정의하면 다음과 같아.

> The law of increasing costs is due to the fact that some resources are more adept at the production of one good than another.
>
> 한계비용체증의 법칙은 특정한 자원이 생산 공정에서 다른 자원들보다 더 숙달했거나, 더 알맞은 데서 기인한다.

AP 경제학 시험의 주관식 문항에서 간접적으로 출제될 가능성이 있으니까 알아두도록 하자.

네, 알겠습니다.

생산가능곡선이 볼록하게 나타나는 두 번째 이유는 '범위의 경제(Economy of Scope)'가 존재하기 때문이란다. 예를 들어서, 2종 이상의 제품을 함께 생산할 경우에 각 제품을 각각 생산할 때보다 평균 비용이 적게 드는 것을 말한단다.

교수님, 잠깐만요. 이해를 잘 못했어요.

다시 말해서, 어떤 경제체제 아래에 X와 Y 두 가지 상품만 존재한다고 가정해보자. 만약 함께 생산하나 따로 생산하나 비용상 차이가 없다면, X재와 Y재는 서로의 생산에 아무런 영향을 주지 않겠지. 따라서 그 경우에는 생산가능곡선이 로빈슨 크루소의 경우처럼 직선으로 나타난단다. 하지만 그런 경우란 현실적으로는 굉장히 드물 수밖에 없는데, 이유는 X와 Y가 서로 완벽하게 대체가 능해야만 하기 때문이지.

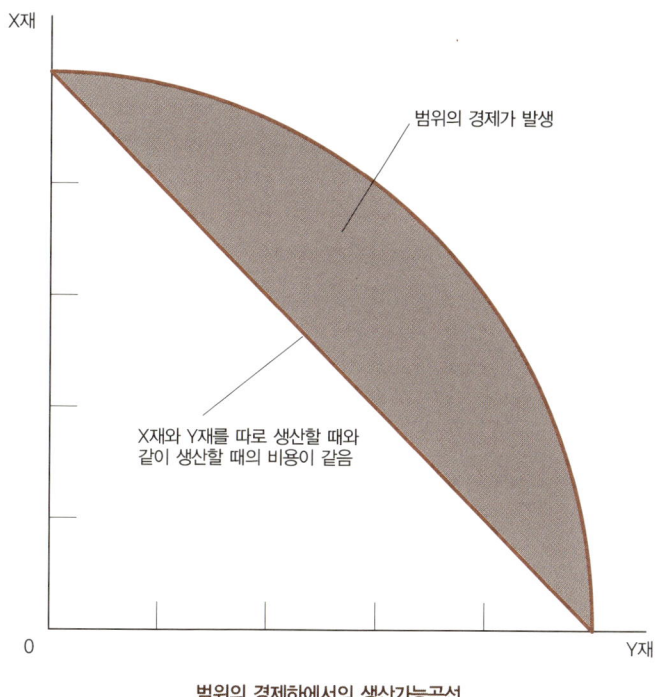

범위의 경제하에서의 생산가능곡선

하지만 따로따로 생산하는 경우에 발생하는 비용의 합이 함께 생산하는 경우의 비용보다 클 때에는 따로 생산할 때보다 함께 생산하는 비용이 저렴해진다는 말이 되겠지. 거꾸로 말하면, 동일한 비용을 들일 때에는 함께 생산할 때의 생산량이 따로 생산할 때보다 많아진다는 뜻이란다. 따로 생산할 때와 같은 수준의 비용이 드는 경우가 직선인 생산가능곡선이므로, 이처럼 범위의 경제가 나타날 때의 생산가능곡선은 직선인 경우보다 위 구간에 있어야 하므로 볼록한 형태를 띨 수밖에 없다는 걸 명심하자.

참고로, 대학교 1학년 과정에서는 이 두 번째 이유(범위의 경제)에 대해서는 다루지 않는단다. 따라서 시험에는 이해하기가 약간 더 쉬운 첫 번째 이유와 관련한 문제가 출제되겠지?

저는 어차피 나중에 상경계열로 진학할 예정이니까, 다 알아두는 게 좋을 것 같아요.

좋아. 그럼 오늘 수업은 여기까지만 하자. 복습은 꾸준히 해야 한다. 그래야 잊어먹지 않을 테니까.

네, 알겠습니다. 그럼 안녕히 계세요.

그래, 잘 가거라.

1. 기회비용과 효용, 상충관계
- **기회비용의 정의:** 무언가를 선택하면서 포기한 다른 어떤 것으로부터 얻어낼 수 있는 이익

    ex) 만약 A라는 사람이 자신이 가진 돈을 기업에 투자한다고 가정했을 때, A가 자신의 돈을 은행에 예금했을 때 얻을 수 있는 이자는 기회비용이 된다.

- **효용의 정의와 종류:** 인간이 소비활동을 하면서 얻는 만족도를 가리킨다. 이러한 효용을 수치로 나타내는 것을 '기수적 효용'이라고, 비교 대상에 따라 서열을 매기는 것을 '서수적 효용'이라고 한다.

- **상충관계:** '역의 관계'라고도 한다. 어떤 두 개의 목표를 추구하려고 할 때 다른 한 가지를 포기해야만 나머지 하나의 목표를 실현할 수 있을 때, 이 두 개의 목표 사이에는 '상충관계'가 있다고 한다. 이러한 상충관계는 자원의 희소성으로부터 비롯된다.

    ex) 효율성과 공평성, 총과 버터, 기업의 이윤과 환경부담세 등

2. 생산가능곡선
- **생산가능곡선의 정의:** 일정한 생산요소를 완전히 사용하여 생산활동을 할 때 기술적 생산 가능한 생산물들의 조합을 그래프로 나타낸 것이다. 그리고 이 생산가능곡선은 소비가능곡선과 예산제한선이 되기도 한다.

- **생산가능곡선이 볼록하게 나타나는 2가지 이유**

    ① 한계비용체증의 법칙 때문: 어떤 한 가지 생산에 치중하면 나머지 생산품의 생산량은 급격히 떨어지게 된다. 분업의 효과와 특화의 효과에서 기인한다.

    ② 범위의 경제학이 존재하기 때문: 완벽하게 대체가능한 상품이 아닌 두 개

의 상품은 각각 따로 생산할 때보다 같이 생산할 때 비용을 절감할 수 있다. 다시 말해서, 같은 비용을 투입했을 때는 두 개의 상품을 따로 생산하는 것보다 같이 생산할 때 생산량이 늘어난다. 따라서 생산가능곡선은 직선으로 나타나는 것의 상위에 존재하게 된다. 때문에 생산가능곡선이 볼록하게 나타난다.

3. 경제성장의 요인과 생산가능곡선의 관계
   ① 사용 가능한 자원의 증가: 자원이 증가하면 생산량이 늘어나고, 따라서 생산가능곡선도 확장하게 된다.
   ② 기술력이 발달: 뚜렷한 자원 증가가 없더라도 기술력이 증가하여 생산량이 늘어나면 역시 생산가능곡선도 확장하게 된다.

4. 절대우위와 비교우위
- **절대우위:** A 생산자가 a 상품을 생산하는 데 들이는 생산요소의 단위가 비교대상이 되는 다른 생산자보다 적을 때, 'A는 a 상품에 대해 절대우위를 갖는다'라고 말한다.
- **비교우위:** 어떤 생산자가 어떤 상품을 생산하는 데 있어서 그 상품의 기회비용이 비교대상이 되는 생산자보다 낮을 갖게 되는 위치. 두 나라 중 한 나라가 모든 상품에서 다른 나머지 나라에 비해 절대우위를 갖더라도 두 나라 사이에 무역이 이루어졌을 때 상호 이익을 창출할 수 있는 이유를 설명해준다. ▶절대우위와 달리 비교우위 측면에서는 한 생산자가 두 가지 상품에 대해서 동시에 비교우위를 가질 수는 없다.

다섯 번째 수업

왜 **무역**이 발생할까?

PRI+N+STU+N ECONOMICS

▶ 생산가능곡선을 확장시키는 변수들에 대해서 알아보자.
▶ 절대우위와 비교우위의 개념을 파악하고, 이와 관련하여 무역이 발생하는 이유에 대해서 생각해보자.
▶ 기회비용을 통해 비교우위를 판단하는 방법에 대해서 알아보자.

생산가능곡선의 확장

자, 수업을 시작하자. 오늘은 왜 국가 간에 무역을 하는지에 대해서 알아볼 거야. 그 전에 지난 수업에 생산가능곡선의 의미에 대해서 배웠지? 그렇다면, 내가 지금 그리는 이 곡선이 경제학자들에게 주는 메시지가 무엇인지 말해보겠니?

일단 A점은 여유 있게 생산이 가능하고, B점은 겨우 생산이 가능하고, C점은 아예 생산이 불가능한 상태인 것 같습니다만······.

흠, 나름 잘 찍었다. A점은 오른쪽과 위쪽으로 이동이 가능한데, 그 말은 X재와 Y재 중 어느 상품도 생산을 감소하지 않고 나머지 상품의 생산을 증가시킬 수 있다는 걸 뜻하지. 이는 분명 생산이 최적화된 상태는 아니란다. 그래서 A점을 비효율적 생산점(Point at which an economy is NOT operating its resources to their fullest potential)이라고 해.

B점은 우상향 구간으로는 이동이 불가능하고 오직 곡선 위에서만 이동이 가능하지. 이때는 한 가지 상품의 생산을 증가시키기 위해서는 반드시 나머지 상품의 생산을 감소시켜야 한단다. 생산이 최적화된 상태라고 할 수 있어. 그래서 이 B점을 효율적 생산점(Point at which an economy's resources are being used fully and efficiently)이라고 한단다. 물론 B점에서 A점으로 이동하는 것은 가능해. 하지만 그렇게 할 경우, 생산자가 합리성에 어긋나는 비경제적인 선택을 하는 것이 되겠지.

C점은 아예 가능성이 없는 생산점(Unobtainable Point)이란다. 위 그림에서의 생산가능곡선(B점이 있는 곡선)은 생산자가 가지고 있는 생산요소를 완전히 사용하여 상품을 생산할 수 있는 한계의 최대치를 나타낸단다. 따라서 이 생산가능곡선의 선상과 그 안쪽으로는 생산이 가능해도 이것을 초과하는 바깥쪽으로는 생산이 아예 불가능하지.

그렇다면 가능성이 없는 생산점(C점)에 도달하려면 어떻게 해야 하나요?

그 질문에 답을 하기 전에 먼저 경제성장에 관해서 알아볼 필요가 있겠구나. 경제성장의 요인은 크게 다음 두 가지로 분류한단다.

사용 가능한 자원의 증가
기술력의 발전

아, 이걸 보니까 생산함수 $Y=Af(L, K, H, N)$가 떠올라요!

그렇지? 생산함수는 경제학을 공부하는 동안 자주 응용하게 될 거다. 그러니 잘 기억해두거라. 다시 볼 일이 있을 거야.

자, 여기서 로빈슨 크루소가 프라이데이를 만났을 때를 생각해보자. 자원의 종류 중 노동력이 2배나 증가했으니까 그만큼 생산량이 늘어날 것이다. 물론 노동력이 2배 증가한다는 말은 프라이데이와 로빈슨 크루소의 능력치가 똑같다는 가정 아래에 성립하겠지?

a점은 로빈슨 크루소가 띵까띵까 놀면서 비효율적으로 일을 했을 때 생산 가능한 지점이고, 그가 혼자였을 때 최선을 다했다면 생산점은 b점(선상)이 되겠지? 그리고 프라이데이를 만나 둘 다 최선을 다했다면 효율적 생산점은 c점으로 이동할 게다. 이해되지?

그럼요.

자, 이제 살짝 다른 이야기를 해보자꾸나. 다음 그래프를 잘 보거라.

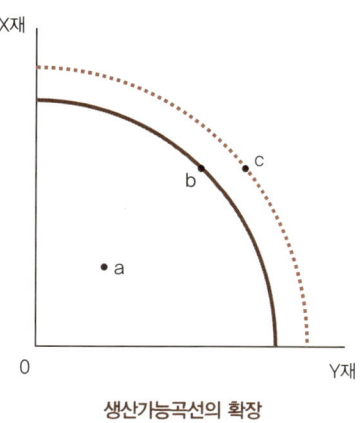

생산가능곡선의 확장

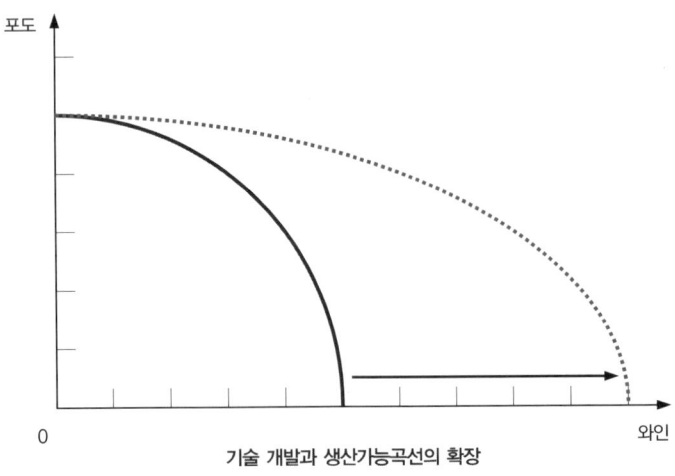

기술 개발과 생산가능곡선의 확장

만약 프랑스의 와인 제조업자들이 새로운 기술을 개발하여 와인 생산량을 2배로 증가시켰다고 가정해보자. 하지만 그 기술이 포도를 생산하는 데는 전혀 영향을 미치지 않는단다. 그렇다면 생산가능곡선이 전체적으로 팽창하는 것이 아니라 한쪽으로 부풀게 (swing) 되겠지? 그래프에 나타난 것처럼 말이다. 이를 그래프가 회전(pivot)한다고 한단다. 알겠니?

예, 알겠어요.

무역의 발생

그럼 이제 국제 무역의 중요성과 우위론에 대해 알아보자꾸나. 지금부터 내가 들려주는 이야기에 귀를 기울이거라.

부지런하고 지적인 로빈슨 크루소에게도 안티팬은 있었다. 로빈슨은 어린 시절, 친구들과 풋볼을 하면서 어울리기보다는 단풍나무 꼭대기에 올라가 톨킨(John Ronald Reuel Tolkien)의 소설들을 읽는 것을 즐겼어. 그러니 동네 또래아이들은 혼자서 노는 로빈슨을 따돌리며 긴팔원숭이라고 놀려대곤 했다. 하지만 나무 타기만큼은 자신의 애완용 안경원숭이와 시합을 해도 뒤지지 않을 정도였고, 그에게 코코넛 따기는 한마디로 누워서 떡 먹기였다.

반면에 프라이데이는 TGI Friday 레스토랑의 해산물 보급요원 출신으로서 루어낚시, 그물질 등은 가히 전설적인 수준이었다. 일본과 한국의 횟집들에서는 그를 스카우트 대상 1순위에 올려놓았고, 수산업 종사자로서는 드물게 억대 연봉을 받기도 했단다. 하지만 프라이데이는 자신의 뿌리를 향한 깊은 향수에 시달린 끝에 자신의 조상과 가족들에게 돌아가기로 마음먹고 태초의 숨결이 살아 숨 쉬는 원시림으로 돌아왔던 거지.

하하하, 어이가 없어요. 선생님께서 지어낸 티가 너무 나요.

아무튼 무인도에 좌초된 로빈슨 크루소의 생산가능곡선은 원래 a점에 있었단다. 하지만 프라이데이가 합세함으로써 생산점은 g점으로 이동했어(86페이지 그래프 참조). 왜냐하면 노동력이라는 자원이 더해졌으니까. 그런데 프라이데이는 물고기 잡는 데 귀신이고, 로빈슨 크루소는 야자수 열매 따기의 천재지. 그렇다면 서로의 장기를 발휘하여 각자 보다 쉽게 얻을 수 있는 코코넛(로빈슨 크루소)과

왜 무역이 발생할까? **83**

물고기(프라이데이) 사이에 물물교환이 이루어질 수 있지 않을까? 물고기 한 마리에 코코넛 한 개를 바꾼다면 서로에게 이익인 셈이니까.

조금 더 구체적으로 따져서, 프라이데이는 물고기 두 마리를 잡을 시간에 코코넛 한 개를 딸 수 있고, 로빈슨 크루소는 물고기 한 마리를 잡을 시간에 코코넛 두 개를 딸 수 있다고 가정해보자. 이제 뭔가 느낌이 오지 않니?

서로의 상품을 1대1로 교환한다면, 로빈슨은 원래 코코넛 두 개를 희생해야 생선구이 한 접시를 먹을 수 있었지만, 이제는 코코넛 한 개만 프라이데이에게 던져주면 그 대가로 물고기 한 마리를 얻을 수 있게 된단다. 반대로 프라이데이는 생선 한 마리만 포기하면 시원한 코코넛 한 개를 얻을 수 있지. 여기서 우리는 환율(Exchange Rate)의 유래를 발견할 수 있단다. 하지만 거기에 대해서는 조금 뒤에 공부하기로 하자.

우선 아래의 그래프를 보거라.

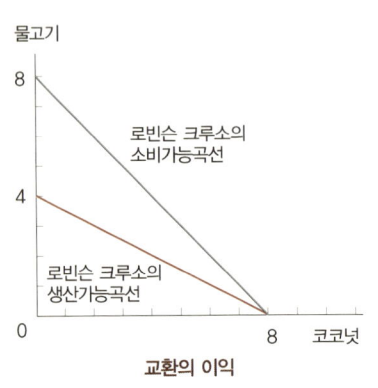

아, 교환을 통해서 로빈슨 크루소가 자신의 한계생산량을 넘어서서 소비를 할 수 있게 되었군요. 상식적인 내용이지만, 그래프를 보니까 감회가 남다른데요.

자, 우리는 이상에서 자유무역의 장점에 관해서 간단하게 알아보았다. 이제는 시야를 조금 더 넓혀서 국가 간의 교역에 관해서 알아보기로 하자.

절대우위와 비교우위

다음은 한국의 고등학교 7차 도덕 교과서 12쪽을 인용한 글이란다. 읽어보렴.

이탈리안 카푸치노를 마시고, 일본 초밥을 먹고, 영국의 록 음악을 들으며 한국산 자동차를 타고, 미국의 햄버거 가게로 간다.

아, 이거 10학년 1학기 초반에 배우는 내용인데. 세계화의 진전은 매우 빠르고 광범위하다는 의미잖아요.

국제 무역이라는 현상 역시 세계화의 결과로서 나타난 것이지. 그런데 이처럼 광범위한 교역이 왜 생겨난 것일까? 그 이유를 알기 위해서는 먼저 우위론(Theory of Advantages), 특히 비교우위(Comparative Advantage)의 개념에 대해서 알아보자꾸나.

비교우위? 그게 뭐죠?

우위론의 관점에서는 다음의 두 가지 우위에 대해서 다룬단다.

절대우위(Absolute Advantage)

비교우위(Comparative Advantage)

경제학에서 말하는 절대우위란, 어떤 생산자가 어떤 상품을 생산할 때 들이는 생산요소(Resource For Production)의 단위가 비교대상이 되는 다른 생산자보다 적을 때 갖는 위치를 말한단다. 조금 어렵지? 예를 들어서 설명해주마.

A라는 사람과 B라는 사람이 있다고 가정하자. A는 1시간에 다이아몬드 10개를 캐고 물고기 10마리를 잡을 수 있는데, B는 1시간에 다이아몬드 5개를 캐고 물고기 5마리를 잡는다면, 누가 절대우위에 있는 걸까?

그야 당연히 A죠.

그렇지. A가 시간당 해낼 수 있는 일의 양이 B보다 2배 많기 때문에 다이아몬드 채광과 물고기 잡이 둘 다 A가 절대우위에 있는 거란다.

네, 알겠어요.

그럼 비교우위란 무엇일까? 비교우위란, 어떤 생산자가 어떤 재화를 생산하는 데 있어서 그 재화의 '기회비용'이 비교대상이 되는 생산자보다 낮을 때 갖는 위치를 말한단다. 국제 무역을 할 때 한 나라의 어떤 재화가 비록 상대 국가의 것에 비해서 절대우위에서 뒤처지더라도 생산의 기회비용을 고려했을 때는 상대적인 우위를 지닐 수 있다는 개념이지. 기억해라. 기회비용이다, 기회비용!

비교우위, 기회비용, 비교우위, 기회비용…….

비교우위는 비록 어떤 국가의 모든 재화가 무역을 하는 상대국보다 절대우위에 있더라도 상호 무역을 통해서 이익을 창출할 수 있는 이유를 설명한단다. 이와 같은 비교우위를 통한 자유무역을 예찬한 대표적인 경제학자로는 데이비드 리카도(David Ricardo)를 들 수 있지.

무슨 말인지 도무지 모르겠어요, 선생님. 아이고, 머리야.

대부분의 경제학 개념들이 그렇듯, 비교우위의 개념 역시 쉽게 이해하기는 힘들지. 그래서 우리가 이렇게 시간을 투자해서 공부하는 것 아니겠니? 자, 포기하지 말고 다음의 예를 통해 보다 더 자세하게 접근하자꾸나. 다음 표를 보거라.

	각 상품의 1단위를 생산하는 데 필요한 노동시간	
	포도주 1단위	직물 1단위
한국	80	90
태국	120	100

표는 한국이 태국보다 두 재화의 생산에서 모두 절대우위를 가지는 것을 나타낸단다. 시간당 생산량을 보면 알 수 있지. 태국에서는 120시간의 노동시간을 투입해야 포도주 1단위를 생산하는데, 한국은 80시간만 투입해도 포도주 1단위를 생산할 수 있으니까. 직물 역시 태국은 1단위를 생산하기 위해 100시간의 노동시간을 투입해야 하지만, 한국은 90시간만 투입하면 돼. 이 역시 한국이 절대우위를 갖지. 그런데 비교우위는 어떨까?

글쎄요. 포도주와 직물 모두 한국이 절대우위를 가지니까, 비교우위 역시 한국이 둘 다 갖지 않을까요?

아니, 그렇지 않아. 보다 자세하게 알아보기 전에 중요한 사실을 한 가지 가르쳐주마. 절대우위와 달리 비교우위 측면에서는 한 개인, 기업 혹은 국가가 두 가지 상품에 대해서 동시에 비교우위를 점할 수는 없단다.

왜 그렇죠?

한국과 태국의 예를 통해서 알아보자.

포도주를 생산하는 데 있어서 한국은 태국의 67%(80/120)의 시간만 투자해도 포도주 1단위를 생산할 수 있어. 그런데 직물 1단위를 생산하는 데 있어서는 한국이 태국의 90%(90/100)의 시간을 투자해야 하지. 반면에 태국의 입장에서 보면 포도주 1단위를 생산하는 생산비는 한국의 150%(120/80)인 것에 비해서 직물 1단위의 생산비는 111%(100/90)야. 자, 이러한 상황에서 만약 한국이 직물을 생산하는 노동시간을 생산효율이 더 높은 포도주 생산에 할애한다면 어떨까? 그리고 태국은 포도주 생산을 포기하고 직물 생산에 치중한다면 어떨까? 정리하자면, 한국은 포도주 생산에 치중하는 것이 더 효율적이고, 태국은 직물 생산에 치중하는 것이 더 효율적이란다. 한국은 생산효율이 더 높은 포도주에 치중하는 대신 직물은 태국과의 무역을 통해서 보충하고, 태국은 생산효율이 더 높은 직물 생산에 치중하고 대신 포도주는 한국에서 수입한다면 한국과 태국 모두 Win-Win하는 것이겠지? 이럴 때 한국은 포도주에서 비교우위를 갖고, 태국은 직물에서 비교우위를 갖게 된단다. 분명 한국이 포도주와 직물 두 재화에서 모두 절대우위를 가지면서도 태국과 무역을 해야 하는 이유 역시 이 비교우위 때문에 발생하는 것이지.

아직 잘 모르겠어요. 한국과 태국이 무역을 했을 때 어떻게 이익이 발생한다는 거죠?

양국 사이에 무역이 성립되지 않는 상황에서 두 재화의 상대가격은 국내에서 생산하는 생산비에 의해 결정된단다. 태국에서 포도주 1단위를 생산하는 데 노동 120시간이 필요하고 직물 1단위를 생산하는 데 100시간이 필요하므로, 태국에서의 포도주 1단위의 가격은 직물 1.2단위(120/100)에 해당하지. 한편 한국에서는 포도주 1단위의 가격이 직물 0.89단위(80/90)에 해당해.

이런 상황에서 한국과 태국 사이에 무역이 이루어졌다고 했을 때, 태국이 포도주 1단위를 직물 1.2단위 이하의 가격으로 수입할 수 있다면, 이익을 얻게 되지. 그리고 포도주 1단위의 국제가격이 직물 1.2단위와 0.89단위 사이에서 형성된다면 양국 모두 이익을 보게 되는 거란다.

알 것도 같고 아닌 것도 같고…….

예를 들어 포도주 1단위의 국제가격이 직물 1단위로 결정되었다고 하자. 먼저 태국의 경우를 살펴보면, 직물 1단위를 노동 100시간을 들여서 생산하여 포도주 1단위와 교환하면, 무역을 하지 않을 때에 비해 포도주 생산에서 노동 20시간을 절감하는 효과를 얻게 되지. 왜냐하면 무역을 하지 않을 때 포도주의 생산비용은 노동 120시간이었으니까. 따라서 태국은 20시간의 노동시간이 감소되어 그 여력으로 직물을 더 많이 생산하거나 무역을 하기 이전에는 즐길 수 없었던 여가를 즐길 수 있게 되는 거야.

아하! 그럼 한국도 무역을 하기 이전에는 직물 1단위를 생산하는 비용이 노동 90시간이었는데, 무역을 함으로써 노동 80시간을 들여 생산한 포도주 1단위를 직물 1단위와 교환하면 10시간의 노동시간을 절감하는 효과를 누리는 것이네요. 따라서 절감된 노동 10시간을 포도주 생산에 투자하거나 무역을 하기 이전에 누릴 수 없었던 여가를 즐길 수도 있고요.

그렇지. 정확하다.

기회비용을 통한 비교우위 판단

그런데 비교우위를 통한 효율성을 판단할 때 항상 이렇게 복잡한 과정을 거쳐야만 하나요?

좋은 질문이다. 사실 이러한 방법으로 비교우위를 정하려면 많이 번거롭지. 대신에 '기회비용'으로 비교하면 조금 더 간단해진단다. 기회비용을 비교하기 위해서는 우선 기회비용표를 그려야 해. 수능이나 AP 시험에서는 대부분 기회비용표가 미리 그려져 있단다. 예를 들면 다음과 같이 말이다.

국가	밀가루 시간당 생산량(단위: 톤)	포도주 시간당 생산량(단위: 톤)
영국	15	30
포르투갈	10	15

일단 이 표를 통해서 밀가루와 포도주의 절대우위를 갖는 나라가 어디인지 말해보거라.

그야 물론 영국이죠.

그렇지. 이 표를 보고 영국이 두 상품에 대해서 절대우위를 갖고 있다는 사실을 0.5초 이내에 파악할 수 있어야 한단다. 그리고 나서 영국의 밀가루를 x로 두고, 영국의 포도주를 y로 생각해보자. 위의 표와 같이 시간에 기초하여 표가 그려졌다면, 다음의 공식을 이용해서 기회비용을 찾을 수 있단다.

영국의 x에 대한 기회비용=x/y (단, 단위는 y에 맞춘다.)

말해보렴. 영국 밀가루 한 단위의 기회비용은 몇 단위의 포도주가 될까?

그야 당연히 '밀가루의 기회비용은 1/2톤의 와인'이 되죠.

그렇지. 이때 단위에 주의하자. 어떤 상품의 기회비용은 반드시 다른 상품을 통해서 표현해야 하거든. 잘 따라오고 있지?

네, 아직까지 이해가 안 되는 부분은 없어요.

참고로, 비교우위를 판별하는 문제에서는 굳이 기회비용을 구할 필요 없이 간단하게 두 나라의 생산량 차이를 조사하는 방법으로 구할 수도 있단다. 위의 표를 보면, 밀가루에 관해서는 영국의 생산량이 포르투갈의 생산량보다 1.5배밖에 되지 않지만, 포도주에 있어서는 2배나 더 많지? 이런 상황에서 영국은 포도주 생산을 특화해야 하고, 포르투갈은 밀가루 생산에 주력해야 한단다. 왜냐하면 두 상품에 관해 영국은 포도주에서 비교우위를 갖고, 포르투갈은 밀가루에서 비교우위를 가지니까. 의심이 난다면 위의 계산법으로 각각의 기회비용을 구해서 비교우위를 판별해보렴.

자, 이번에는 조금 다른 경우를 살펴보자. 다음 표를 보고 내가 묻는 질문에 답해보거라.

국가	밀가루 1톤 생산시 소요시간(단위: 시간)	포도주 1톤 생산시 소요시간(단위: 시간)
영국	15	30
포르투갈	10	15

이 상황에서는 두 상품에 대해 어떤 나라가 절대우위를 차지하고 있지?

엥? 이 표는 조금 전 거랑 똑같잖아요.

주의해서 안 볼래?

아! 이 표는 생산에 필요한 소요 시간과 관련이 있구나. 음, 이 경우에는 물론 포르투갈이 절대우위를 차지하죠.

표의 항목을 제대로 파악해야지, 그렇지 않으면 실수를 하게 돼. 자, 이런 상황에서의 기회비용 구하는 공식은 다음과 같다.

x의 기회비용 = y/x (단, 단위는 y에 맞춘다.)

밀가루를 x로 두고, 포도주를 y로 두었다면, 이 표에서 영국의 밀가루 1톤의 기회비용은 포도주 2톤이 되겠지? 여기서도 포르투갈의 밀 생산량은 영국보다 1.5배 정도밖에 빠르지 않지만, 포도주는 2배나 더 빠르게 생산할 수 있으므로 포르투갈은 포도주에서 비교우위를 가지고 영국은 밀가루에서 비교우위를 가진다는 것을 알 수 있어.

물론 각각의 기회비용을 구해서 비교하는 것이 정석이기는 하지만, AP 시험을 치를 때는 표를 보는 순간 어떤 나라의 어느 상품에 비교우위가 있는지 즉각 알아내는 것이 좋아. 왜냐하면 한국 학생들에게 AP 경제학이 SAT2의 영문학 시험을 치를 때처럼 시간이 부족하진 않지만, 그렇다고 Math2C처럼 시간이 남지도 않기 때문이지.

선생님, 잠깐만요. 다음 표에 나타난 것처럼 두 나라 각 품목의 기회비용이 같을 때는 어떻게 되죠? 이런 경우에는 절대우위와 비교우위를 판단하기가 무척 까다로울 것 같아요.

국가	밀가루 1톤 생산시 시간당 생산량	밀가루 1톤 생산시 시간당 생산량
프랑스	90	75
스페인	30	25

이런 경우에는 무역을 할 필요가 없으니, 각자 자급자족을 하면 되겠지. 무역을 하게 되면 운송비나 물류비 같은 부대비용이 발생하게 되는데, 구태여 돈을 들여가면서까지 무역을 할 필요가 없을 테니까.

아, 그렇군요.

어쨌든 좋은 질문이었다.

네, 고맙습니다. 그럼 이만 갈게요. 안녕히 계세요, 선생님.

그래, 잘 가거라.

여 섯 번 째 수 업

수요곡선과 공급곡선의 이동

PRI+N+STU+N ECONOMICS

▶ 경제학에서 말하는 시장의 의미에 대해서 알아보자.
▶ 수요곡선과 공급곡선에 대해서 알아보고, 시장가격의 성립 조건을 생각해보자.
▶ 수요곡선과 공급곡선을 이동하게 만드는 변수에는 어떤 것이 있는가?

시장이란 무엇일까?

선생님, 늦어서 죄송해요. 백화점에 들렀다 오는데 시간이 좀 지체됐어요.

괜찮다. 하지만 시간 약속을 철저하게 지키는 습관을 들이는 게 좋겠지?

네, 선생님.

그런데 시장에는 왜 갔던 거냐?

아니, 시장이 아니라 백화점에 다녀왔다니까요.

그게 그거지.

네?

하하하. 사실은 백화점도 시장의 한 형태라는 사실을 너한테 말하려고 일부러 그랬던 거란다.

물론…… 그렇겠죠. 시장은 물건을 사고파는 곳이고, 백화점에서도 물건을 사고파니까……. 하지만 시장이라는 말을 들으면 저는 분당의 모란시장이나 서울의 가락시장, 농수산물센터, 동대문시장처럼 사람들이 붐비고 시끌벅적한 곳이 떠올라요.

하지만 경제학에서 말하는 시장이라는 개념은 사람이 모여들고 눈으로 볼 수 있는 장소만을 뜻하는 게 아니란다. 교육시장, 영화시장, 출판시장, 증권시장, 외환시장, 노동시장, 경매장도 엄연한 시장이야. 요즘에 성행하고 있는 옥션이나 G마켓, 인터파크 같은 인터넷 쇼핑몰도 하나의 시장이지.

네, 맞아요.

경제학자들은 시장을 다음과 같이 정의하고 있단다.

A Market is a place anywhere buyers and sellers meet to exchange goods and services.
시장이란 판매자들과 구매자들이 만나서 재화와 용역을 교환하는 모든 장소이다.

전자상거래를 포함하여 어떤 방식으로 무엇을 팔든, 판매자와 구매자가 존재한다면 시장이 형성되었다고 할 수 있는 거지.

시장가격의 결정

시장에 대해서 본격적으로 알아보기 전에 먼저 간단한 질문을 하나 하마. 자본주의에서는 무엇이 가격을 결정하지?

헤헤, 너무 쉬운 걸요. 수요와 공급이잖아요.

그렇지. 그럼 먼저 수요곡선(Supply Curve)에 대해서 알아보자. 수요곡선은 수요의 법칙(Law of Demand)을 따르는데, 수요법칙은 영어로 다음과 같이 정의한단다.

Law of Demand states that when the price of a product increases the quantity demanded decreases, *ceteris paribus*.
수요의 법칙은 어떠한 상품의 가격이 상승했을 때, 그 상품에 대한 수요량이 감소함을 말한다. 세테리스 파리부스.

수요곡선이라는 말로 비록 '곡선'이라고 표현하기는 했지만, 대개는 간결하게 표시하기 위해 직선으로 나타낸다는 것은 참고로 알아두자꾸나.

선생님, 잠깐만요! *ceteris paribus*가 뭐죠?

세테리스 파리부스. *Ceteris Paribus*는 라틴어로, 라틴어 사전을 찾아보면 'All other things remaining constant'라고 설명되어 있단다. '다른 모든 것을 일정하게 한다'는 뜻이지. 라틴어 공부를 해보면 알겠지만, 미국에서는 '케터리스 패리버스'라고 발음하는

데 요즘 신문에서는 '세테리스 파리부스'라고 적더구나. 일반적으로는 '동일한 조건일 때'라고 해석하면 무리가 없지.

세테리스 파리부스를 조금 더 면밀하게 분석해보자. 두 가지 종류의 사건이나 현상의 논리적 관계나 인과관계를 예측할 때, 어떤 '변수'들이 인과관계를 불분명하게 만드는 것을 방지하기 위해 두 사건이나 현상이 동일한 조건에서 출발한다고 가정하는 것이란다. 예를 들면, 어떤 레스토랑에서 스테이크 가격을 내리면, 그 스테이크를 구매하는 사람이 늘어나는 게 정상이다. 그런데 후터스(Hooters) 같은 레스토랑에서 섹시한 미녀들이 야한 옷차림으로 서빙을 하면 늑대 같은 남자들은 음식 값을 조금 비싸게 받아도 그 쪽을 선택하겠지.

히히, 그야 당연하죠.

세테리스 파리부스는 두 음식점 사이에 존재하는 '섹시한 미녀의 서빙'이라는 변수를 무시함으로써 일반적인 상황, 즉 '동일한 조건'이라는 가정을 전제로 실험값을 얻어내도록 유도하지. 그러니까 세테리스 파리부스는 이론적인 실험값을 얻어내기 위한 가정이라고 할 수 있어. 아, 참고로 AP 시험이나 학교의 다른 시험을 치를 때 영어 이외의 외국어를 영문으로 나타낼 때는 이탤릭체로 써야 한다는 점을 주의하거라.

다시 본론으로 돌아가자. 수요의 법칙은 다음과 같이 반대로 표현할 수도 있다.

Law of Demand states that when the price of a product falls, the quantity demanded will be incremented, ceteris paribus.

수요의 법칙은 어떠한 상품의 가격이 하락했을 때, 그 상품에 대한 수요량이 증가함을 말한다, 세테리스 파리부스.

이 정의들을 보건대, 가격과 수요량은 반비례 관계에 있다는 것을 알 수 있지?

수요곡선은 가격과 수요량의 관계를 나타내는 그래프란다. 수요량(Quantity Demanded)이란, 소비자들이 일정한 가격을 내고 구입할 의사가 있을 뿐만 아니라 구매 능력을 갖추고 구매하고자 하는 재화의 최대 수량을 말하지.

이제 우리는 수요량과 가격이 함수관계에 있다는 것을 알고, 다른 요소들이 일정하다(Ceteris Paribus)는 전제 아래 각각의 가격에 따른 수요량을 결정지어볼 것이다. 아래 자료들을 보자.

오른쪽 표를 수요표(Demand Schedule)라 하고, 다음 페이지의 그래프를 수요곡선이라 한단다. 이들 표와 그래프를 통해 우리는 어떤 재화나 서비스의 가격이 오르면 수요가 감소하고, 가격이 내려가면 수요량이 증가한다는 결론을 도출할 수 있지. 이와 같은 현상을 요약하면, 그것이 바로 수요의 법칙이 된단다.

아하!

가격	수요량
5	10
4	17
3	26
2	38
1	53

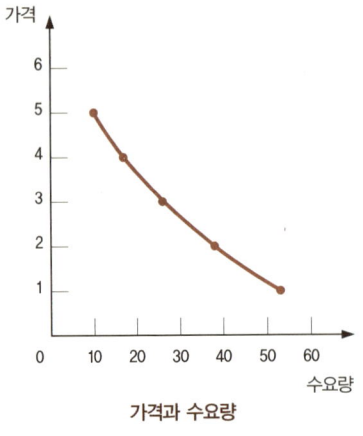
가격과 수요량

사실 수학에서든 과학에서든 독립변수를 가로축에 놓는 것이 일반적이지만, 경제학자인 알프레드 마셜(Alfred Marshall)이라는 사람이 처음으로 독립변수인 가격을 세로축에 놓음으로써 우리 모두는 그의 방식을 따르게 된 것이란다. 가격이 변하면 그에 따라 수요량이 변하지.

아, 그러면 가격 변동에 따라 이 곡선이 이동하게 되는 건가요?

아니, 그렇지 않아. 많은 사람들이 이 부분을 헷갈려 하더구나. 우리는 가격이라는 변수로 인해서 수요량이 변한다고 배웠다. 하지만 그건 곡선 위에서의 이동으로 나타나는 거란다. 같은 가격일 때 소비량이 갑자기 늘어나거나 가격이 변동하는데도 소비량이 그대로일 수는 없는 거란다.

아, 그렇다면 '동일한 가격일 때 소비량이 증가 또는 감소' 하거나, '가격이 높아지거나 낮아졌는데 소비량이 동일할 때' 만 수요곡선 자체가 이동하는군요.

그래, 이해를 했구나. 예를 들어서 설명을 하도록 하마.

우리는 일반적으로 '쇠고기 가격이 내려가면 쇠고기를 찾는 사람이 많아진다' 라고 배워왔다. 여기에서도 세테리스 파리부스가 적용된 것이지. 그런데 '어떤 변수'를 무시한 세테리스 파리부스

장치가 가동될 수 없는 상황이 발생한다면, 문제는 심각해지지.

어떤 상황 말인가요?

광우병.

우헥!

만약 한국에서 광우병이 발생한다면 어떻게 될까? 영국의 통계(2007년 7월 1일 현재)에 의하면 인간광우병 환자 212명 가운데 생존자는 단 9명뿐이라고 해. 더구나 광우병은 잠복기가 길어서 조기치료가 매우 힘들다고 하는구나. 이렇게 무서운 병이 발생한다면, 쇠고기를 즐겨먹던 사람들도 쇠고기를 멀리하게 되지 않겠니? 이렇게 '광우병'이라는 '변수'가 발생하면 쇠고기 가격이 아무리 내려간다고 해도 수요가 증가하지는 않을 거다. 오히려 감소할 가능성이 99.9퍼센트지. 다음 그림처럼 말이다.

이해되지? 이렇게 수요곡선에 영향을 미치는 강력한 변수가 생기면 '수요곡선의 이동'이라는 경이로운(?) 현상이 일어난다는 걸 알 수 있어. 광우병처럼 상품의 수요에 악영향을 미치는 변수가 아니라 긍정적인 영향을 미치는 변수가 나타난다면 상황은 반대로 나타나겠지.

그렇게 되면 값이 올라가도 수요량이 늘어나겠죠. 그럴 때는 수요곡선이 오른쪽으로 이동할 것 같아요.

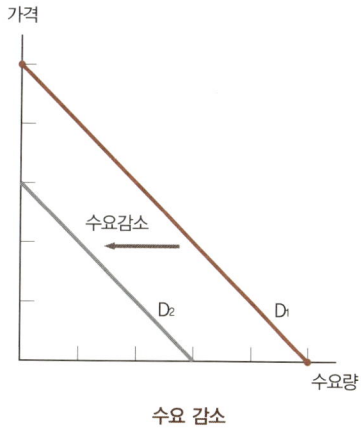

수요 감소

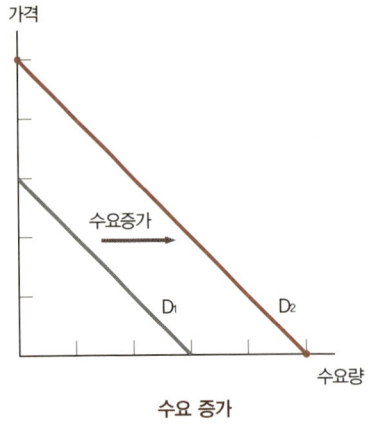

수요 증가

맞다. 자, 이제 정리를 해보자.

세테리스 파리부스, 즉 정상적인 상황에서 수요량은 오직 가격이라는 요소에 의해서 그 값이 변동하지. 그런데 가격 이외의 어떤 변수에 의해서 수요량에 영향을 미칠 수도 있어. 경제학자들은 그중 몇 가지 주요 변수들만이 수요곡선을 움직이게 만드는 경우가 많다는 사실을 알아냈지.

1. 소비자 관련 변수(수, 수입, 기호)
2. 관련재의 가격
3. 상품의 미래 가치에 대한 예상

그럼 이제 그 변수들을 하나씩 만나보도록 하자.

수요곡선을 이동시키는 주요 변수들

이 다양한 변수들을 이해하기 위해 먼저 다음 영문 수필을 읽어보자.

Steak Eulogy

I love steaks (But not its price). I am NOT meat-maniac, but I love them. Reason... is its somewhat… pleasant aftertaste.

However, I do NOT feel comfortable with seasoned meat, since I cannot discern my ego's eating sauce from its eating meat.

In a nutshell, I, a Canadian, think I am fond of enjoying the tenderness of the beef; sometimes, I dine with 'Medium'. Sometimes, I need 'Medium-Rare' and it is GREAT too.

나는 스테이크를 사랑한다(그러나 그 가격은 절대 아니고). 나는 고기에 미친 인간은 아니지만, 고기를 정말 사랑하는 한 사람이다. 그 이유는 왠지 기분 좋은 식후감(食後感)이라고 할 수 있다. 하지만 나는 양념된 고기는 별로 안 당긴다. 왜냐하면 내 자아가 고기를 먹는 건지, 소스를 먹는 건지 구분을 못하기 때문이다.

정리하자면, 나는 캐나다인이고, 쇠고기의 부드러움을 즐기는 것을 좋아하는 사람인 것 같다; 가끔씩 나는 '미디엄'으로 익혀먹고, 가끔씩 '미디엄'과 '레어' 사이 단계인 'Medium-Rare' 정도로 익혀먹곤 한다.

이렇듯 이 캐나다 사람은 스테이크, 특히 쇠고기 스테이크를 상당히 좋아한다는 것을 수필을 통해 알 수 있다. 그렇다면, 쇠고기의 수요 변화에 초점을 맞추어 변수들을 하나씩 이해해나가자.

① 소비자 관련 변수

일단 소비자의 수(The Number of Consumers)에 관해서는 특별한 경제적 지식이 없어도 쉽게 이해할 수 있겠지? 사람의 수가 늘어나면 고기가 더 많이 필요할 테니까. 모두가 채식주의자가 아닌 이상에는 말이다. 그리고 이 캐나다인처럼 스테이크 예찬론을 펼치는 소비자의 수입이 늘어난다면 스테이크를 먹을 수 있는 횟수가 늘어날 테고, 이는 쇠고기의 수요를 증가시키는 요인이 될 게다. 이것이 소비자 수입(Consumer Income)의 변화에 따른 수요의 변화란다.

그런데 어느 날, 이 캐나다 사람이 한국에 와서 보신탕을 먹어본 뒤에 그 맛에 반해 자기 나라에 돌아가서도 보신탕집을 정기적으로 찾아간다고 치자(물론 캐나다에도 보신탕집이 있다는 가정 하에서 말이다). 이렇게 되면 그 캐나다 사람이 쇠고기 스테이크를 먹는 비중이 줄어들 수밖에 없겠지. 이럴 때는 소비자의 기호(Consumer Taste)가 바뀌었기 때문에 쇠고기의 수요량이 변화하게 되는 거지.

네, 내용이 쉬워서 그런지 머리에 쏙쏙 들어와요.

② 관련재의 가격

그런데 만약 캐나다 육류협회가 돼지고기에 관한 소비자들의 관심을 늘리기 위해 앞으로 6개월 동안 돼지고기 가격을 현재 가격의 3분의 1로 낮추겠다고 발표한다면(물론 가정이다!) 어떻게 될까? 그렇다면 캐나다에서는 최소한 6개월 동안은 돼지고기 소비가 늘어날 것이고, 그에 따라 쇠고기의 수요는 줄어들 수밖에 없을 게다. 이렇게 대체재(Substitute)의 가격이 떨어지면 기존에 어떤 지위를 확보하고 있던 상품의 수요는 줄어들게 된단다.

또 이런 상황을 한번 가정해보자꾸나. 그 캐나다 사람이 즐겨 먹는 스테이크의 가격이 내려가는 경우 말이다. 그 사람이 즐겨 찾는 레스토랑의 스테이크 가격은 꽤 비싼 편이었어. 왜냐하면 자기들이 만드는 스테이크의 맛을 내기 위해서는 태국산 고추기름이 필요한데, 이 태국산 고추기름의 값이 만만치 않았거든. 그런데 어느 날 이 태국산 고추기름의 값이 뚝 떨어진 거야. 그렇게 되니 스테이크를 만드는 생산비용이 크게 줄었고, 스테이크의 가격도 내릴 수 있게 되었어. 자, 우리의 스테이크 마니아 캐나다인은 이전보다 스테이크를 더 자주 먹을 수 있게 되었단다. 그렇다면 자연히 쇠고기의 수요량도 늘어나게 되겠지? 쇠고기 자체의 가격은 변함이 없는데, 그와 관련한 어떤 상품의 가격 변화로 쇠고기의 수요량이 늘어나는 이런 경우도 있어. 이럴 때도 수요곡선이 이동하게 된단다.

조금 더 보충해서 설명하자면, 자동차를 예로 들 수도 있단다. 운전면허가 있고 자동차를 살 만한 경제적 여력이 있는 어떤 사람이 휘발유 값이 무서워서 자동차를 사지 않는 경우를 가정해보자. 그런데 휘발유 가격이 떨어지면서 이 사람이 드디어 자동차를 구입하겠다는 마음을 먹게 되었어. 이런 사람이 꽤 있다면, 자동차의 수요량이 급격히 늘어나게 되겠지.

이처럼 자동차의 가격은 그대로인데, 휘발유라는 보완재(complement)의 가격 변동에 따라 수요량이 변화할 때도 역시 수요곡선이 이동하게 된단다. 앞서 설명했던 대체재와 보완재를 합쳐서 관련재(Relatives)라고 한단다.

③ 상품의 미래 가치에 대한 예상

미래 예상 기대가(Expected Future Price)에 대해서도 알아보자꾸나. 조금 전에 출연했던 그 캐나다 사람이 스테이크하우스에 가는 길에 우연히 유명 쇠고기 납품 회사 CEO들이 한 자리에 모여 쇠고기 가격을 상승시키려고 담합하는 장면을 목격했다고 치자. 그렇다면 이 캐나다 사람은 재빨리 쇠고기를 엄청 사들여서 자기 집 냉동고에 저장시켜둘 것이다. 이는 결국 쇠고기의 수요를 증가시키는 요인이 되지.

얼마 전 경기 불황과 밀가루 가격의 상승으로 라면 값이 대대적으로 오를지도 모른다는 전망이 나오자 각 마트에서 '라면 사재기' 현상이 벌어졌던 것도 비슷한 경우라고 할 수 있지. 이렇게 어떤 상품의 미래 가치에 대한 예측이 때로는 수요량의 증가를 불러오기도 한단다.

공급곡선과 변수들

수요곡선이 이렇다면 공급곡선을 움직이는 변수들도 꽤 있겠네요. 에고, 그걸 언제 다 외워요······.

우리의 자랑스러운 태리 군, 외우려고 하지 말고 이해를 하려고 노력해보시게나. 그걸 다 외우려면 네 하드디스크가 망가지지 않겠니?

자, 일단 공급의 법칙(Law of Supply)에 대한 영문 정의를 한번 보자.

Law of Supply states that as the price of the good increases, the amounts willing to be supplied increases, ceteris paribus.

공급의 법칙은 상품의 가격이 상승했을 때, 공급량이 늘어남을 말한다. 세테리스 파리부스.

세테리스 파리부스 상태에서 공급량의 변화는 그 재화의 가격 변화량에 따라서만 변한단다. 뭐, 이건 누누이 강조했으니까 잘 알 테지? 네가 판매자의 입장에서 생각을 해보려무나. 모든 판매자들은 높은 가격에서 자신들의 상품을 많이 팔고 싶어 할 것이므로, 가격과 수요량 축에서는 정비례함수가 그려질 것이다. 다음 그래프를 참고해라.

여기까지는 공급의 반대 입장에서 생각하면 쉽게 이해가 되겠지? 이제부터는 공급곡선의 이동을 유도하는 비(非)가격 요소들을 알아보자.

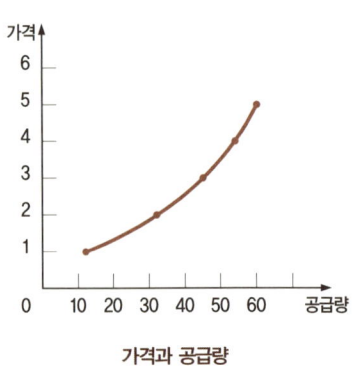

가격과 공급량

1. 공급자의 수
2. 생산 요소의 가격
3. 대체재의 가격
4. 미래의 상품가격 예상
5. 기술력의 변화
6. 보조금과 세금

이번에도 설명을 돕기 위해 간단한 시 한 편을 준비했다.

Lobsters over Rainbow

My darling, my sweetie,

shalt we have Rainbow Lobster today?

jazz guitar's serene melody;

and little princess, your melody thaw in two ears.

Urbanity is ample in this restaurant;

but solitude is profound in this gloomy grey box,

I am hanging your lips and legs on the windows;

I am drawing your cobalt-blue ocean in the sky-blue windows;

and the reason why, is to embrace my love.

My lover, my sweetie,

won't you remember my being so alone.

the Sun shines mightily,

and this bright light pierces into pellucid wine-glass.

as the moment whispers me,

I wilt draw my nostalgia on your pearl-moist lips.

my lady, my miss,

shalt we have Rainbow Lobster today?

무지개 넘어 바다가재들

내 애인이여, 내 사랑이여
오늘 우리 레인보우 랍스터를 먹어보지 않겠소?
재즈 기타의 잔잔한 선율
그리고 작은 공주님이시여, 당신의 가락은 두 귀에 녹는구려.
도회적임은 이 식당에 충만하오.
그러나 고독은 이 우울한 회색빛 상자에 넘치는구려.
나는 창가에 당신의 두 입술과 두 다리를 걸어 놓고 있소.
나는 당신의 코발트 빛 바다를 하늘 빛 창가에 그려 넣고 있소.

그리고 그 이유는 내 사랑을 꼭 안아보 기 위함이요.

내 사랑이여, 내 애인이여

나의 힘든 홀로서기를 기억해 주지 않겠소?

태양은 장엄히 빛나고

이 빛나는 빛은 투명한 와인 잔을 투과하고 있소.

적시(適時)가 나에게 속삭일 때

나는 내 향수(鄕愁)를 그대의 진주 과즙이 가득한 입술에 그려 넣겠소.

나의 여인이여, 나의 아가씨여

우리 오늘 레인보우 랍스터를 먹지 않으시겠소?

① 공급자의 수

바다가재 판매자(sellers, providers, suppliers)의 수가 많아지면 공급량이 늘어나서 바다가재의 공급 곡선이 우측으로 이동한다는 것은 쉽게 알 수 있다.

② 생산요소의 가격

그런데 바다가재 자체를 구하기 힘들어졌거나, 아니면 바다가재를 잡는 데 필요한 그물의 값 혹은 선박 유지비가 급등한다면, 공급 곡선은 왼쪽으로 이동할 것이고, 이로 인해 시 속의 남자는 애인과 함께 바다가재를 즐겨먹던 식당이 행여나 문을 닫지는 않을지 걱정해야 할 것이다. 그렇지?

③대체재의 가격

또 꽃게를 하루 3마리 이상 꾸준하게 먹으면 30년 이상 수명이 늘어난다는 놀라운 사실이 발견되어 뉴스를 통해 알려졌다고 치자. 그러면 꽃게에 대한 수요가 급증할 것이고, 수요에 따른 이윤을 창출하기 위해 바다가재를 잡는 어부들 중 많은 수가 꽃게잡이에 나서겠지? 그렇게 되면 바다가재의 수확량이 감소하게 될 거야. 이런 경우도 공급곡선이 왼쪽으로 이동할 게다.

④미래의 상품가격 예상

'생명 경시 풍조'라는 비판에도 2000년 말에서 2001년 초 크게 인기를 끌었던 바다가재 뽑기 게임을 기억하니? 여기서 한 가지 가정을 더 해보자. 만약 바다가재 뽑기 게임이 아이들의 창의력 신장에 큰 도움을 준다는 보도가 나오면 어떻게 될까? 수많은 환경보호단체의 압박에도 불구하고 문구점과 기계 대리점 사장들은 늘어날 수요를 예상하고 더 많은 수의 크레인을 구비할 거고 거기에 넣을 바다가재의 수도 급증하겠지? 그리고 뉴스를 본 어부나 중간상인들은 미래에 수요가 급증하면 희소성의 원리에 의해 가격이 높아질 것이라 판단하고 현재의 공급을 줄여서 훗날의 가격 상승에 대비할 거다. 물론 나중에 가격이 올라가면 그때 공급을 재개할 테지.

⑤기술력의 변화

그리고 어부들의 가재 잡는 기술이 향상되면 이는 곧 공급의 증가로 이어진단다.

그런데 선생님, 기술력이 후퇴해서 공급이 감소할 수도 있나요?

물론이지. 대홍수나 폭설, 살인더위 같은 천재지변이 발생한다면 일시적으로 기술력이 후퇴할 수도 있어. 그리고 노동자의 파업 같은 행위로 인해서 공급이 감소할 수도 있지. 게다가 해외로의 두뇌 유출(Brain-Drain)로 인해서도 공급 감소가 야기될 수 있지.

⑥ 보조금과 세금

마지막으로 우리는 세금(Taxes)과 보조금(Subsidies)이라는 개념에 대해서 주목해야 한단다. 이에 대해서는 나중에 더 자세하게 설명할 테니까, 여기서는 간단한 개념만 이해하고 넘어가자.

세금은 상품을 생산하는 요소에 들어가는 비용을 높임으로써 공급을 방해(Discourage)하지. 반대로 보조금은 상품 생산에 필요한 요소들의 비용을 낮추고 생산자의 입장에서 자신이 지불해야 하는 비용이 낮아짐으로써 공급을 촉진해. 다음 그래프처럼 말이다.

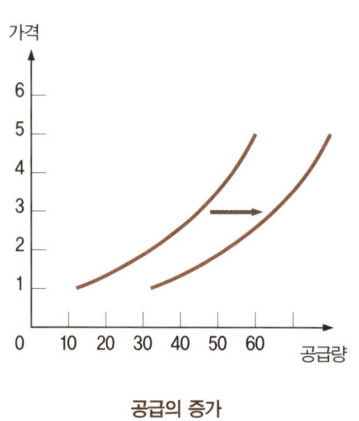

공급의 증가

오늘은 여기까지만 하자. 한꺼번에 너무 많은 걸 공부했다간 네 머리가 터질지도 모르니까.

네, 사실 조금 피곤해요.

자, 마지막으로 좌표평면에서 공급

(sUPply)는 UP하는 곡선의 형태를 띠고, 수요(DemaNd)는 DowN하는 곡선의 형태를 취한다고 알아두자. 이러면 기억하기 더 쉽고 헷갈리지도 않겠지? 그리고 Move는 그래프 위에서 점이 움직이는 '가격변동'을 나타내는 동사이고, Shift는 그 외의 요소들로 인해 그래프 자체가 움직이는 것을 말하는 동사라는 사실을 잊지 말자. 그럼 내일 보자. 잘 가거라.

네. 안녕히 계세요.

일곱 번째 수업

균형가격과 **잉여이론**

PRI+N+STU+N ECONOMICS

▶ 시장의 균형상태에 대해서 알아보고, 초과수요와 초과공급이 뜻하는 바를 생각해보자.
▶ 소비자잉여와 생산자잉여란 무엇인가?
▶ 정부는 어떤 방법으로 시장의 가격에 개입하는가?

균형이론

선생님, 안녕하세요?

그래, 어서 오너라.

수요와 공급에 관한 어제의 수업은 참 재미있었어요. 오늘 수업도 수요·공급이론과 관련이 있나요?

그렇단다. 여기서 수요곡선과 공급곡선에 대한 설명을 멈춰버리면 실에 구슬을 꿰어놓고 매듭을 짓지 않는 것과 마찬가지야. 그럼 지금부터 차근차근 두 그래프의 만남을 지켜보면서 마무리를 짓도록 하자.

다음 그림에서 수요곡선과 공급곡선이 드디어 상봉하는 감동적인 장면을 볼 수가 있지? 위 그래프처럼 시장수요곡선과 시장공급

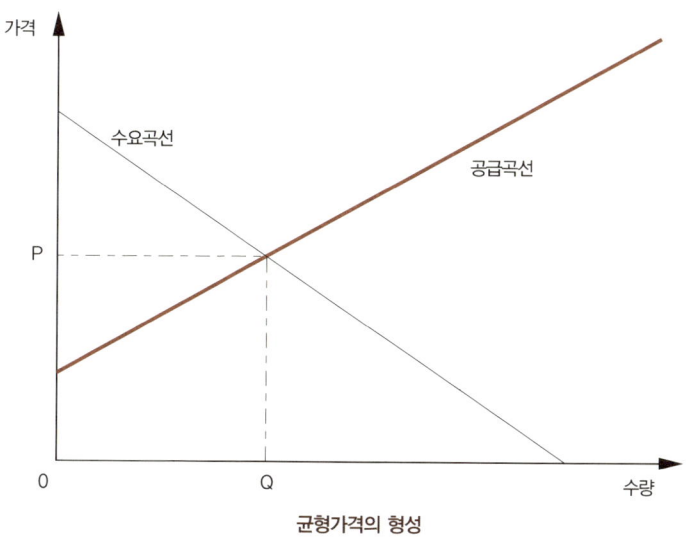

균형가격의 형성

곡선이 서로 만나는 점을 균형(Equilibrium)이라고 한단다. 이 균형점의 가격 축 좌표와 수량 축 좌표 두 가지 점을 놓고 보았을 때, P를 균형가격(Equilibrium Price)이라 부르고, Q를 균형수량(Equilibrium Quantity)이라고 부른다는 사실을 기억하거라.

  시장은 시장균형(Market Equilibrium)을 향해 다가가려는 경향을 가지고 있단다. 다시 말해서 소비자들이 어떤 상품을 구매하려는 가격과 수량이 판매자들이 공급하려는 가격, 수량과 일치하도록 유도된다는 말이야. 조금 더 생각해보면, 세테리스 파리부스 조건이 존재하는 한, 균형이 잡혀 있는 시장에서는 그 상태가 그대로 보존(Remains Unchanged)된다고 볼 수 있지.

  지금까지 '균형'에 대해서 알아보았다. 그렇다면, 당연히 불균형

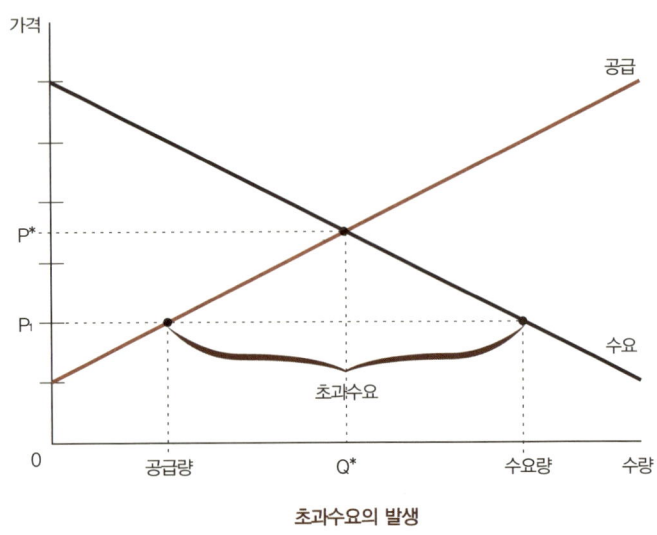

초과수요의 발생

에 대해서도 알아보아야겠지? 자, 어서 공부해보도록 하자.

위 그래프를 보면 P^*에서 균형이 잡힌다는 것을 알 수 있지. 그렇다면 P_1에서는 어떨까? 판매자들이 공급하려는 수량보다 소비자들이 수요하려는 수량이 훨씬 많아진단다. 가격이 너무 낮아서 소비자들이 상품을 구매하려고 줄을 서는 현상이 벌어지겠지? 이런 상태를 바로 초과수요(Excess Demand)라고 해. 간혹 미국 원서에서는 물량부족(Shortage)이라고 표현하기도 하지.

그리고 다음 그래프를 보려무나.

새로 지정된 가격인 P_2가 균형점에서의 가격인 P^*보다 높은 것을 알 수 있을 거다. 그리고 이 가격에서는 공급이 수요보다 많은 것도 알 수 있지. 공급이 수요보다 많은 이런 상황을 초과공급

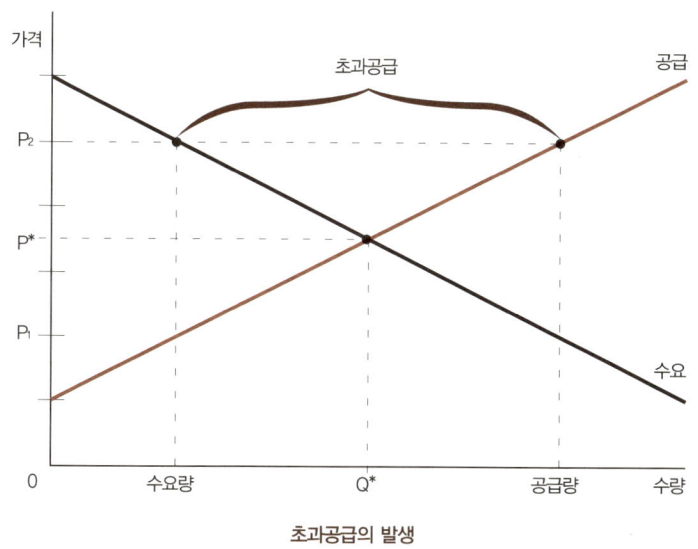

초과공급의 발생

(Excess Supply) 또는 공급과잉(Surplus)이라고 한단다.

하지만 조금 전에도 말했듯이 시장에서 재화와 서비스의 가격은 자동적으로 균형점을 찾아가는 현상을 보이는데, 이를 시장균형이라고 하지. 그리고 이러한 균형 상태에서는 소비자와 판매자 모두가 만족스러워하기 때문에 더 이상 가격이 변동할 소지가 없어. 물론 어느 한쪽이 만족스러워하지 않는다면, 그때는 새로운 균형점이 만들어지겠지. 자, 이런 자동적인 가격 일치 현상을 무엇이라고 한다고?

시장균형이요. 영어로는 Market Equilibrium.

잘 기억해두려무나.

네.

잉여이론

태리야, 혹시 '잉여'라는 말을 아니?

공급이 수요보다 많아서 상품이 남아도는 것 아닌가요? 부족(Deficit)의 반대 의미잖아요.

잘 알고 있구나. 하지만 경제학에서는 단순히 '남아돈다'는 의미보다 확장된단다. 지금부터 살펴볼 잉여이론은 뒤에 공부하게 될 세금의 역할과도 밀접한 관계가 있거든. 일단 예를 들어보자. 다음 이야기는 존 스타인벡의 소설인 〈생쥐와 인간(Of Mice and Men)〉을 각색한 것이란다.

Lennie also likes to pet soft things. In his pocket, he has a dead mouse which George confiscates and casts into the weeds beyond the pond.
Lennie retrieves the dead mouse, and George, once again, catches his back-collar of the shirt and gives Lennie a "Review"-lecture about the trouble he causes when he wants to pet soft things (they were ousted from the last town because Lennie touched a girl's soft dress, and she screamed). Lennie offers to leave and go live in a cave, causing George to soften his complaint and tell Lennie probably they can get him a puppy that can withstand Lennie's petting.

레니는 부드러운 것을 애무하기를 좋아한다. 그의 호주머니에는 죽은 쥐가 있는데, 조지는 나중에 그것을 압수해서 연못 너머의 갈대숲으로 던져버린다. 레니는 죽은 쥐를 다시 취하려 하고, 조지는 한 번 더 레니의 셔츠 뒤쪽 칼라를 움켜잡고는 레니의 '부드러운 것에 손대는 버릇'이 야기하는 문제에 대한 제고를 해준다 (사실 그들은 레니가 어떤 젊은 여자의 부드러운 드레스를 만졌을 때, 그녀가 비명을 지르는 바람에 저번 마을에서 쫓겨난 것이다). 레니는 쥐를 놔두게 되고, 동굴에 가게 된다. 그래서 조지는 레니의 불만을 잠재우기 위해 나중에 레니가 맘껏 만질 수 있는 강아지를 분양할 수도 있다고 말했다.

원작에서 레니는 나중에 조지에게 살해당하지만, 여기서는 희망적으로 써보았다. 아무튼 조지가 나중에 강아지를 사겠다는 약속을 지키기 위해 애견 숍을 방문했다고 가정해보자. 그런데 레니가 하필 골든리트리버를 고르는 게 아니겠냐. 실제로 내가 2002년 여름에 뉴저지를 여행하다가 골든리트리버를 팔고 있는 사람을 만난 적이 있는데, 놀랍게도 생후 5주일 된 강아지의 가격이 무려 1500달러였단다.

우리의 이야기 속 애견 숍의 주인은 골든리트리버의 가격을 금화 10개라고 말했다고 치자꾸나. 그런데 레니는 그 말을 듣자마자 "Oh, my friend, so cheap huh? It should be at least 20 of them.(오, 내 친구여. 너무 저렴하지 않은가? 최소한 금화 20개어치는 되어야 할 터인데.)"이라고 말했어. 하지만 이에 조지는 "My cumbersome buddy, I'mma kill ya. (내 성가신 친구여, 그대를 죽이고 싶을 따름일세.)"라며 골든리트리버가 금화 5개 이상의 값어치는 하지 않는다고 생각했어. 하지만 레니와 조지가 아무리 싸워봤자 결국 그들이 지불해야 할 돈은 금화 10개다. 이럴 때 골든리트리버의 값어치를 금화 20개라고 생각했던 레니의 입장에서는 금화 10개만큼의 '소비자잉여(consumer's surplus)'가 발생했다고 말할 수 있단다.

소비자잉여란, 어떤 재화나 서비스에 대해서 소비자가 지불하고자 하는 최고의 대가에서 실제로 지불한 대가를 뺀 나머지를 말한단다.

그렇다면 그래프 상에서 이 소비자잉여가 갖는 의미는 무엇일까? 잠시 뒤에 보게 될 그래프에서 수요곡선 아래와 시장가격 위의 면적을 보면 된단다.

AP 시험에서 직접적으로 계산해서 구하라는 문제가 나올 확률은 극히 드물어. 혹시 객관식 문제로 출제되더라도 단순한 직선 그래프들 사이에서 만들어지는 삼각형의 면적을 삼각형 공식(밑변×높이×1/2)을 써서 구하도록 하기 때문에 개념만 이해해도 된단다. 안 그러면 적분을 써야 하겠지? 하지만 그런 걱정은 하지 말거라.

네, 선생님만 믿을게요.

그렇다면 소비자잉여의 사회학적 의미는 뭘까?

글쎄요.

시장복지(Market Welfare), 즉 시장경제가 원활하게 돌아가고 있는가에 대한 답변을 해준다는 것이란다. 소비자잉여를 식으로 표현하자면, 다음과 같단다.

소비자잉여 = Σ(수요가격 − 거래가격) = Σ(수요자 편익 − 시장가격)
*낯선 기호가 나왔다고 당황하지 말 것. 위의 공식은 참고로 알아두시오.

생산자잉여(Producer Surplus)도 비슷하단다. 생산자잉여는 말 그대로 생산자가 시장에서 얻는 이익의 크기를 나타내는 척도로, 거래하는 가격(시장가격=정가)에서 생산의 기회비용인 공급가격(원가)을 빼면 된단다.

〈생쥐와 인간〉을 각색한 이야기에 등장하는 애견 숍의 주인이 강아지를 팔 때까지 투자한 비용이 금화 3개밖에 들지 않았다면, 생산자잉여는 금화 7개가 되겠지.

그렇다면 생산자잉여는 그래프의 어떤 부분일까?

시장가격 아래, 그리고 공급곡선 위에 있는 면적인 것 같은데요.

그렇지. 자, 이제 그래프를 보자꾸나. 오른쪽 그래프에서 회색으로 표시된 부분이 소비자잉여이고, 색깔로 표시된 부분이 바로 공급자잉여라는 걸 알 수 있겠지? 생산자잉여는 다음 식으로 표현할 수 있어.

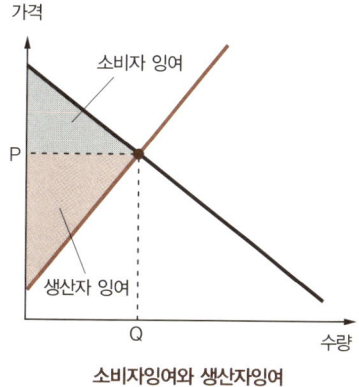

소비자잉여와 생산자잉여

생산자잉여 = Σ(판매가격−공급가격) = Σ(정가−원가) = Σ(시장가격−생산의 기회비용)

두 종류의 잉여를 모두 배웠다. 그런데 소비자잉여와 생산자잉여 이 두 가지를 조합했을 때 어떤 특별한 의미를 갖게 될까?

소비자와 생산자가 합쳐진다면, 그게 하나의 경제를 이루지 않나요? 그러니까 경제적 잉여(Economic Surplus)가 아닐까요?

제법 추리력이 뛰어나구나. 하지만 틀렸다. 이 새로운 잉여를 경제학자들은 사회적 잉여(Social Surplus)라고 부른단다. 이것은 무역이 일으키는 상호이익과도 깊은 관련이 있지. 사회적 잉여를 공식으로 나타내면 다음과 같단다.

사회적 잉여 = Σ(수요가격−공급가격) = Σ(소비자잉여+생산자잉여)

정부의 개입

선생님, 지금까지는 순수하게 수요자와 공급자 간의 관계에 대해서만 배웠잖아요. 국가가 시장에 영향력을 행사하는 경우는 없나요? 대학교 1학년 수준에서는 수요자와 공급자의 관계만 배우면 되는 건가요? 정부가 하는 일은 없나요?

아니다. 수요자와 공급자 간의 관계만 안다면 그건 중학교 수준이지. 자, 이제 좀 더 수준을 높여보자. 네가 생각하기에는 정부가 어떤 일을 할 것 같니?

일단 정부는 신문과 뉴스에 출연하는 고정 멤버이겠고, 하는 일이라고는 잘못밖에 없는 존재 아닌가요? 히히.

언론에서는 그렇게 비쳐질 수도 있어. 무엇이든지 장점보다는 단점이 눈에 띄기 마련이니까. 하지만 정부의 역할을 제대로 이해하고 건강한 비판을 가하는 자세를 가지는 것이 바람직하겠지. 아무튼 우리는 사회를 구성하는 중요한 요소인 정부가 어떻게 우리의 경제활동에 관여하고 있는지 알아야 한단다.

네, 알겠습니다.

그런데 시작부터 아쉬운 소리부터 해야겠구나. 순수경제학자의 입장에서 볼 때, 경제가 효율적으로 돌아가게 하고 싶다면 정부는 그냥 입 다물고 가만히 계시는 것이 가장 좋단다. 왜냐하면 순수경제학자들은 형평성은 안중에도 없고 오로지 효율성만을 추구하기 때문이지. 그런데 하필 형평성과 효율성은 상충관계에 있지 않니? 이 말은 한쪽을 추구하고 싶다면 다른 한쪽을 포기해야 한다는 의미지. 그런데 정부의 입장에서 볼 때, 순수경제학자들이 바라는 대로 사람들이 하고 싶어 하는 대로 내버려둔다면, 그건 강자만 살아남는 정글과 다를 바 없기 때문에 보다 인간에게 이로운 세상을 만들기 위해 친히 나설 수밖에 없는 것이란다.

정부가 경제활동에 관여하는 방법은 여러 가지가 있지만, 미시경제학에서는 거시경제학보다 더 단순하게 생각해도 된단다. 바로 가격이라는 무기를 이용하지. 그리고 가격을 조절하는 것에도 크게 두 종류가 있는데, 직접적으로 통제하는 방법과 간접적으로 조절하는 방법이 그것이다. 그럼 이번 시간에는 정부의 직접적인 가격 통제가 시장에서 어떤 역할을 하는지 알아보도록 하자.

정부의 직접적인 가격 통제는 크게 두 가지로 나눌 수 있단다.

최고가격제 혹은 가격상한제(Price Ceiling)
최저가격제 또는 가격하한제(Price Floor)

자, 아래의 그래프를 보자. 이 그래프가 가격상한제(최고가격제)를 뜻한단다. 가격이 균형가격 밑에 존재하는 것을 볼 수 있지? 다시 말해서 정부가 최고가격을 균형가격 밑에서 형성되도록 했다는 말이란다. 예를 들면 정부가 부동산의 거품현상을 막기 위해 아파

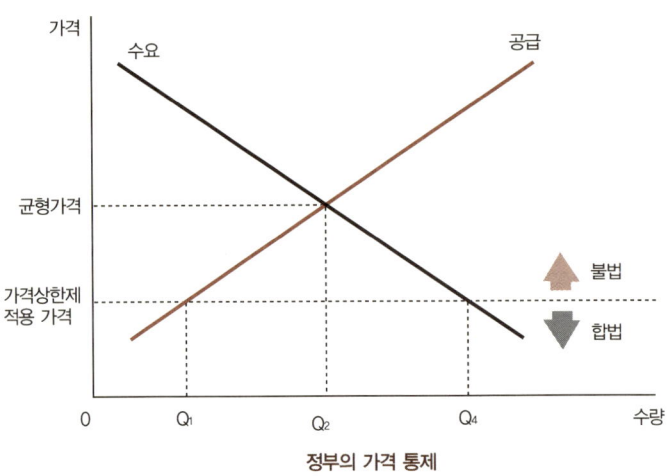

정부의 가격 통제

트의 분양가격을 일정한 수준 이상으로 올리지 못하도록 하는 조치를 들 수 있다. 이것을 분양가상한제라고 해. 또 하와이의 유가가 미국 본토보다 높기 때문에 미국 정부가 유가상한제를 시행하여 하와이의 유가 안정을 꾀하는 것 등도 가격상한제의 한 예지.

그럼, 가격하한제(최저가격제)는 무엇일까? 이것은 정부가 1차 산업에 종사하는 사람들, 특히 농업 관련 종사자들을 위해서 생산물의 최저가격을 정해주는 것을 예로 들 수 있단다. 최저임금제 역시 가격하한제의 한 예지. 가격하한제의 특징을 조금 더 깊게 알아보도록 하자. 다음 그래프를 보면 최저가격이 균형가격 위에 있는 것을 알 수 있지? 그런데 최저가격에서의 수요점과 공급점에 주목해 보거라. 공급이 수요보다 왼쪽에 있으니까 초과공급이 발생하게 된다는 걸 예상할 수 있지 않니?

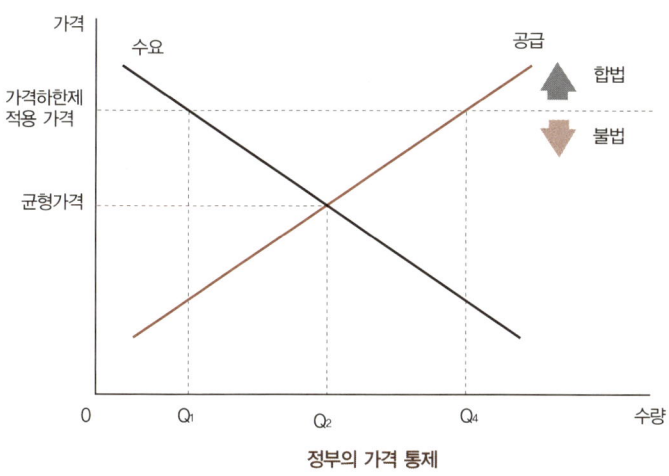

정부의 가격 통제

아, 그럼 가격상한제를 시행할 때는 공급부족(Shortage)이 생길 수도 있겠네요!

오, 아주 훌륭하다. 선생님이 깜빡하고 지나간 걸 유추해내다니……. 자, 정부가 가격에 개입했을 때 나타나는 결과까지 이해했으니 오늘 수업의 목표는 달성했다. 오늘 수업은 여기까지. 내일은 가격의 '탄력'에 대해서 공부할 테니까, 관련 자료를 미리 검색해보는 게 도움이 될 거다.

음. '탄력'이라고 하니까, 왠지 가격이 섹시하게 다가오는데요. 그럼 내일을 기대하겠습니다.

녀석! 그래, 조심해서 가거라.

여덟 번째 수업
수요와 공급의 **가격탄력성**
PRI+N+STU+N ECONOMICS

▶ 경제학에서 말하는 '탄력성'의 의미를 파악하자.
▶ 수요의 가격탄력성을 비롯한 몇 가지 탄력성이 갖는 경제적 의미를 분석해보자.

가격탄력성이란?

자, 오늘은 지난 시간에 말했던 것처럼 가격의 '탄력'에 대해 공부해볼 거란다. 태리야, '탄력'이라는 말을 들으면 어떤 생각이 떠오르니?

음, 저처럼 물리학에 관심이 있는 사람들이라면 일단 스프링의 단현운동이 떠오를 테고요, 여성이 신는 고탄력 스타킹이 생각날 수도 있고, 어린이들이라면 트램펄린이 생각나겠죠.

그래, 그렇겠지. 하지만 경제학에서 말하는 탄력성은 개념 자체가 약간 다르단다. 이 부분을 공부할 땐 공식이 상당히 많이 나오고 헷갈리기도 쉬워. 하지만 절대 재미없고 무미건조한 단원은 아니라고 약속할 수 있다. 힘차게 기지개 한번 켜고 나서, 이제 탄력성의 매력에 흠뻑 빠져보자.

네, 선생님.

탄력성이란, 공급자와 소비자가 시장의 변화에 반응하는 정도를 보여주는 지표란다. 지금까지 우리는, 소비자들이 어떤 상품을 구입하는 양은 단순히 그 상품의 가격에 반비례한다고만 배웠다. 그런데 경제학자들이 조금 더 구체적으로 '이런 수요곡선에서 가격을 만약 이만큼 올린다면 구매량의 변화는 얼마나 될까?' 하는 궁금증을 해소하기 위해서 발전시킨 개념이 바로 가격탄력성(Price Elasticity)이다.

그럼 먼저 소비자의 입장에서 탄력성을 구해보자. 경제학에서는 수요량이 가격의 변화에 대응하여 변하는 정도를 나타낼 때 수요의 가격탄력성(Price Elasticity of Demand)이라는 용어를 쓰고, 다음과 같은 공식으로 나타낸단다.

수요의 가격탄력성 = 수요량의 %변화율 / 가격의 %변화율

참고로 경제학뿐만 아니라 수학이 응용된 모든 학문에서는 분수의 분모가 기준이 되고 분자가 비교량인 거 알지? 따라서 위 공식을 해석할 때는 '가격의 변화량에 따라서 수요의 변화량이 결정된다'고 해야 한단다.

선생님, 이해가 잘 안 돼요. 예를 들어서 설명해주실 수는 없을까요?

그렇지 않아도 그러려고 했다. 자, 이 문제를 풀어보거라. '아이스크림의 가격이 1000원에서 1200원으로 올랐을 때, 수요량이 10개에서 8개로 줄어든 경우의 수요의 가격탄력성은 어떻게 되나?'

음, 가격의 변화율이 20%이고 수요량의 변화율이 -20%이니까, 답은 -1이 되네요.

그렇지. 그런데 경제학자들은 이 값의 절대값을 취한단다. 따라서 답은 1(=|-1|)이 되겠지?

그리고 위의 문제에서 제시된 수치인 (1000, 10)과 (1200, 8)이라는 일정한 구간 내에서의 가격변화율에 대한 수요량의 변화율을 구간탄력성 혹은 호탄력성(Arc Elasticity)이라고 한단다. 그런데 호탄력성에는 문제가 크게 2가지 있다. '드물게, 변화가 미세하여 계산이 매우 복잡할 수 있다'는 것과 '기준 수요량에 따라 탄력성이 변한다'는 것이지.

우리가 주목할 문제는 후자다. (1000, 10)과 (1200, 8)이라는 일정한 구간이 정해졌을 때, 기준 수요량과 기준 가격을 어떻게 잡느냐에 따라서 값이 달라질 수 있단다. 왜 그럴까?

변화 전의 가격과 수요량을 기준으로 잡으면, 탄력성은 1/100(10/1000)이 될 것이고, 변화 후의 점을 기준으로 하면 1/150(80/1200)이 되기 때문이다.

아, 각각의 점에서 '수요량÷가격'을 하셨군요. 그렇지. 이럴 때는 무엇을 써먹을까? 이때 생성된 개념이 바로 점 탄력성(Point Elasticity)이란다. 이 탄력성을 표현하자면, 우선 수요량의 변화 폭을 두 수요량의 평균값으로 나누고, 이렇게 해서 나온 값을 α라고 치환해보자. 그 후 가격의 변화 폭을 두 점의 각각의 평균값을 나누고, 그 값을 β라고 치환하자. 그런 다음 α를 β로 나눠보자. 그럼 다음과 같은 깔끔한 공식을 유도할 수 있지.

수요의 가격탄력성=α/β

=(%수요량÷%평균수요량)/(%가격÷%평균가격)

그런데 이렇게 표현하면 복잡한 느낌이 없지 않기 때문에 일반적으로는 다음의 식을 많이 사용한단다.

$$E_d = \frac{P_1 + P_2}{Q_1 + Q_2} \times \frac{\Delta Q}{\Delta P}$$

이 정도는 상식적으로 알아두자.

탄력성의 응용

그런데 이런 수요의 가격탄력성은 다음과 같은 요소들에 의해서 영향을 받게 된단다.

대체재의 존재 유무와 그 밀접성

필수재 vs 사치재

시간의 흐름

일단 나열된 순서대로 차근차근 알아보자.

① 대체재의 존재 유무와 그 밀접성

어떤 재화에 그 쓰임새나 성격이 비슷한 대체재가 있다면, 소비자들은 A 재화의 가격이 올라갈 경우에 그와 유사한 다른 재화를 살 기회가 있기 때문에 A 재화의 수요는 탄력적일 수밖에 없지 않겠니? 여기서 '탄력적이다' 라는 말은 가격의 변화에 따른 수요의 변동 폭이 크다는 것을 말한단다.

대체재의 밀접성(Availability)이라는 말은 시장의 범위와 큰 관련을 맺고 있는데, 자유경쟁체제 하에서는 시장이 좁으면 좁을수록 대체재가 적기 때문에 그만큼 재화의 수요는 비탄력적이게 된단다. 예를 들어서 에버랜드에 있는 단 하나의 이탈리안 요리 전문점과 강남에 있는 100개의 이탈리안 요리 전문점 중 한 곳의 수요탄력성은 당연히 차이가 날 수밖에 없다는 걸 알 수 있지.

② 필수재 vs 사치재

그리고 특정 재화가 생활에 필수적으로 구비되어야 하는지, 아니면 단순히 사치품인지의 여부도 중요한 고려 기준이란다. 지금으로부터 1000년 뒤 무분별한 벌채로 지구의 산소가 매우 부족해진 상황을 한번 가정해보자꾸나. 산소를 공급하는 회사가 하나밖에 없다면 사람들은 아무리 산소의 값이 비싸도 구입할 수밖에 없지 않겠니? 왜냐하면, 인간은 산소가 없으면 생존할 수가 없으니까. 따라서 이와 같은 필수재의 수요는 비탄력적이란다. '비탄력적이다' 라는 말은 가격이 변화해도 수요량은 크게 변하지 않는다는 걸 뜻해.

그런데 어떤 사람이 고급차를 사려고 판매장에 가보았는데, 가격이 이전보다 1천만 원이나 올랐다고 가정해보자. 그러면 그 사람은 종전의 가격과 비슷한 가격대의 차를 사려고 할 거야. 이처럼 가격이 높은 고급차와 같은 사치재는 수요탄력성이 높단다.

선생님, 그런데 패리스 힐튼 같은 재벌가의 상속녀가 자신의 전용 헬기를 구입하려고 한다면 가격이 1~2억 상승했다고 해도 가격에 상관없이 그냥 살 것 같아요. 이런 경우에는 사치재라 하더라도 오히려 비탄력적일 것 같은데요?

그렇지. 아주 예리하구나. 초호화 헬기처럼 엄청난 사치재의 경우에는 대체재가 드물기 때문에 수요의 가격탄력성이 낮을 수밖에 없단다. 참으로 신기한 경우가 아닐 수 없지.

③시간의 흐름

마지막으로, 시간의 길고 짧음(Time Horizon)도 탄력성의 변수가 된단다. 이 말은, 소비자들이 시간에 적응해간다는 것을 뜻한단다. 음, 어떤 것을 예로 드는 것이 좋을까? 음…… 그렇지! 담배를 예로 들면 되겠구나!

우리나라 정부는 흡연이 주는 사회적 폐해를 줄이려는 금연 정책의 일환으로 2005년부터 담배 가격을 올리기 시작해서 상당한 금연효과를 보았다고 한다. 하지만 지난 추석 연휴 때 어떤 음식점 주변에 모여 있던 사람들이 하는 이야기를 듣고는 담배 가격을 올리는 것은 일시적인 방편일 뿐이라는 생각을 하게 되었단다. 자, 그 때의 대화를 내가 재연해보마.

"요새 담뱃값이 너무 비싸단 말이야."

"그러게. 무슨 담배 한 갑이 3천 원 가까이나 해?"

"그래도요, 담뱃값이 올라서 담배 끊겠다는 건 다 한 순간이에요. 조금 지나면 그러려니 하고 그냥 사잖아요."

"그건 그래. 조금만 지나면 그 가격이 그 가격 같아. 컵라면도 그랬잖아. 몇 년 전만 하더라도 350원밖에 안 했다고. 그런데 지금 봐봐. 850원이야. 처음에는 너무 올랐다는 생각이 들어서 안 샀는데, 지금은 그냥 그러려니 하잖아."

어떠니, 태리야? 내가 무슨 말을 하고 싶어 하는지 알겠니?

네, 잘 알겠어요.

처음에 담뱃값이 오르면 일시적으로 담배의 수요량이 줄어들 수도 있어. 이때는 일시적으로 탄력성이 커지겠지. 하지만 담배라는 기호품에는 대체재가 거의 없기 때문에 애연가들은 비싼 가격을 지불하고서라도 담배를 사서 피울 수밖에 없을 게다. 이 경우에는 다시 수요량이 회복되면서 탄력성이 낮아진다고 할 수 있겠지.

자, 이제 지금까지 배운 내용을 바탕으로 탄력성을 수학적으로 분석해보자.

일단 우리가 숙지해야 할 내용은 탄력성의 절대값이 1보다 크면 탄력적(Elastic 혹은 Greater than proportionate change)이라고 하고, 1보다 작으면 비탄력적(Inelastic 또는 Less than proportionate change)이라고 한다는 것이다. 그리고 1과 같으면 단위 탄력적(Unit Elastic 혹은 Proportionate change)이라고 한다.

다음 그래프를 보자.

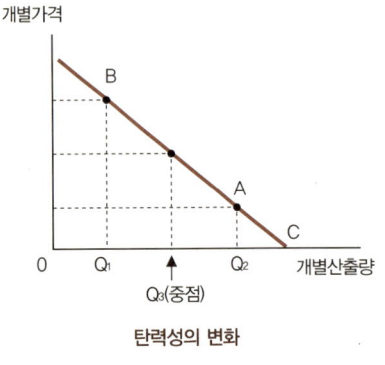

탄력성의 변화

분명히 기울기는 일정한데 직선의 중점을 기준으로 탄력성이 다르단다. 그 이유가 뭘까? 그건 단위탄력성(Unitary Elasticity)을 가진 점보다 상단에 있는 점들에서의 '수요량 변화율/가격 변화율'의 값, 즉 탄력성이 1보다 크기 때문이고, 단위 탄력점 하단의 점들은 그 값이 1보다 작아서란다.

그리고 수요의 가격탄력성이 높은 상태인 수요곡선은 기울기가 완만하고, 수요의 가격탄력성이 낮다면 기울기가 가파르게 돼.

Perfectly Elastic and Perfectly Inelastic

자, 이제는 극단적인 경우를 생각해보자. 탄력성이 존재하지 않거나(탄력성=0), 탄력성이 무한대(탄력성=∞)인 경우를 말이다. 자, 그럼 네가 다음 그래프를 예를 들어서 분석해보거라. 기울기를 주목하자.

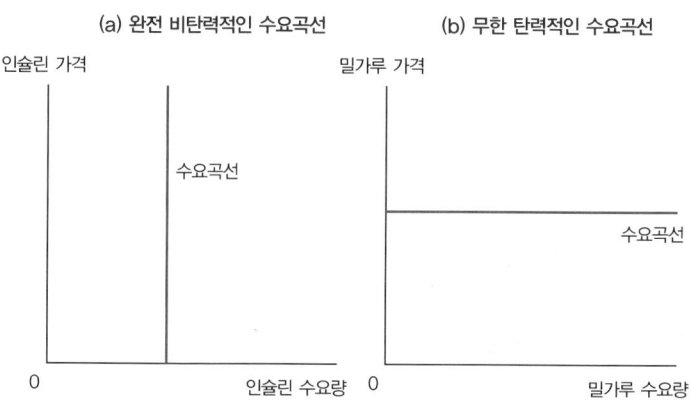

음, (a) 그래프는 탄력성이 0입니다. 당뇨병 환자에게 꼭 필요한 인슐린의 가격을 생산자가 아무리 올려도 수요량은 일정하게 유지되는 걸 예로 들 수 있겠죠. 그리고 (b) 그래프는 탄력성이 무한대인 것을 뜻합니다. 이런 경우는 일정한 가격 이하에서 밀가루의 수요량은 거의 무한대인 것을 예로 들 수 있습니다.

응? 갑자기 왜 이렇게 똑똑해졌지? 정말이지 청취지어람 이청어람이구나. 잘했다. 벌써 다음 항목으로 넘어갈 차례구나. 이 부분만 얼른 공부하고 오늘은 일찍 마치도록 하자꾸나.

탄력성의 실전

이번에는 우리의 실생활과 관련을 맺고 있는 경제학 내용을 다룰 것이다. 총수입(Total Revenue)에 관해서 공부할 거거든. 총수입은 가격×판매량이라는 공식을 지금부터 절대 잊지 말도록 하자. 그런데 이 총수입에 대해서 왜 배우냐고? 바로 탄력성에 따라서 총수입의 변화과정을 관찰할 것이기 때문이지.

아래 그림을 보거라.

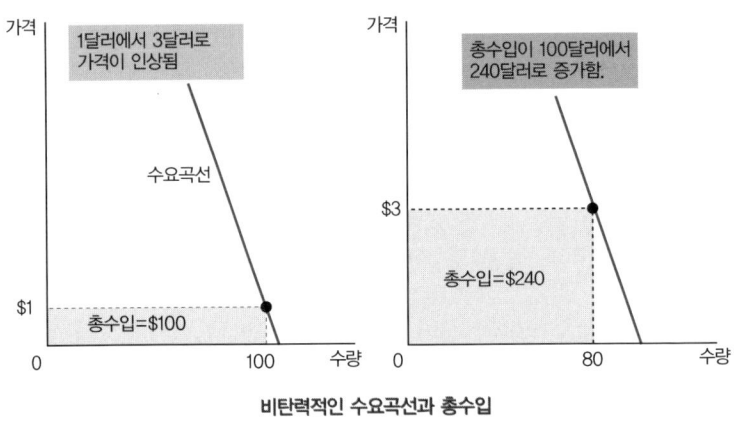

비탄력적인 수요곡선과 총수입

이렇게 수요곡선이 굉장히 비탄력적인 경우에는 가격을 많이 올려도 판매량이 많이 떨어지지 않기 때문에 판매자의 총수입은 늘어나게 된단다.

하지만 다음 그림을 보렴.

이번에는 상대적으로 수요곡선이 탄력적이라는 사실을 알 수가 있지. 수요곡선이 탄력적일 때는 가격을 조금만 올려도 수요량이

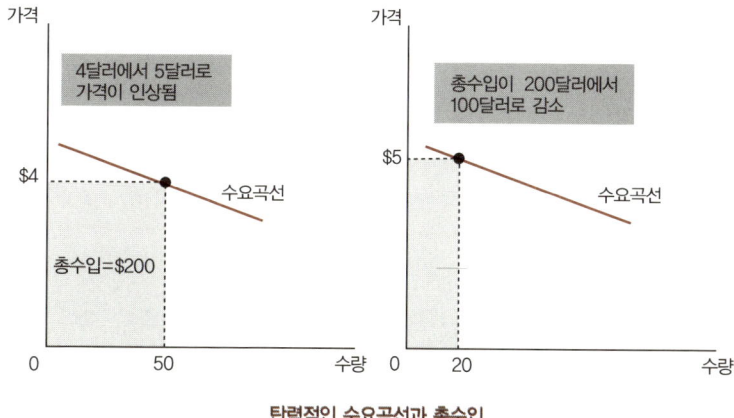

탄력적인 수요곡선과 총수입

많이 감소하기 때문에 이런 경우에는 가격을 올렸을 때 판매자의 총수입은 오히려 줄어들어서 손해만 입게 되지.

자, 수요의 가격탄력성에 대해서는 여기까지만 알면 된단다.

휴우. 힘든 하루였어요. 이제 끝난 건가요?

조금만 견디거라. 이제 얼마 안 남았으니까. 탄력성의 나머지 종류들만 공부하면 되거든. 자, 경제학에서 거론하는 탄력성에는 다음의 것들도 있단다.

수요의 수입탄력성

수요의 교차탄력성

공급의 가격탄력성

① 수요의 수입탄력성

먼저 수요의 수입탄력성(Income Elasticity of Demand)에 대해서

알아보자. 이는 소득(수입)의 변화량에 대응하여 수요량이 얼마나 변하느냐를 나타내는데, 이 탄력성은 재화의 종류를 구별하는 척도가 된단다. 그런데 네가 반드시 기억해야 할 것은 어떤 탄력성이나 '수요량(Q)/가격(P)'의 형태를 취한다는 기본 원리는 똑같다는 사실이지.

수요의 수입탄력성을 공식으로 간단히 표현하면 아래와 같아.

수요의 수입탄력성(IED) = 수요량의 %변화율 / 소비자 수입의 %변화율

그럼 이제 이 수요의 수입탄력성을 이용해서 재화의 종류를 파악해보도록 하자.

먼저 탄력성의 값(E)이 'E<0'로 나타날 수 있는데, 이런 경우는 열등재(Inferior Goods)에서 나타나. 정크푸드(Junk Food)처럼 소득이 늘어날 경우 소비량이 오히려 줄어드는 상품을 말하지.

그렇다면 수요의 수입탄력성이 'E>0'으로 나타나는 것은 어떤 상품일까? 이 범위에 속하는 재화들 중에서 1보다 작게 나타나는 것은 필수재(Necessities)라고 하고, 1보다 크게 나타나면 사치재(Luxury Goods)라고 해. 그리고 필수재와 사치재를 합쳐서 정상재(Normal Goods)라고 하지. 이해가 되니?

네, 알겠어요.

②수요의 교차탄력성

이번에는 수요의 교차탄력성(Cross-price Elasticity of Demand)에 대해서 알아보자. 이 탄력성이 갖는 의의는 어떤 두 종류의 상품이 서로 대체재의 관계에 있는지, 보완재의 관계에 있는지, 또는 '무관련재'인지를 판별하는 기준이 된다는 것이다. 기본적으로 어떤 한 재화의 가격이 변할 때 다른 재화의 수요량이 어떻게 변하는지를 측정하는 탄력성이라고 할 수 있어. 이 역시 공식화해보자.

수요의 교차탄력성(CPED)＝A 상품 수요량의 %변화율/B 상품 가격의 %변화율

그럼 이제 'E=0'인 경우부터 분석을 해보자. 위 공식에서 E=0이 되기 위해서는 B 상품의 가격이 엄청 변했는데도 불구하고 A 상품의 수요량에는 아무런 변화가 없어야 되겠지? 따라서 수요의 교차탄력성의 값이 0으로 나타난다면, A와 B 두 상품이 서로 대체재나 보완재의 관계에 있는 것이 아니라 서로 관련이 없는 관계에 있다는 것을 알 수 있어. 그렇지?

그런데 만약 'E>0'이면 어떤 관계일까? 예를 들어, 람보르기니의 전 차종 가격이 1억 원씩 올라갔다고 가정해보자. 그렇다면 람보르기니(B) 대신 페라리(A)를 사려는 사람들이 늘어날 것이다. 이런 경우에는 수요의 교차탄력성의 값이 0보다 커지겠지? B의 가격이 상승하는 것에 따라 A의 수요량이 증가했으니까. 분자와 분모 둘 다 상승했기 때문에 탄력성은 양수 값을 가질 것이다. 이때, 두 재화는 대체제의 관계에 있다고 판별할 수 있지. 잊지 말자!

반대로 'E<0'인 경우는 어떨까? 어떤 한 재화의 가격이 올랐다. 그런데 다른 재화의 수요량이 떨어졌다. 그럼 무슨 관계지? 예를 들어서, 모터의 가격이 올랐다고 가정해보자. 그러면 모터를 사용하는 바나나보트의 가격 또한 올라갈 것이고, 보트의 가격이 오르면 당연히 수요량이 떨어지겠지?

아하! 탄력성이 음수 값을 가지면 두 재화가 서로 보완재의 관계에 있는 거군요?

그렇지! 자, 이제 나머지 하나만 공부하면 된다.

③ 공급의 가격탄력성

이 단원의 마지막인 기념으로 공식부터 알아보자.

공급의 가격탄력성 = 공급량의 %변화율 / 가격의 %변화율

이제 공식을 보면 그 의미를 척척 파악해야지? 이 공식의 의미를 말해보거라.

네. 가격의 변화량에 대응하여 공급량이 얼마나 변하느냐를 측정하는 겁니다.

퍼펙트! 그럼 바로 예로 넘어가자.

보리의 가격이 상승하면 농부들은 어떤 반응을 보일까? 그리고

USB의 가격이 올라가면? 마지막으로 스포츠마사지의 서비스 가격이 올라가면?

당연히 모두들 재화를 더 많이 생산하려고 할 거예요.

그렇지. 그런데 내가 생산주체를 차례로 농부, USB제조자, 마사지사로 나타낸 까닭은 무엇일까?

1차 산업, 2차 산업, 3차 산업의 순으로 나타내려고 하신 거죠? 고차원의 산업일수록 공급이 용이하니까, 그만큼 더 탄력적일 거구요. 그죠?

추론능력이 훌륭하다는 말밖에 달리 표현할 길이 없구나. 오늘 수업은 여기까지만 하면 된다. 수고했다, 태리야.

선생님께서 더 고생하셨어요. 그럼 다음 시간에 뵐게요. 안녕히 계세요.

그래, 잘 가거라.

태리의 개념 정리 노트 NO. 3

1. 수요의 법칙과 수요곡선

- **수요의 법칙:** 어떤 상품의 가격이 상승할 때, 그 상품의 수요량이 감소함.
- **수요곡선:** 수요의 법칙을 그래프 상에 나타낸 곡선. 수요(DemaNd)곡선은 DowN한다.

2. 공급의 법칙과 공급곡선

- **공급의 법칙:** 어떤 상품의 가격이 상승할 때, 그 상품의 공급량이 늘어남.
- **공급곡선:** 공급의 법칙을 그래프 상에 나타낸 곡선. 공급(sUPply)곡선은 UP 한다.

3. 수요곡선과 공급곡선의 이동

- 수요곡선을 이동시키는 주요변수들

  ① 소비자 관련 변수: 소비자의 수, 소비자의 수입, 소비자의 기호

  ② 관련재의 가격: 대체재와 보완재의 가격 변동

  ③ 상품의 미래 가치에 대한 예상

- 공급곡선을 이동시키는 주요변수들

  ① 공급자의 수: 공급자의 수가 늘어나거나 줄어들면 공급량은 늘어나거나 감소한다.

  ② 생산요소의 가격: 상품을 생산하는 비용이 늘어나거나 줄어들면 공급량은 늘어나거나 감소한다.

  ③ 대체재의 가격: A 상품을 대체할 수 있는 B 상품의 가격에 따라 A의 공

급량은 늘어나거나 감소할 수 있다.

④미래의 상품가격 예상: 어떤 상품의 미래 가격이 상승하거나 하락하는 것에 따라 공급량은 변화할 수 있다.

⑤기술력의 변화: 상품을 생산하는 기술력이 후퇴하거나 발전하는 것에 따라 그 상품의 공급량은 감소하거나 늘어난다.

⑥보조금과 세금: 세금이 부과되면 생산비용을 높여 공급량이 줄어들고, 보조금이 투입되면 생산비용이 낮아져 공급량은 늘어난다.

4. 시장가격과 초과수요 및 초과공급

- **시장가격:** 소비자와 공급자 모두 만족할 수 있는 상태(시장균형)에서 형성된 가격으로, 그래프 상에서는 수요곡선과 공급곡선이 만나는 지점으로 나타난다.

- **초과수요(=물량부족):** 가격이 낮게 형성되어 수요량이 공급량을 훨씬 앞지르는 현상

- **초과공급(=공급과잉):** 가격이 높게 형성되어 수요량이 공급량에 훨씬 못 미치는 현상

5. '잉여'에 대한 경제학적 입장

- **소비자잉여:** 어떤 재화나 서비스에 대해서 소비자가 지불하고자 하는 최고 대가에서 실제로 지불한 대가를 뺀 나머지 값

- **생산자잉여:** 생산자가 시장에서 얻는 이익의 크기. 거래 가격(시장가격)에서 공급가격(원가)을 뺀 나머지 값

- **사회적 잉여:** 소비자잉여와 생산자잉여를 합한 값

6. 정부의 직접적인 가격 통제

- **가격상한제:** '최고가격제' 라고도 한다. 정부가 제도적으로 어떤 상품에 대해 가격의 상한선을 마련하여, 일정 가격 이상으로는 가격을 올리지 못하게 하는 조치.

- **가격하한제:** '최저가격제' 라고도 한다. 정부가 제도적으로 어떤 상품에 대해 가격의 하한선을 마련하여, 일정한 가격 이하로는 가격이 내려가지 않도록 하는 조치.

7. 경제학에서 말하는 탄력성의 의미

- **탄력성:** 공급자와 소비자가 시장의 변화에 반응하는 정도를 보여주는 지표.

- **수요의 가격탄력성:** 가격의 변화에 따른 수요량의 변화를 보여주는 정도를 타나내는 탄력성.

    ex) '탄력적이다' 라는 말은 가격의 변화에 다른 수요의 변동 폭이 크다는 뜻이고, '비탄력적이다' 는 말은 가격이 변화해도 수요량은 크게 변하지 않는다는 뜻이다.

8. 수요의 가격탄력성에 영향을 미치는 요소

①대체재의 존재 유무와 그 밀접성

②필수재 vs 사치재

③시간의 흐름

9. 수요의 가격탄력성과 기울기의 관계
- 수요의 가격탄력성이 높은 수요곡선일수록 기울이가 완만하고, 수요의 가격 탄력성이 낮을수록 기울기가 가파르다.
- 수직선으로 나타나는 수요곡선은 완전비탄력적인 수요곡선이다.
- 수평선으로 나타나는 수요곡선은 완전탄력적 수요곡선이다.
- 수요곡선이 비탄력적인 경우에는 가격을 올려도 판매량이 많이 줄지 않기 때문에 총수입은 늘어난다.
- 수요곡선이 탄력적일 때는 가격이 오르면 판매량이 급감하기 때문에 총수입 역시 크게 감소한다.

10. 탄력성의 다른 종류

① 수요의 수입탄력성: 수입의 변화량에 대응한 수요량의 변화를 나타낸다. 재화의 종류를 구별하는 척도가 된다.

ex) E<0이면 열등재, 0<E<1이면 필수재, 1<E이면 사치재

② 수요의 교차탄력성: 어떤 한 재화의 가격이 변할 때 다른 재화의 수요량이 어떻게 변화하는지를 측정하는 탄력성. 두 상품의 관계(보완재, 대체재, 무관련재)를 판별하는 기준이 된다.

ex E=0이면 무관련재, E>0이면 대체재, E<0이면 보완재

③ 공급의 가격탄력성: 가격의 변화량에 대응하는 공급량의 변화를 측정하는 탄력성.

아 홉 번 째 수 업

조세의 귀착과 무역이론의 확장

PRI+N+STU+N ECONOMICS

▶ 조세 부담으로 인한 공급자와 소비자의 잉여 변화를 알아보자.
▶ 국제무역을 통해 한 국가의 사회적 잉여가 어떻게 변화하는지 알아보자.

조세의 귀착

선생님, 조금 늦었어요. 오늘 엄마 따라서 세무서에 다녀오느라 그랬어요.

그래? 그러고 보니 요즘이 각종 세금을 납부해야 하는 시즌이구나. 그럼 10분 늦은 죄로 다음에서 말하는 것이 무엇인지 맞혀보아라. 틀리면 꿀밤을 주도록 하겠다.

우리들이 사회생활을 하기 위하여 지불하는 '회비'
국민의 건강하고 풍요로운 생활을 실현하기 위하여 국가나 지방
자치단체가 시행하는 여러 가지 사업의 재원
풍요로운 문명생활을 누리는 대가

국민 각자가 나누어 분담하는 국가의 공통 경비

삐익! 답은 '세금'입니다.

딩동댕! 맞다. 위의 보기에서 세금의 역할이 조금 미화됐지만, 사실 세금에 대해서 좋은 인상을 가진 사람은 별로 없지. 지금까지 살아오면서 세금 내는 것을 좋아하는 사람을 본 적은 없으니까.

자, 먼저 '조세의 귀착(Tax Incidence)'이라는 말에 대해서 알아보자. 조세의 귀착이 갖는 사전적 의미는 '세금이 시장 참여자 사이에서 분담되는 현상'이란다. 이는 세금을 부과할 때, 그 세금이 누구에게 얼마나 부과되느냐를 뜻하는 것으로, 분배(Rationing)의 개념을 내포하고 있지.

무슨 말인지 도통 모르겠어요.

음, 물론 그럴 거다. 사실 경제학적 개념을 짧은 하나의 문장으로 설명하는 것은 무척 어려운 일이란다. 때문에 공부가 필요하겠지? 오늘 공부를 해보면 '조세의 귀착'이 갖는 의미가 생생하게 네 머릿속에 새겨질 거다.

오늘 공부할 내용의 핵심은 세금이 수요자와 공급자 각각에게 '어떻게' 그리고 '얼마나 많은' 영향을 끼치는지 알아보는 것이란다. 먼저 예를 들기 위해서 다음 〈예언자 일보〉의 기사를 읽어보자꾸나.

The Daily Prophet

Mr. Fudge's Letter to Dumbledore

To. Albus Percival Wulfric Brian Dumbledore

Dear, great professor and my old friend, Dumbledore.

I rejoice to hear that no disaster has accompanied the enterprise, your school-keeping tasks, which you have always regarded with such evil forebodings.

Succinctly speaking, as you always want me to do, I want to let you know that out committee decided to impose a new tax on drinks at your shops in Hogsmeade.

In these days, since wizard and witch students do believe that beverages makes them smarter, too much time of students' is consumed in the process of buying the drinks. Even, my staffs caught some of the students in "my buddy's school", trying to trespass Hog's Head and Three Broomsticks Inn in order to steal some drinks.

I cannot deny the fact that students are getting more and more poorly-educated as the time flies by. Of course, I will not say that drinking is the only factor to be considered, but neither is not having to do with the deterioration of magicians' intelligence and skills. Hopefully, I wish you could deal with the problem as soon as possible and could pacify student's complaints without much effort.

Farewell, anyway. O-my dear, heaven shower down blessings on you, Dumbledore of perfection; and save me, that I may again and again testify my gratitude for all your kindness and our friendship.

Best Wishes,

Your comrade, Cornelius Oswald Fudge

예언자 일보
_덤블도어 교장에게 보내는 퍼지 장관의 편지

알버스 덤블도어 교수에게
훌륭한 교수이자 나의 오랜 친구인 덤블도어시여, 항상 액운이 자욱했던 당신의 학교 관리 사무가 특별한 재앙 없이 처리되고 있다는 것에 진심으로 기쁨을 표하는 바요. 간략히 말해서, 나는 우리 위원회가 호그스미드에 위치한 당신 상점들의 음료들에 세금을 부과하기로 했다는 것을 알려주고 싶소. 요즈음 많은 마법사들과 마녀 생도들이 그 음료들이 그들을 더 총명하게 만들어준다는 것을 믿는 나머지, 너무 많은 시간을 음료 구매에 사용하고 있소. 게다가 내 보좌관들이 호그스헤드와 스리브룸스틱스 인에 잠입하여 음료 몇 가지를 훔치려는 당신의 학생들을 잡은 바 있소. 나는 당신의 학생들의 교육 수준이 시간이 흐를수록 더 낮아지고 있음을 부인할 수 없소. 당연히 나는 단순히 음료가 유일한 원인이라 생각지는 않소만, 음료를 사 마시는 행위가 마법사들과 마녀들의 지적 능력의 감소를 유발한다는 것에는 반대하지 않는 바요. 부디 이 문제를 하루 빨리 해결하길 바라며, 학생들의 불만을 잘 해소해주기 바라오.

이만 물러가겠소, 완벽한 덤블도어시여. 하늘이 당신에게 축복을 내려주기를 바라며, 당신의 친절함과 우리의 우정에 나의 감사를 다시 한 번 표하는 바요.

최고의 일만 가득하시기를.

당신의 동지, 코넬리우스 퍼지 장관.

(이 글은 〈해리포터〉에서 발췌한 것이 아니라 저자가 직접 지어낸 이야기임.)

글을 잘 읽어보면, 퍼지 장관이 호그스미드에 있는 상점들의 음료수에 세금을 붙인다는 내용이 있다. 언뜻 보면, 호그스헤드의 주인 아버포스 덤블도어(실제 해리포터에는 등장하지 않지만, 사실 그는 앨버스 덤블도어와 형제관계이다)와 스리브룸스틱스 인의 로즈메르타 부인에게 세금을 부과하는 것처럼 보이지. 그런데 여기서 우리는 코넬리우스 장관이 덤블도어 교장에게 학생들의 불만을 쉽게 처리하길 빈다고 한 대목을 놓치지 말아야 한다.

이상하네요. 분명히 공급자들에게 세금을 부과했는데, 왜 소비자인 학생들이 불만을 표시하나요?

이 단원을 공부할 때면 너와 같은 질문을 하는 학생이 항상 있었단다. 왜 이런 상황이 발생하는지 알아보기 위해서 그래프를 하나 소개하마.

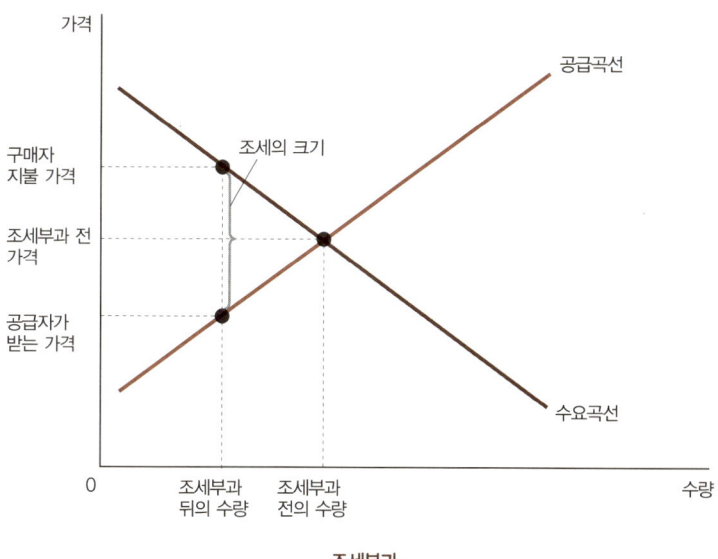

조세부과

세금을 부과하기 전과 후를 비교해보면, 수요자의 경우 지불해야 할 가격이 상승했다는 것을 알 수 있고, 공급자의 입장에서 볼 때는 상품을 판매하고 챙길 수 있는 실제 가격이 세금이 부과되기 전인 균형가격보다 떨어졌을 뿐만 아니라 판매량마저 줄어서 손해가 이만저만이 아니라는 것을 알 수 있다.

여기서 주목해야 할 사실 하나! 비록 세금을 공급자가 전액 부담하지만, 실질적으로는 수요자 또한 공동으로 그 세금을 부담하고 있다는 사실이다. 일반적인 개념으로 확장하면, 수요자와 공급자 어느 한 쪽에만 세금을 부과하더라도 결국에는 수요자와 공급자가 공동으로 세금을 부담하게 된다는 것을 뜻하지.

왜 그렇죠? 이해가 잘 안 돼요. 조금 더 쉽게 설명해주실 순 없나요?

그렇다면 다시 아래의 그래프를 보자.

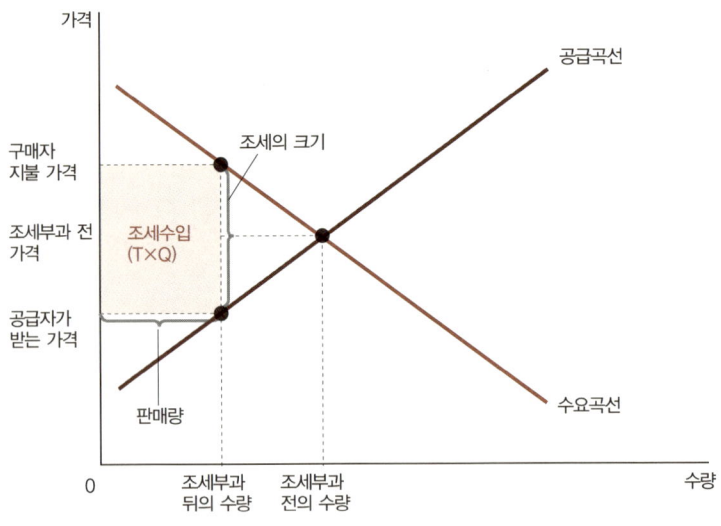

조세의 귀착 효과

그래프를 보면, 세금이 부과된 상태에서의 거래수량이 균형수량보다 적음에도 불구하고 소비자가 구입하는 가격이 균형가격보다 높고, 공급자가 받는 가격은 균형가격보다 낮다는 사실을 알 수 있을 거다. 이러한 사실이 암시하는 의미가 바로 조세의 상호의존성(Interdependency of Tax)이란다. 어떤 재화에 세금이 부과되면, 그것을 사는 사람이나 파는 사람 모두 일정한 세금을 부담한다는 걸 뜻하지.

네, 얼핏 이해가 가요.

자, 수학적 분석을 통해서 더 확실하게 알아보자. 지난 시간에도 이야기했듯이, 총수입은 가격 곱하기 판매량이라는 공식을 잊지 말아야 한다. 이유인즉, 지금부터 이 공식을 응용한 새로운 공식을 만들 것인데, 결국 원리는 똑같기 때문이란다.

소득(I) = 가격(P) × 수량(Q) → 조세수입(TR) = 세금(T) × 수량(Q)
(I=income, T=tax, R=revenue, Q=quantity sold)

이제 조금 더 세밀하게 분석을 해보자.

내가 조세수입이 어느 부분인지 질문했을 때, 다음페이지의 그래프를 보는 즉시 답이 튀어나와야 한단다. 어디지?

B+D입니다.

흠, 너무 쉬운 질문을 한 듯하군. 그렇다면 복습도 할 겸, 지나간 수업에서 배운 것에 대해서 묻겠다. 조세 부과 이전의 소비자잉여와 생산자잉여, 그리고 사회적 잉여는 각각 어디냐?

소비자잉여는 A+B+C, 생산자잉여는 D+E+F, 사회적 잉여

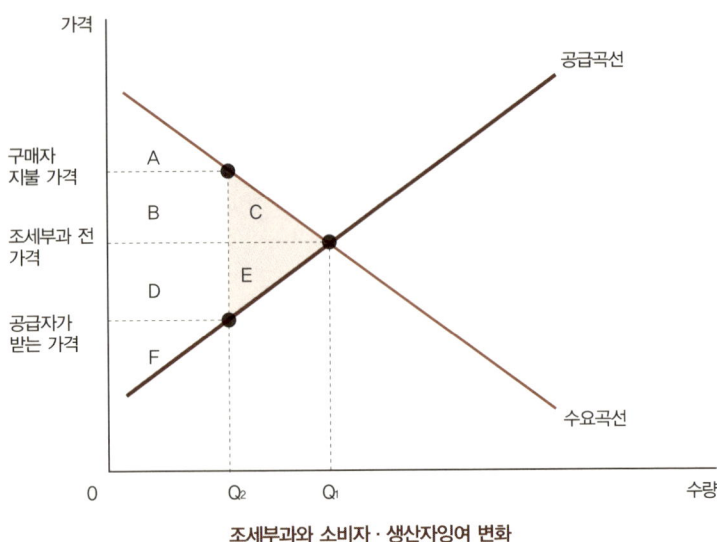

조세부과와 소비자·생산자잉여 변화

는 A~F까지의 모든 넓이요.

이렇게 답이 척척 나오다니 놀라울 따름이다. 그럼 이제 진짜 문제다운 문제를 내겠다. 조세부과(Taxation) 이후의 소비자잉여와 생산자잉여는 각각 어디냐?

각각 A와 F 아닌가요?

내가 가르쳐서 그런지 기본이 탄탄하구나. 그렇다면 조세의 귀착 이후에 C+E는 무엇일까~요?

음…….

모르는 눈치인 듯하구나. 힌트를 주자면, 일단 어떤 잉여에도 속하지 않고 그렇다고 조세수입에 포함되는 것도 아니지.

으……. 모르겠어요. 그냥 가르쳐주세요.

허허허, 사실 모르는 게 당연하단다. 그 부분은 이론상에만 존재할 뿐 시장에서는 존재하지 않거든. 왜냐고? 그 부분에서는 거래(Trade)가 일어나지 않았기 때문이지. 가만히 놔뒀으면 시장 활동에 의해 C와 E가 각각 소비자잉여와 생산자잉여로 돌아갔을 거다. 그런데 괜히 세금을 부과하는 바람에 아예 날려버렸다는 말이지. 경제학자들은 이 부분을 후생손실, 자중손실, 사장손실, 사중손실 혹은 경제적 순손실(Social Welfare Loss or Excess Loss or Deadweight Loss)이라고 표현한단다.

자, 여기까지 정리했는데 궁금한 점은 없니?

있어요. 소비자와 공급자 간의 조세부담의 비율은 어떻게 결정되나요?

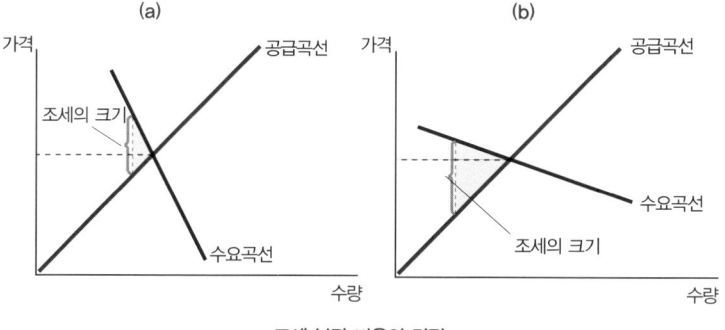

조세 부담 비율의 결정

일단 (a) 그래프와 같이 수요가 비탄력적이고 공급이 상대적으로 탄력적인 경우를 생각해보자. 이때 조세를 부과하기 전의 균형 가격에서 가격 축으로 선을 그어보면 '소비자잉여 > 생산자잉여'

인 것을 알 수 있단다. (b) 그래프처럼 그 반대인 경우에 (a)와 마찬가지로 선을 그어보면, 이번에는 '소비자잉여 < 생산자잉여' 인 것을 알 수 있지.

자, 이런 각각의 현상을 통해서 소비자와 공급자에게 부과되는 세금이 각각 어떻게 다를지 유추해보거라.

공급이 수요보다 상대적으로 탄력적이면 공급자가 받는 가격은 소폭 하락하지만 수요자가 내는 가격은 대폭 상승하기 때문에 수요자가 대부분의 세금을 부담하게 돼요. 하지만 그 반대인 경우에는 공급자가 대부분의 세금을 부담하게 됩니다.

그렇지. 지금까지 우리는 미시경제학적 관점에서의 세금에 대해 알아보았다. 이제는 거시경제학적인 세금, 즉 관세에 대해서 알아보고 보다 심화된 무역이론에 대해서 공부해보자.

국제무역의 이해

선생님, 그럼 오늘부터 거시경제학을 배우는 건가요?

그건 아니다. 오늘 우리는 다섯 번째 수업 시간에 생산가능곡선과 함께 살짝 맛을 봤던 무역의 상호이익에 대해서 좀 더 구체적으로 배울 것이고, 거시경제적인 세금인 관세의 효과에 대해서 함께 알아보기는 하겠지만, 아직 우리는 미시경제학을 공부하고 있단다. 물론 그중에서 거시경제학의 포스를 풍기기는 하지만 말이다.

어떻게 보면 두 분야의 경계점에 위치해 있다고 할 수도 있겠구나. 아무튼 먼저 무역을 하기 전 경제의 시장을 관찰해보자.

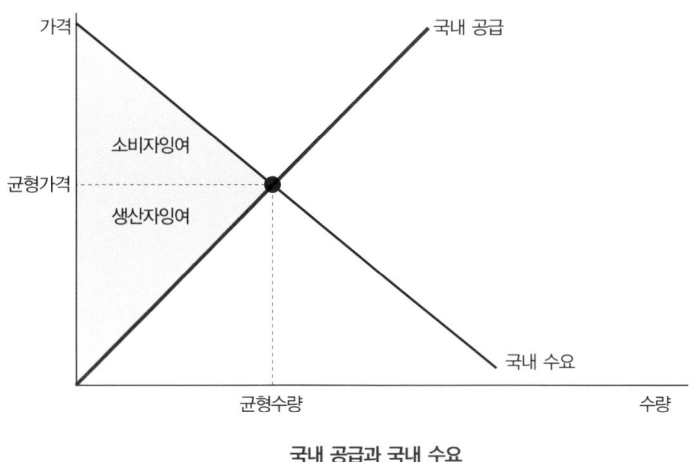

국내 공급과 국내 수요

그래프를 보면, 공급곡선과 수요곡선의 이름이 각각 국내 공급(Domestic Supply)와 국내 수요(Domestic Demand)로 바뀐 것을 알 수 있을 거다. 여기서 일단 기존의 국내 가격과 무엇인가를 비교해야지 우리가 얼마나 이득을 보는지, 또는 손해를 보는지 알 수 있을 텐데, 도대체 무엇과 비교를 해야 할까?

예전에 신문을 보니까 원유나 철강 같은 물품들은 세계시장의 표준가격하고 비교를 하던데요. 공인된 국제가격하고 비교하는 것 아닌가요?

자고로 사람은 역시 신문을 잘 읽어야 박식해지는 게다. 정답이야. 그렇게 국내 가격(Domestic Price)과의 비교 척도가 되는 가격을 경제학 용어로는 '국제 가격(World Price)'라고 한단다. 이제 비교의 척도가 생겼으니 평가기준을 정해보자.

만약 어떤 나라가 어떤 상품에서 비교우위를 갖는다면, 그 상품의 국내 가격은 국제 가격보다 낮을 것이고, 그 나라가 그 상품의 수출국이 될 것이다. 반대로, 만약 어떤 나라가 특정한 재화에 대해 비교우위를 갖지 않는다면, 그 재화의 국내 가격은 국제 가격보다 높을 테고, 그 나라는 그 재화의 수입국이 될 거다.

네, 접수했어요.

아, 그리고 본격적으로 국제무역을 배우기 전에 한 가지 말해줄 것이 있다. 다음 그래프를 보거라.

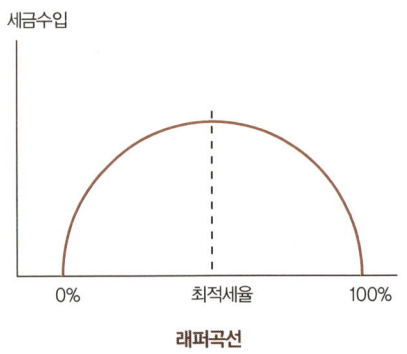
래퍼곡선

조세를 부과할 때, 조세수입은 자중손실과 깊은 관련을 맺는다고 앞에서 배웠지? 조세의 크기가 커질수록 자중손실의 크기도 급격하게 커진단다. 또 조세의 크기를 어느 정도 높이면 조세수입이 증가하다가 일정한 크기를 넘어서면 조세수입이 오히려 감소해. 왜 그런지 짐작이 가니?

제 생각에는, 지나친 세금이 시장의 성장을 방해해서 그럴 것 같아요. 미국이나 우리나라 같은 수정자본주의 체제하에서는 그럴 가능성이 농후하죠.

정확하다. 참고로 바로 위에 있는 그래프를 래퍼곡선(Laffer Curve)이라고 하는데, 미국의 경제학자 아서 래퍼(Arther Betz Laffer, Sr)의 이름을 따서 이름을 붙였단다. 이 곡선은 미국 레이건 대통령이 감세정책을 펼 때, 당시 미국의 경제 상황이 이미 래퍼곡선의 상반부에 있다는 판단에 근거해서 그런 정책을 펼쳤단다.

국제무역의 실전

이제 우리는 국제무역의 역사적인 그래프를 만날 자격을 갖추었다! 오늘의 공부를 충분히 이해한다면, 어디 가서 국제무역의 기본은 닦았다고 자랑스럽게 말할 수 있을 것이다. 자, 구체적으로 알아보기 위해서 먼저 어떤 상품을 수출하는 나라의 경우를 살펴보자.

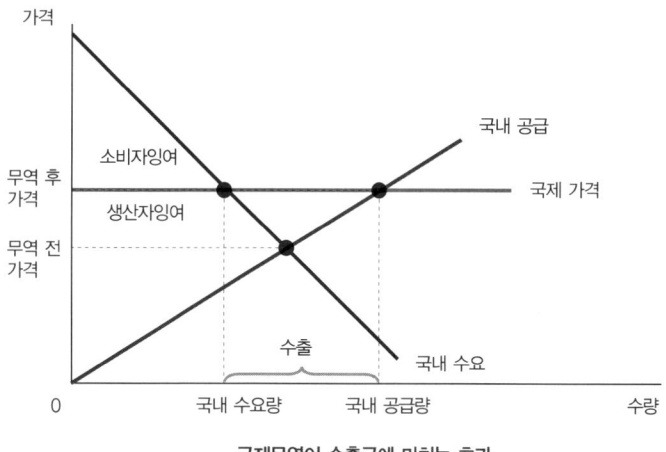

국제무역이 수출국에 미치는 효과

멋있지 않니? 이 나라는 수출국이니까 공급자의 입장에 있겠지? 그럼 공급곡선에 포커스를 맞추고 시작을 해보자.

이 나라에서 생산하는 특정한 물품은 국제 가격이 국내 가격보다 높다. 그렇다면 이 상품을 판매하는 기업에서는 '나라 안에서만 팔 것이 아니라 바깥으로 눈을 돌려볼까?' 라는 생각을 하게 될 것이다.

물론 그렇겠죠? 이윤이 높아지니까.

당연하지. 더 높은 가격에 팔 수 있다는 사실에 신이 난 기업들은 수출을 위해 생산량을 늘리겠지.

그럼 일단 그래프가 위처럼 그려진다는 사실은 알겠는데, 이 그래프가 의미하는 바가 무엇일까? 똑같은 그래프를 조금 더 컬러풀하게 다시 그려보자.

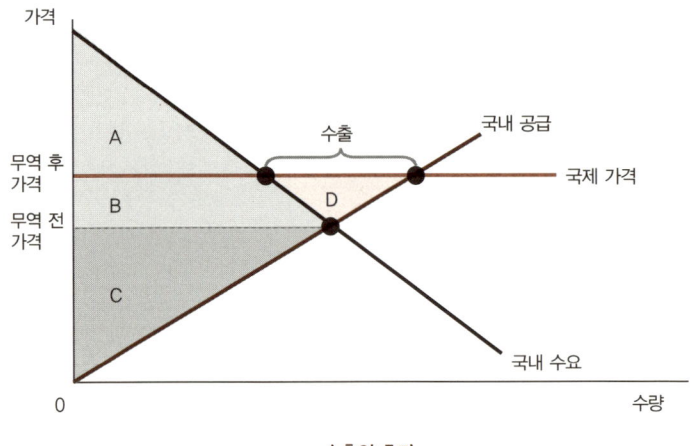

수출의 효과

자, 앞의 그래프에서 무역을 한 이후의 소비자잉여와 공급자잉여를 찾아봐라.

음, 무역 후니까…… 거래가격은 국제 가격이 기준이 되고……. 아, 알겠어요. 소비자잉여는 A이고, 공급자잉여는 B+C+D예요. 어? 그런데 소비자잉여가 줄어들었어요. 선생님, 그럼 사회적 잉여가 줄어들어서 이 나라의 경제는 무역 때문에 오히려 악화되는 게 아닌가요?

좋은 지적이다. 하지만 조금만 더 찬찬히 생각해보자. 무역을 하기 전의 소비자잉여인 A+B에서 무역 후에는 A만 남는다는 것을 알았다. 그런데 사라진 B는 고스란히 공급자잉여에 얹어지고, 덤으로 D까지 생겼다.

아, 그러네요?

그러니까 무역을 하기 전의 공급자잉여는 C뿐이었지만, 무역 후에는 B와 D를 얻었다. 따라서 원래의 사회적 잉여인 A+B+C 외에 D가 보너스로 생긴 거야. 다시 말하자면, 비록 소비자들의 피해가 생기기는 했지만, 세계 시장에서의 흑자가 발생하고 기업의 이윤이 증가함으로써 국가적 시각에서 봤을 때는 결론적으로 이익이 되는 거란다. 따라서 비교우위를 가진 수출국이 무역을 하면 수출잉여(ES, Export Surplus)가 생긴다는 사실을 알 수 있지. 물론 위 그래프의 D가 바로 그 주인공이란다.

그럼 이제는 다음 그래프를 통해서 그 반대의 경우인 '수입국'에 대해서 알아보자.

네, 선생님.

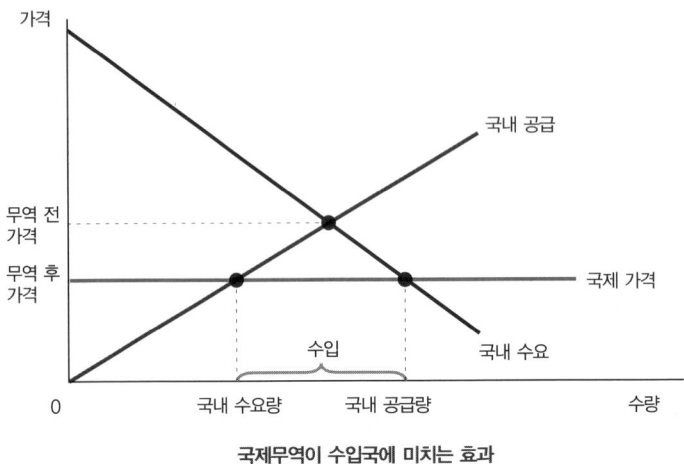

국제무역이 수입국에 미치는 효과

수출국의 사례를 통해서 무역이 갖는 소비자-기업 간의 상호이익을 대강 증명할 줄 알게 되었으니, 이번에는 조금 빠른 속도로 진행해보자.

먼저 무역 후에 어떤 상품의 가격이 낮아졌으므로 일단 소비자들은 당연히 좋아하겠지? 그런데 수입량이 많아지면 기업은 손해를 보지 않을까? 왜냐하면 가격이 종전보다 낮아졌으니까 말이다.

맞아요, 선생님. 그래서 수입은 안 좋은 것 같아요.

하하하, 경제학도로서 그런 편견을 갖는 건 그다지 옳지 않은 것 같구나. 왜 그런지 다음 그래프를 보면서 생각해보자. 자, 그래프를 보렴.

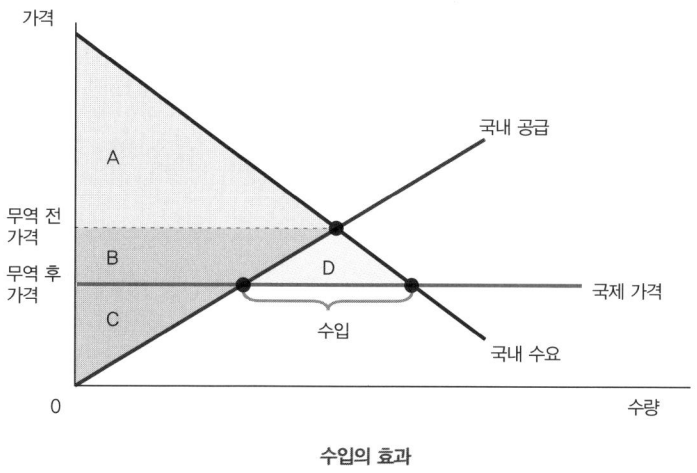

수입의 효과

경제학은 수학적 분석의 연속이네요. 아, 잠시만요! 무슨 질문을 하실지 알겠어요. 소비자잉여는 A＋B＋D이고, 공급자잉여는 C예요.

이젠 그래프만 보고도 척척이구나. 정확하다.

국제 가격이 어떤 나라의 상품 가격보다 낮기 때문에 국내에서 그 상품을 생산하던 나라는 손해를 볼 수밖에 없단다. 무역을 하기 전에는 공급자잉여가 B＋C였는데, 이제는 C밖에 남지 않은 것에서도 알 수 있지. 하지만 소비자잉여는 공급자잉여에서 사라진 B 외에 D까지 새로 얻었다. 물론 원래의 소비자잉여인 A도 고스란히 있지. 자, 이제 사회적 잉여가 무엇인지 말해봐라.

A＋B＋C＋D입니다.

그럼 무역을 하기 전의 사회적 잉여는?

A＋B＋C예요.

그렇지? 무역을 하고 나니까 D가 새로 생겼지? 그러니까 우리는 수입이 무조건 국가 경제에 악영향을 미친다는 생각을 해서는 안 돼. 우리가 비교우위를 갖지 않는 상품들은 수입을 하는 편이 이롭다. 그렇지?

네. 새로운 사실을 알게 되었어요. 선생님.

자, 오늘은 여기까지다. 다음 시간에 보자꾸나.

오늘 수업 재미있었습니다. 고맙습니다. 안녕히 계세요.

그래, 잘 가거라.

열 번째 수업

소비심리와 국민경제의 순환

PRI+N+STU+N ECONOMICS

▶ 경제학에서 말하는 소비자의 특성을 이해하자.
▶ 한계효용체감의 법칙과 효용극대화의 법칙이
우리의 경제활동에서 어떻게 실현되고 있는지 알아보자.
▶ 경제순환도를 이해하자.

소비자의 행동과 심리 분석

태리 왔구나. 오늘 공부할 내용에 대해서 예습은 했니?

네, 개인적으로 이 단원이 미시경제학 중에서는 가장 재미있는 단원인 것 같아요.

음, 혹시 분량이 적어서 그런 건 아니고?

뭐 그런 것도 없지 않지만…… 그것보다는 제가 좋아하는 심리학적 요소가 살짝 가미되어 있어서 그런가 봐요.

오, 그러고 보니 태리 네가 심리학 동아리 멤버라는 사실을 잊고 있었구나.

네, 선생님을 만난 것도 동아리 선배께서 소개해주신 덕분이잖아요.

그래, 오늘은 네 말대로 소비자의 심리와 행태에 관해 연구해볼 것이고, 네가 중학교 때 배운 경제순환도(Circular Flow Diagram)에 대해서 복습해볼 거란다. 경제순환도가 국민경제의 순환을 나타내는 가장 간단한 지표라는 걸 잊진 않았겠지?

아, 그런 걸 중학교 때 배웠던가요? 기억이……

초조해하지 말거라. 오늘 공부를 하다 보면 어렴풋하게나마 기억이 날 테니까. 자, 이제 시작해보자.

네.

경제학자들은 '소비자'를 정의하면서 다음과 같은 특징을 부여했다.

모든 소비자는 합리적이다.
선호도를 가지고 있다.
가격을 의식한다.
수입의 제한을 의식한다.
한계효용체감의 법칙을 이해한다.
효용최대화의 법칙을 이해한다.

여기서 '모든 소비자는 합리적이다'라는 말은 소비자가 최소한의 비용으로 최대의 만족을 얻으려 한다는 걸 뜻한단다. 그리고 '선호도를 가지고 있다'는 말은 소비자들이 각각의 재화 혹은 용역에 대해 우선순위를 정해놓고 차례로 추구할 줄 안다는 뜻이지. '가격을 의식한다'는 말은 소비자가 구매 선택을 할 때 가격이라는 척도를 통해서 구매 여부를 결정한다는 뜻이고, '수입의 제한을 의식한다'는 말은 한정된 수입에 따라서 구매의 우선순위를 의식하여 특정 재화나 용역의 구입 여부를 결정할 줄 안다는 뜻이란다.

그런데 무분별하게 신용카드를 사용해서 신용불량자가 되는 경우도 더러 있잖아요. 그런 사람들은 가격이나 월수입을 그다지 의식하지 않은 것 같은데요?

이론과 실제에는 다소 차이가 있는 법이다. 그런 예외적인 상황이 없을 순 없겠지? 그런데 경제학의 이론은 모든 소비자가 정상적이고 합리적이라는 가정 하에서 이루어진다는 걸 명심하자.

선생님, 그런데 한계효용체감의 법칙 같은 것은 경제학을 접하지 못한 사람들은 이해하기 힘들지 않을까요? 모든 소비자들이 그것을 알고 있는 건 아닌 것 같은데요?

한계효용체감의 법칙(The Law of diminishing Marginal Utility). 사실 처음 들으면 약간 생소하게 다가올 수 있는 말이지만, 알고 나면 지극히 초보적인 심리법칙임을 깨닫게 될 게다. 먼저 정의를 해보자면, '소비자가 어떤 재화를 소비할 때, 그 재화의 수요량이 증가함에 따라 각 증가 단위에서 효용(만족도)은 점차로 감소한다'는 것이란다.

이 법칙은 처음 헤르만 하인리히 고센(Hermann Heinrich Gossen)이란 사람이 발견했고, 레오폴드 폰 비제(Leopold Von Wiese)라는 사람이 '욕망체감의 법칙'이라고 명명했다. 그런데 그 후 현재에 이르는 동안 이름이 '효용'이라는 보다 그럴듯한 단어로 바뀐 것뿐이다. '고센의 제1법칙'이라고도 하지.

이해하기 쉽게 예를 들어보마. 네가 대단한 부자여서 매일 상어 지느러미나 제비집, 거위 간 요리를 먹을 수 있다고 해도 한 달 내내 그것들만 먹는다면 나중에는 지겨워질 게다. 그리고 첫째 날 그것을 먹었을 때의 만족도와 둘째 날, 셋째 날 그것을 먹었을 때의 만족도는 분명 확연하게 차이가 날 거야. 그렇다면 총효용(Total Utility)은 어떻게 그려질까?

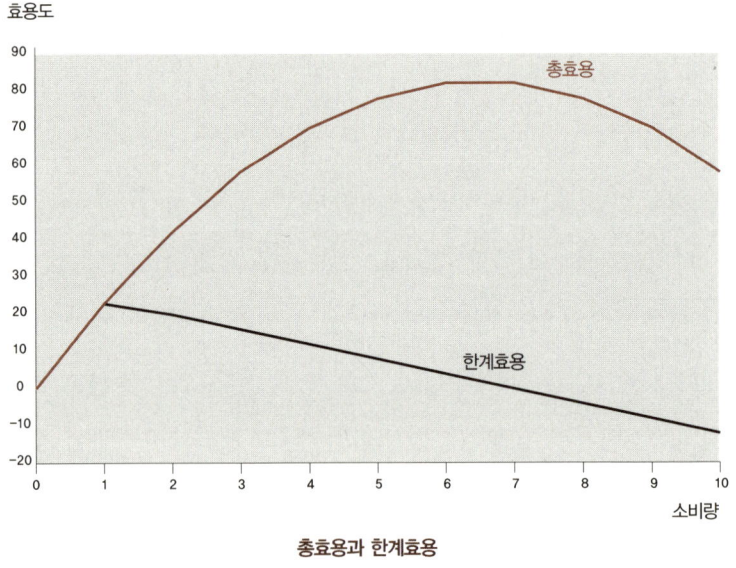

총효용과 한계효용

위 그래프를 보렴. 총효용곡선은 색으로 표시했고, 한계효용곡선은 검정색이다. 한계효용이 점점 줄어드는 것이 보이지? 그러다가 효용의 값이 0이 되는 순간 총효용곡선의 꼭짓점을 지나고, 이후로는 총효용마저도 점점 줄어들게 된단다. 위 그래프에서는 수요량이 7단위일 때이구나. 그 이후로도 계속 수요를 한다면 한계효용곡선이 음수 값을 가질 것이고, 나중에는 총효용곡선 또한 음수 값을 가지게 될 것이다.

그런데 사치재 중에서도 특급 사치재들은 오히려 탄력성이 작다고 하셨잖아요. 이 경우에도 특급 사치재를 수요한다면 많이 가지면 많이 가질수록 더 갖고 싶어지지 않나요? 물방울 다이아몬드는 아무리 많아도 좋을 것이고 덩달아서 루비나 사파이어, 에메랄드도 갖고 싶어질 것 같아요. 이럴 때의 한계효용과 총효용은 계속해서 증가하는 것 아닌가요?

그런 현상을 경제학 용어로는 '다이아몬드―물의 역설(Diamond-Water Paradox)'이라고 한단다. 분명 물은 인간이 생존하는 데 있어 필수적인데도 다이아몬드보다 훨씬 싸지. 실생활에 전혀 도움이 안 되는 다이아몬드의 가격이 왜 그리 비싼 걸까?

에이, 그래도 여자 꾀는 데는 다이아몬드만큼 잘 통하는 게 없잖아요. 남자들한테 다이아몬드는 필수재예요, 히히.

이런 늑대 같은 녀석. 암튼 생명을 존속시키는 데 다이아몬드 같은 보석이 꼭 필요한 것은 아니다. 하지만 물이 없으면 인간은 3일 안에 죽는다. 그런데도 다이아몬드가 훨씬 비싸다. 여기서 우리는 존재성이 높으면 희소성이 작고(흔하면 귀하지 않으니까 말이다), 희소성이 작으면 자동적으로 상업적인 가치가 낮아진다는 걸 알 수 있지. 그리고 희소한 재화일수록 대체재가 적기 때문에 심리적으로 소비하면 소비할수록 더 많이 갖고 싶어지는 거란다.

이런 특수한 경우를 제외하고, 대체로 어떤 재화를 수요할 때 그 수량이 증가할수록 만족도는 점점 작아지게 된다. 우리는 비록 '한계효용체감의 법칙' 이라는 말을 알지 못하더라도 무의식적으로 이 법칙을 체득하고 있는 셈이지.

네.

그리고 소비자는 효용최대화의 법칙과 예산의 제약을 이해하고 있단다. 물론 이 법칙 역시 단 한 번도 들어보지 못했더라도 무의식적으로 알고 있지. 예를 들어서 설명할 테니 정신 바짝 차리거라.

네.

어떤 주부가 장을 보러 갔다고 가정해보자. 이 주부는 장바구니에 필요한 물건을 하나씩 담을 것이다. 장바구니에 처음 담는 물건을 a라고 하고, 중간에 담는 어떤 임의의 물건을 n이라고 하고, 마지막으로 담는 물건을 z라고 하자. 그런데 이 주부님의 소득에는 일정한 한계가 있단다. 여기서 나타나는 첫 번째 법칙이 '예산제약(Budget Restraint)' 이다. 이 주부님은 자신의 소득 한계 내에서 선택적으로 소비를 하게 되지. 그러니까 이 주부의 소비 가능 소득은 각각의 물품 가격과 수량을 곱한 수치가 될 거다. 여기서 이 주부는 두 번째 법칙인 한계효용균등의 법칙을 실현하게 된다. 무슨 말인가 하면, 이 주부가 자신의 소득을 전부 사용해서 여러 가지 물건을 샀을 때, 만족도를 극대화시키기 위해서 각 재화의 한계효용이 균등하도록 소비한다는 뜻이다. 다시 말해서 구입한 재화가 a이든 n이든 z이든 그 만족도가 고르

> **한계효용** Marginal Utility, 소비자가 재화나 용역을 추가적으로 1단위 구매함으로써 얻게 되는 추가적인 만족이나 편익을 나타내는 경제학적 개념

게 배분되었을 때 이 주부의 효용은 극대화된다는 말이다. 바꾸어 말하면 어떤 물건을 구입하든지 최대효용에 대한 가격의 비는 같다는 뜻이란다. 이것을 고센의 제2법칙이라고도 한단다.

수입 · 대체효과로 보는 한계효용균등의 법칙

이제 배울 내용은 수입효과와 대체효과인데, 사실 이것들은 수요곡선의 모양을 설명해주는 요소들이란다. 하지만 소비자 선택 이론을 설명하기에도 안성맞춤인 개념이기 때문에 지금 여기서 소개하겠다.

먼저, 대체효과에 대해서 알아보자. 대체재 관계에 있는 사과와 배를 두고 예를 들어볼게. 만약 배의 가격이 오른다면 배의 수요량은 어떻게 될까? 당연히 사람들은 대체재인 사과를 더 많이 먹을 것이고, 그러면 배의 수요량은 줄어들겠지? 간단히 말해서 배의 가격이 오르면 수요량이 떨어진다고 유기적으로 연상할 수 있어야 한다.

네.

두 번째로 수입효과에 대해서 알아보자. 만약 배의 가격이 오른

다면 사람들은 배를 구입하는 데 할당했던 예산에 차질이 생겼으므로 그만큼 더 적은 양의 배를 구입할 수밖에 없을 것이다. 이 말 역시 배의 수요량이 감소한다는 것을 의미하지.

수입효과와 대체효과는 왜 수요곡선이 우하향하는 모양으로 나타나는지를 설명해준단다. 그런데 이 두 가지 효과를 소비심리와 연관 지어 생각해보면, 배의 가격이 올라감으로써 한계효용이 떨어지기 때문에 사과와 배 각각의 가격과 최대효용 비교를 통해 사과에 대한 수요가 늘어난다고 표현할 수도 있지 않을까? 또한 이는 한계효용체감(DMU, Diminishing Marginal Utility)과도 깊은 관련을 맺고 있는 셈이지. 이처럼 효용론의 확장 범위는 상당히 넓다는 것을 알 수 있어.

이제 다음 항목으로 넘어가보자. 오늘 수업의 마지막 부분인데, 우리가 서서히 미시경제학의 핵심으로 다가가고 있다는 지표가 되기도 한단다.

경제순환도

경제순환도 말씀하시는 거예요?

그렇지. 말 나온 김에 한번 그려보거라.

음, 이렇게…… 이렇게…… 다 그렸어요.

잘 그렸다. 네가 지금 그린 경제순환도는 시장경제의 것이란다. 나중에 우리는 혼합경제체제의 경제순환도를 그리면서 정부를 포

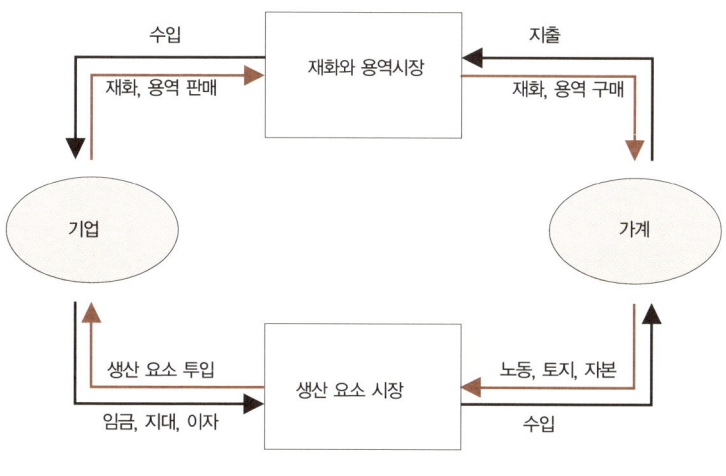

가계와 기업 간의 경제순환

함시킬 거란다. 일단 정부의 역할은 잠시 미루어두고 네가 그린 순수자본주의 체제 하의 경제순환도에 대해서 먼저 공부해보자.

위 그림과 같이 경제순환도(Circular Flow Diagram)란 한 경제를 두 가지의 주체로 나누어 '동그랗게 순환하는' 것을 나타내는 그림이다. 그리고 네가 그린 것처럼 이 두 가지 주체란 소비주체(가계)와 생산주체(기업)로 나누어지지.

먼저 자원의 흐름에 주목해보자. 일단 자원은 기업 등의 생산자들에 의해서 재화나 용역으로 변환될 것이고, 이 과정을 통해 만들어진 산출물(Out-product)들은 상품으로서 소비자들에게 흘러갈 것이다. 그렇지?

네.

그리고 돈은 자원과 반대 방향으로 흘러간다는 것을 볼 수 있을 거다. 결론적으로, 이 흐름들이 두 가지 거대한 시장을 포괄한다는 걸 알 수 있지. 자원에 집중해서 살펴본 시장을 요소시장(Resource Market 혹은 Factor Market)이라고 하고, 이 시장의 특징은 기업이 자원(토지, 노동, 자본)을 사서 상품을 생산하는 것이지. 그리고 또 한 가지 시장을 자본시장(Money Market)이라고 한다. 이는 곧 돈의 흐름을 말하는데, 자원과 반대 흐름을 보이는 이유는 돈을 주고 물건을 받는다는 기본적인 경제 원리를 생각하면 이해가 될 것이다. 돈과 자원은 서로 트레이드-오프 관계에 있으니까.

자, 이제 수정자본주의 체제 하의 경제순환도를 그려보는 것으로 오늘 수업은 마치자꾸나.

오늘 수업은 조금 일찍 끝났지? 하지만 단원의 분량이 짧다고 해서 중요하지 않은 건 절대 아니라는 걸 기억하거라. 오늘 배운 소비자의 행동이론과 경제순환도는 경제학 전반에 걸쳐 계속 응용될 것이기 때문이다. 그럼, 오늘은 여기까지. 조심해서 가거라.

네, 안녕히 계세요.

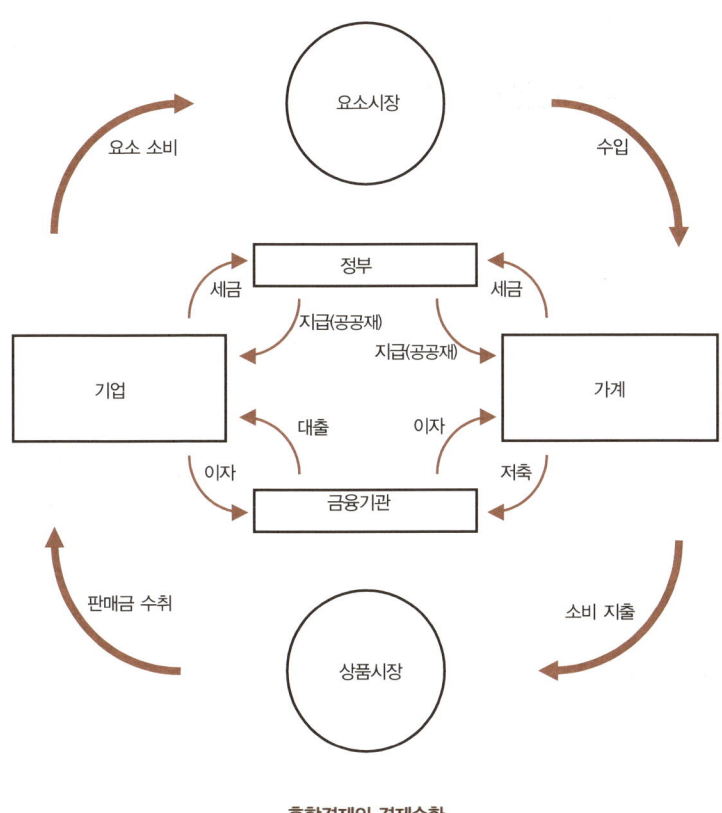

혼합경제의 경제순환

열한 번째 수업
시장 실패와 정부 개입
PRI+N+STU+N ECONOMICS

▶ 정부가 어떻게 시장에 개입하면서 추구하는 세 가지 효율성에 대해서 알아보자.
▶ 공공재가 갖는 특징에 대해서 알아보고, 그 예를 고민해보자.

정부와 시장

선생님, 안녕하세요?

그래, 어서 오너라.

오늘 배울 내용에 대해서 예습을 살짝 해봤거든요? 그런데 오늘 공부할 부분은 조금 익숙했어요. 초등학교 때부터 배워왔던 내용이라 그런가 봐요.

오늘은 지난 수업에 공부했던 '시장'에 대해서 다시 한 번 짚고 넘어갈 거란다. 그리고 나중에 공부할 4대 시장, 즉 완전경쟁시장, 독점적 경쟁시장, 과점시장 그리고 독점시장에 대해서 알아볼 때 각각의 시장이 갖는 효율성에 대해서도 탐구해야 하는데, 오늘 수업에서 공부할 개념들이 그 밑바탕이 된단다. 그러니까 공부할 분량이 적다고 무시하면 나중에 큰 코 다친다.

　네, 명심!

　인간은 객관적인 면과 주관적인 면을 동시에 지니고 있단다. 인간이 주관적인 면을 갖고 있다는 것은 개개인의 생각이나 가치판단이 모두 일치할 수는 없다는 사실을 말하지. 시장에서도 비슷한 경우가 발생할 수 있는데, 판매자와 구매자 간의 가치판단 차이로 인해서 시장에서의 모든 거래가 반드시 성사되지 않는 일이 있을 수 있어. 이를 경제학에서는 '시장의 실패(Market Failure)'라고 한단다.

　꼭 성사되어야 할 거래가 서로의 이해관계에 의해서 성사되지 않는다면 결국에는 구매자, 판매자 모두 피해를 입을 수 있는데, 이 때 정부는 사회적으로 바람직한 결과를 이끌어내기 위해 시장에 개입하게 돼.

　내가 여기까지 얘기했으니, 이제 내가 무엇에 대해서 설명할지 눈치코치로 알 수 있을 게다. 무엇일까?

　정부가 시장에 개입하는 방법에 대해서 설명해주시려는 거 아니세요?

　정답. 정부가 공평성을 추구한다는 사실에 대해서는 익히 들어왔을 테니까, 오늘은 정부가 추구하는 효율성에 대해서 알아보도록 하자.

정부가 추구하는 3대 효율성

정부가 추구하는 효율성은 크게 3가지로 구분할 수 있단다.

일반적 효율성
기술적 효율성
분배의 효율성

①일반적 효율성

먼저, 가장 대표적인 일반적 효율성(General Efficiency)에 대해서 알아보자. 보통 대부분의 경제학 책에는 이탈리아의 경제학자인 파레토(Vilfredo Pareto)의 이름을 따서 파레토 효율성(Pareto Efficiency)이라고 적혀 있는데, 이 말은 정부가 국가 상황을 개선하려는 정책을 펴는 것과 같은 국가적 행위를 했을 때, 그에 따르는 국민들의 손익 변화는 없다는 것을 뜻해. 즉, 정부가 어떤 일을 해도 특정한 국민들이 더 부유해지고 나머지 국민들이 더 빈곤해지는 등의 상황은 절대 발생하지 않는다는 것이다. 그리고 이 정부의 일반적 효율성은 곧 보게 될 '공공재'와 깊은 관련을 맺고 있단다.

②기술적 효율성

기술적 효율성(Technological Efficiency)이라는 말은 기계적인 효율성을 말한다. 보통 기업의 비용 측면의 효율성을 측정할 때 많이 사용되며, 사람들이 일반적으로 알고 있는 가장 대중적인 의미의 '효율'을 말한단다. 이 값(산출량/투입량)이 클수록 특정 기업의 생산성이 높다고 생각하면 돼.

③ 분배의 효율성

분배의 효율성(Allocative Efficiency)은 아주 쉬워. 경제학에서 말하는 것처럼, 자원을 최대한으로 이용할 수 있는 정도를 말하는 효율성인데, 조금 더 구체적으로 말하면 모든 자원이 소비자들의 요구에 맞게 분배되는 것을 말하지. 분배의 효율성은 뒤에 나올 완전경쟁시장에서 'P = MC'라는 공식으로 표현돼.

공유성

다음으로 공유성(Commonage)에 대해서 생각해보자.

공유는 배우 아닌가요?

일단 무시하고……. 공유성이라는 단어의 뜻은 알고 있겠지? 참고로 이 말은 두 번째 수업 시간에 잠깐 언급한 적이 있는 '공유지의 비극'과도 깊은 관련을 맺고 있지. 공유지의 비극이란 '공유자원의 비극'이라고도 표현하는데, 어떤 사회의 구성원이 공유하는 공유자원은 과다하게 사용되다가 결국에는 고갈된다는 의미를 담고 있단다.

먼저, 우리가 과연 어떤 것들을 '공유'하고 있는지 한번 생각해보자. 초등학교 6학년 때 배웠던 국민의 6대 의무를 통해서 하나씩 관련된 것을 찾아보도록 하자.

납세의 의무
국방의 의무
교육의 의무
근로의 의무
환경 보전의 의무
기타 재산권행사에 따른 공공복리의 의무

우리가 세금을 내면 정부에서는 그 재원으로 고속도로나 철도, 공원, 박물관, 다리 같은 공공시설을 만들지. 이 공공시설은 국가의 소유이면서 우리 국민 한 사람 한 사람이 모두 사용할 수 있는 공동의 재산이다.

그리고 우리나라의 남성 청년들은 대부분이 국방의 의무를 지는데, 국토를 방위하고 주권을 지키는 행위 역시 국민 모두가 누리는 일종의 혜택이라고 할 수 있어.

우리는 우리가 보호하는 어린이에게 교육의 기회를 제공할 의무가 있단다. 이 말은 국민 모두가 당연히 교육을 받을 권리가 있다는 말이기도 하지. 때문에 우리는 국민공통교육을 받는단다. 이 또한 국민 모두가 누리는 서비스, 즉 용역인 셈이지.

또한 우리는 환경을 보전할 의무가 있는데, 국립공원처럼 우리 국민 누구나 이용할 수 있는 시설이 있기에 이를 지키고 사랑해야 한다는 말이다.

그리고 공공복리의 의무에서 알 수 있듯, 우리는 공공의 이익을 위해 지나치게 이기적으로 재산권을 행사하는 것을 지양해야 해.

이렇게 의무를 예로 들었는데 이 속에 많은 권리가 숨겨져 있는 것을 알 수가 있어.

이번 기회에 국민의 권리에 대해서 알아보는 것도 좋을 것 같아요. 이건 제가 할게요.

자유권: 신체, 거주이전, 종교의 자유, 사유재산권의 행사 등
참정권: 모든 국민이 능동적으로 국정에 참여할 권리
평등권: 국민이 신분이나 성별, 종교, 지역에 따라 차별을 받지 않고 누구나 동등한 대우를 받을 권리
청구권(권리보호 청구권): 기본권을 보장하기 위한 기본권(청원권, 재판청구권, 형사보상 청구권)
사회권: 국민이 인간다운 생활을 할 수 있도록 국가에 대하여 요구할 수 있는 권리(근로권, 교육권, 환경권)

잘했다. 권리 또한 대부분이 상호이익이나 범국민적인 이익과 연관되어 있다는 걸 알 수 있을 게다. 간단하게 말해서, '공공'적인 느낌이 강하다는 말이다. 그렇다면, 위의 내용과 같이 국가가 국민에게 언제, 어디서나 제공해주는 공공재(Public Goods)란 구체적으

로 무엇을 말하는 걸까?

시장에서의 정부

경제학 용어로 공공재를 표현하면 '비선택성(Non-distributability)과 비배제성(Non-excludability), 두 가지 특징을 만족하는 재화' 라고 할 수 있다.

비선택성이란, 어떤 사람이 하는 소비 행위가 다른 사람의 소비 행위를 방해하지 않고 여러 사람이 동시에 편익을 누릴 수 있는 성질을 일컫는단다. 이 말에는 정부가 공공재를 분배하는 정도에 한계를 정할 수 없다는 뜻이 담겨 있어. 그리고 다른 말로는 '비경합성(Non-rivalry)' 이라고도 하는데, 공공재는 한정된 편익을 위해서 경쟁할 필요가 없기 때문에 생긴 용어란다.

그리고 공공재의 경우, 대가를 지불하지 않는 특정한 개인을 소비 행위에서 제외시키기가 곤란하단다. 그래서 이러한 성질을 비배제성 혹은 배제 불가능성이라고 불러. 예를 들어서 국민이 낸 세금으로 지어진 공원이 있고 공원에서는 사시사철 식수를 공짜로 제공하고 있다고 치자. 그런데 이 공원에 세금이라고는 한 푼도 내 본 적이 없는 홈리스 아저씨들이 들어와 식수를 마신다고 해서 이를 막을 수는 없는 거란다.

잠깐만요, 선생님. 그런데 대부분의 고속도로에는 톨게이트가 있어서 돈을 내지 않으면 이용을 못하잖아요. 그리고 명절 때 도로에 차가 꽉 차서 이용을 하지 못하는 경우가 생길 수도 있잖아요. 이런 경우를 생각하면 고속도로는 완벽하게 공공재라고 말하기가 어려울 것 같아요.

네 말에도 일리가 있다. 고속도로는 대부분이 공공재라고 알고 있지. 그런데 네 의문처럼 공공재 가운데에도 사적 재화의 성격을 갖는 경우가 종종 있는데, 이처럼 불완전 공공재를 경제학에서는 '준공공재(Quasi-public Goods)'라고 해. 참고로 Quasi란 단어는 '거의(almost)'라는 뜻이다.

조금 더 알아보면, 톨게이트에서 요금을 받는 것처럼 일정한 비용 지불을 통해 이용 여부가 결정되는 특징을 '가격배제성(Price-excludability)'이라고 하고, 한정된 재화를 취하기 위해서 경쟁하는 특징을 '경합성(Contestability 혹은 Rivalry)'이라고 한단다.

설마 이런 건 AP 시험에 안 나오겠죠?

그래도 너의 상식을 위해서 알아두면 도움이 되지 않을까? 요 깍쟁이 녀석아.

우리는 지금까지 공공재, 준공공재 그리고 사적 재화의 개념에 대해서 간략하게 알아보았다. 그럼 이 시점에서 내가 질문을 하나 하마.

만약 우리가 세금을 내지 않는다면 어떻게 될까? 간혹 TV나 신문에서 우리나라 정치인이나 행정가 중에 탈세가 문제가 되어 도중하차했다는 뉴스를 접하고는 했을 거다. 그런데 문제는 이 같은 탈세자들도 세금을 충실히 내는 사람들과 똑같이 국방의 혜택을 누리고 공공재를 이용한다는 것이란다. 이렇게 대가를 지불하지 않고 공공재를 이용하려는 사람들을 '무임탑승객(Free-rider)'이라고 부르고는 하지.

정부는 그런 무임탑승객을 잘 찾아내 처벌할 필요가 있겠군요.

그렇지. 하지만 그건 일시적인 방편에 지나지 않아. 그런 습관적 범죄를 예방하기 위해서는 유아기부터 올바른 교육을 받아야겠지. 교육은 '능력'을 키우는 것도 중요하지만 '사회적 도덕과 윤리의식'을 함양하는 데 그 기본적인 목적을 두어야 한다고 생각한다. 그런 방향으로 교육정책이 추진된다면 정말 좋을 거다.

으흠, 벌써 시간이 이렇게 되었구나. 마지막으로 다음에 나오는 표를 잘 봐두거라.

구분	경합성	비경합성
배제성	사적재화 – 막히는 유료도로	자연독점 – 뻥 뚫린 유료도로
비배제성	공유자원 – 막히는 무료도로	공공재 – 뻥 뚫린 무료도로

그리고 위의 표에 있는 각각의 항목들에 부합하는 예를 5가지씩 암기하는 게 좋을 거다. 시험에 비슷한 문제가 출제될 수 있으니까.

네, 알겠습니다.

그래, 잘 가거라.

안녕히 계세요, 선생님.

1. 조세의 귀착의 의미

- **조세의 귀착의 정의:** 세금이 시장 참여자 사이에서 분담되는 것.
- 공급이 수요보다 탄력적이면 공급자가 받는 가격은 소폭 하락하지만 수요자가 지불하는 가격은 대폭 상승한다. 따라서 수요자가 대부분의 세금을 부담한다. 이 반대 상황에서는 공급자가 대부분의 세금을 부담한다.

2. 국제무역의 사회적 잉여

- 수출국은 소비자잉여가 줄어드는 대신 공급자잉여가 늘어나기 때문에 사회적 잉여는 그대로가 된다. 여기에 무역을 통한 잉여가 발생하여 사회적 잉여는 수출 전보다 커지게 된다.
- 수입국은 공급자잉여가 줄어드는 대신 소비자잉여가 늘어나기 때문에 사회적 잉여는 그대로가 된다. 여기에 무역을 통한 잉여가 발생하여 사회적 잉여는 수입 전보다 커지게 된다.

3. 경제학에서 말하는 소비자의 특징

① 모든 소비자는 합리적이다.
② 모든 소비자는 선호도를 가지고 있다.
③ 모든 소비자는 가격을 의식한다.
④ 모든 소비자는 수입의 제한을 의식한다.
⑤ 모든 소비자는 한계효용체감의 법칙을 이해한다.
⑥ 모든 소비자는 효용최대화의 법칙을 이해한다.

4. 한계효용체감의 법칙과 효용최대화의 법칙

- **한계효용체감의 법칙:** 소비자가 어떤 재화를 소비할 때, 그 재화의 수요량이 증가함에 따라 각 증가 단위의 만족도는 점차 감소한다는 경제 법칙.
- **효용최대화의 법칙:** 소비자는 만족도를 극대화시키기 위해서 각 재화의 한계효용이 균등하도록 소비한다는 경제 법칙.

5. 경제순환도의 특징

- 시장경제 경제순환도의 주체는 소비주체(가계)와 생산주체(기업)이다. 혼합경제체제의 경제순환도는 여기에 정부가 추가된다.
- 돈의 흐름은 자원과 반대의 흐름을 보인다.

6. 정부가 추구하는 세 가지 효율성

① 일반적 효율성: 정부가 어떤 정책을 편 결과로 인해 국민들의 손익은 변화하지 않는다.

② 기술적 효율성: 가장 대중적인 의미의 효율. 산출량/투입량

③ 분배의 효율성: 모든 자원이 소비자들의 요구에 맞게 분배되는 효율.

7. 공공재의 특징

- **비선택성:** 어떤 사람의 소비 행위가 다른 사람의 소비 행위를 방해하지 않는다.
- **비배제성:** 대가를 지불하지 않는 특정한 개인을 소비 행위에서 제외시키지 못한다.

열 두 번 째 수 업

기업 경영의 경제학

PRI+N+STU+N ECONOMICS

▶ 공급과 생산, 비용의 관계에 대해서 생각해보자.
▶ 노동자의 수가 증가할 때 반드시 생산량이 늘어나는 것은 아니라는 사실에 대해서 생각해보자.
▶ 외부효과와 코즈의 정리에 대해서 알아보자.

공급

선생님, 저 왔어요.

그래, 어서 오너라. 오늘 수업은 퀴즈로 시작해보자꾸나. 다음의 것들이 말하는 것은 무엇일까요?

기업이론의 경제학(Economics of the 〈Theory of the〉 Firm)

가격이론의 경제학(Economics of the 〈Price〉 Theory)

에이, 저 이거 알아요. 첫 번째 수업 때 말씀해주셨잖아요. 정답은 미시경제학입니다.

딩동댕! 정답이다. 앞서서 우리는 미시경제학이 거시경제학에 비해서 경제를 더욱 세밀하게 바라본다고 배웠지? 미시경제학은 국가 전체적인 범위보다는 가계나 기업에 관해서 연구를 하는데, 이번 수업에서는 '기업과 그 생산 과정'에 대해서 공부할 거란다.

우선 '생산'이라고 하면 당연히 '비용'이 떠오르고, 생산을 조금 더 확대하면 '공급'이라는 단어가 떠오르지? 그런데 이 3가지를 포괄하는 단어가 있을까?

글쎄요. 그 셋 중에서 공급이 제일 큰 의미인 것 같기는 한데……. 음, '판매'라는 단어의 범위가 더 클까요?

오답은 아니다. 하지만 정답은 그냥 공급이란다. 공급을 하지 않는다면 생산과 비용에 대해서도 생각할 필요가 없겠지? 공급이 없으면 판매 역시 불가능할 테고.

공급은 수요와 더불어 시장경제를 이루는 주된 축이다. 그리고 공급을 하는 주체는 기업인데, 기업이 물건을 생산하고 판매할 때는 다음과 같은 용어들이 함께 사용되기 마련이란다.

총수입

총비용

이윤

여기서 확실하게 기억해두어야 할 것은 총수입(Total Revenue)은 총비용(Total Cost)에 이윤(Profit)을 더한 것이라는 사실이다. 이윤에는 '총(total)'이라는 말을 붙이지 않는 것이 일반적이다. 정리하자면 다음과 같다.

총수입 = 총비용 + 이윤

그럼 이제 생산에 대해서 알아보자.

생산

먼저 이전에 배웠던 것을 다시 한 번 기억해보자. 생산의 3요소가 무엇이지?

토지, 노동, 자본요. 여기에 경영자적 능력(한국에서는 기업가 정신)을 보태면 생산의 4요소가 돼요.

옳지. 잘 기억하고 있구나. 토지와 노동, 자본에 대해서는 두 번째 수업 시간에 공부했으니까, 대략적이나마 파악하고 있을 거다. 하지만 그때 경영자적 능력에 대해서는 깊이 있게 공부하지 않았어. 그런데 미국에서는 '경영자적 능력'이라고 하고, 한국에서는 '기업가 정신'이라고 표현하지. 그러니 오늘은 이 기업가 정신에 대해서 자세히 알아보자꾸나.

기업가 정신의 정의는 다음과 같다.

새로운 사업에서 야기될 수 있는 위험을 부담하고 어려운 환경을 헤쳐 나가면서 기업을 키우려는 뚜렷한 의지

경제학자인 조셉 슘페터(Joseph Alois Schumpeter)는 이를 '혁신' 과 '창조적 파괴의 과정'이라고 말했단다. 올바른 기업가는 혁신적 이고 창의적인 사고를 갖추고 변화하는 기술력과 노동시장의 흐름 에 적응하며, 자금을 조달하는 데 있어 유연성을 가져야 하지. 이 모든 것이 바로 기업가의 정신을 이루는 덕목이다. 이런 내용은 AP 경제학보다는 경제경시대회나 증권경시대회와 관련이 깊지만, 앞 으로 경제학을 공부하는 데 있어 유용한 정보가 될 게다. 자, 이제 '생산'과 관련된 상식 하나만 더 배워보고 본격적으로 수업을 시작 해보자.

생산이 공급과 관련되어 있다는 사실은 내가 누누이 얘기했으니 잘 알고 있을 것이다. 그런데 기업은 단기적으로는 수요의 변화에 신속하게 대처하기가 무척 힘들단다. 하지만 장기적으로는 수요의 변화에 충분히 적응할 수 있지. 지금 얘기한 것 중에 '단기(Short Run)'와 '장기(Long Run)'라는 두 시간적 개념을 잘 기억해두거라. 후에 거시경제학을 공부할 때 여러 가지 이론을 설명하면서 자주 쓰게 될 테니까.

네, 알겠습니다.

지금부터 공부할 내용은 노동의 한계생산량(Marginal Product of Labor 혹은 Marginal Physical Product)과 노동의 평균생산량(Average Product of Labor 혹은 Average Physical Product)이다. 노동의 한계생 산량은 추가적인 노동자 한 사람이 생산하는 상품의 수량을 말하 고, 노동의 평균생산량은 총 산출량을 노동자의 수로 나눈 값이다.

이 두 가지의 차이점을 잘 알겠지?

네. 그런데 사람이 많아지면 공장이 혼잡해지니까, 새로운 노동자가 충원될 때마다 노동의 한계생산량은 감소하겠군요?

훌륭한 추론이다만, 꼭 그런 것은 아니란다. 어느 정도까지는 분업의 효과를 누릴 수가 있지. 그런데 분업의 효과라는 게 뭘까? 다음 글을 읽어보자.《국부론》1권 1장 3절의 원문 중 한 단락이다.

I have seen a small manufactory of this kind where ten men only were employed, and where some of them consequently performed two or three distinct operations. But though they were very poor, and therefore but indifferently accommodated with the necessary machinery, they could, when they exerted themselves, make among them about twelve pounds of pins in a day. There are in a pound upwards of four thousand pins of a middling size. Those ten persons, therefore, could make among them upwards of forty-eight thousand pins in a day.

작업 인원이 고작 열 명 뿐인 이런 작은 공장을 본 적이 있다. 이곳에서는 근로자들이 두세 가지 서로 다른 작업을 연속적으로 한다. 하지만 이런 공장들은 영세해도 필요한 장비를 갖추고 있어서 근로자들은 열심히 하면 하루에 핀을 약 12파운드까지도 만들 수 있다. 1파운드면 중간 크기의 핀 4000개가 넘으므로 열 명의 근로자가 하루에 48,000개가 넘는 핀을 만드는 셈이다.

아하, 그러니까 애덤 스미스 아저씨가 핀 공장을 관찰한 결과, 열 사람의 직공이 서로 독립적으로 핀을 만든다면 하루에 20여 개도 채 만들기 힘든데, 생산 공정을 18가지로 나누어서 핀을 만들면 하루에 약 48,000여 개 정도를 생산할 수 있다는 거죠? 철사를 자르는 사람은 그 일만 하고, 끝을 가는 사람은 끝만 갈고, 구부리는 사람은 구부리기만 하고, 핀의 머리를 붙이는 사람은 그 작업만 할 때 각자 자기의 공정을 최대한도로 능숙하게 수행할 수 있기 때문에 생산성이 증대된다는 말이잖아요.

그렇지. 어느 정도까지는 분업이 가능하므로 노동자가 많을수록 생산량이 크게 늘어난단다. 하지만 적정한 수준을 넘어서면, 혼잡한 환경 때문에 오히려 생산성이 떨어지지. 다음처럼 말이야. 다음 페이지의 그래프를 보거라.

노동의 한계생산곡선이 평균생산곡선의 최대점을 지나게 되는 건가요?

한계생산량이 점점 줄어든다는 사실은 자명하니까, 이 사실을 바탕으로 생각해보자. 너희 반 남학생 키의 평균이 175센티미터라고 해보자. 그런데 키가 174센티미터인 아이가 전학을 오면, 키 평균은 조금이나마 떨어지겠지? 그런데 키가 176센티미터인 아이가 전학을 오면 평균값은 조금이나마 올라가겠지? 그래서 같은 원리

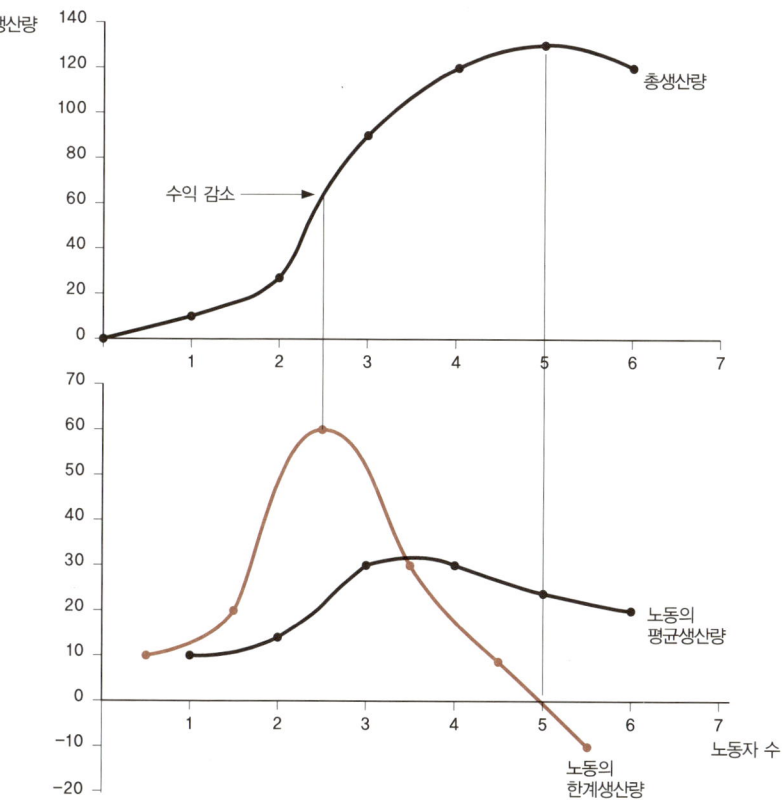

노동의 총생산곡선과 평균생산곡선, 한계생산곡선의 관계

로 평균생산량이 감소하려면 한계생산량(전입생의 키)이 평균생산량(반 평균 키)보다 작아야 하겠지.

그럼 이제 비용에 관해서 배울 건가요?

그래. 비용은 생산보다 다룰 내용이 많기는 한데, 이것도 그리 어렵지 않아. 하지만 이 내용은 4대 시장체제를 공부할 때 기초가 되는 지식이니까 지금 제대로 알아두어야 한다.

네, 알겠습니다.

비용

비용은 공급과 관련된 단어로서, 생산비용을 뜻한단다. 생산비용의 의미를 조금 더 깊이 살펴보자면, 다음과 같아.

① 모든 개별 기업이 생산하는 데 쓴 비용의 수평 합
② 고정비용과 가변비용의 합
③ 명시적 비용과 암묵적 비용의 합

'기업이 생산하는 데 쓴 비용의 수평 합(Horizontal summation of Corporate costs)'이라는 말이 조금 어렵게 들리겠지만, 이 말은 개별 기업이 생산 활동을 하면서 사용한 비용의 총합이라고 이해하면 쉬울 거다. 물건을 만들어내는 데 비용이 얼마나 들었느냐 하는 것이지.

그리고 고정비용(fixed cost)이란 생산량의 변동에 관계없이 고정적으로 지출되는 비용을 말한단다. 예를 들어, 기업이 건물이나 기계 등의 기존 시설을 유지하고 보수하는 데 드는 비용은 생산을 전혀 하지 않더라도 일정하게 발생하기 마련인데, 이런 것을 고정비용이라고 하는 거야. 고정비용의 특징은 단기적으로 쉽게 변화를 주기 어렵고, 생산량에 직접적인 영향을 받지 않는다는 것이지. 반면에 가변비용(variable cost)은 상품을 생산하는 데 직접적으로 사용되는 비용을 말하는데, 원자재, 노동력 등이 여기에 속한단다. 가변비용은 당연히 생산량에 직접적인 영향을 받을 수밖에 없겠지?

그리고 우리가 알아야 할 개념이 하나 더 있는데, 그것이 바로 명시적 비용(explicit cost)과 암묵적 비용(implicit cost)이란다.

명시적? 암묵적? 그게 뭐죠?

명시적 비용이란 말 그대로 명시(明示), 즉 분명하게 드러나 보이는 비용을 말한다. 이것들은 회계장부에 기록이 되는데, 임금, 원재료비, 임대료, 세금 등을 말하지. 반면에 암묵적 비용은 회계장부에는 기록할 수 없지만, 분명히 실제적인 존재 가치를 지닌 비용을 말한단다. 만약 네가 분식점에서 라면 한 그릇을 3000원 주고 사먹었다고 가정하자. 라면을 집에서 끓여 먹을 때를 생각하면, 3000원이라는 가격이 터무니없이 비싸다는 생각을 하게 될 거다. 하지만 네가 사먹은 3000원짜리 라면에는 라면, 계란, 채소, 물, 연료비 외에 분식점 주인이 분식점을 열면서 투자한 돈과 분식점 주인의 인건비까지 모두 포함되어 있는데, 분식점에 투자한 돈과 분식점 주인의 인건비 등은 회계장부에 기록할 수 없기 때문에 이것을 '암묵적' 비용이라고 하는 거야.

이제 다음 페이지의 그림을 보거라.

경제학자들은 통계학자들과는 달리 통계학적 이윤에서 암묵적 비용을 제외하는군요.

그렇지. 차이점이 보이지? 여기까지가 비용의 가장 기초적인 내

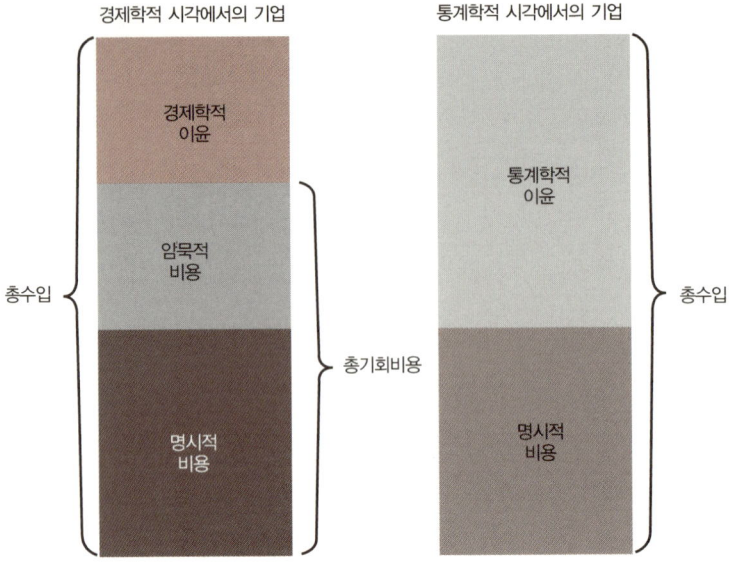

용이란다. 이제 더 심화된 내용을 배울 거니까 정신 바짝 차리거라.

비용의 확장

앞에서 고정비용과 가변비용의 합이 총비용이 된다는 사실을 알았으니까, 오른쪽 페이지의 그래프도 이해할 수 있을 거다.

그렇죠. 고정비용은 단기적으로 일정할 테니까요.

여기서 '한계비용'과 '평균비용'이라는 개념에 대해서 짚어보자. 혹시 설명할 수 있겠니?

지금까지 공부했던 걸 응용해보면, 한계비용은 한 단위를 더 생

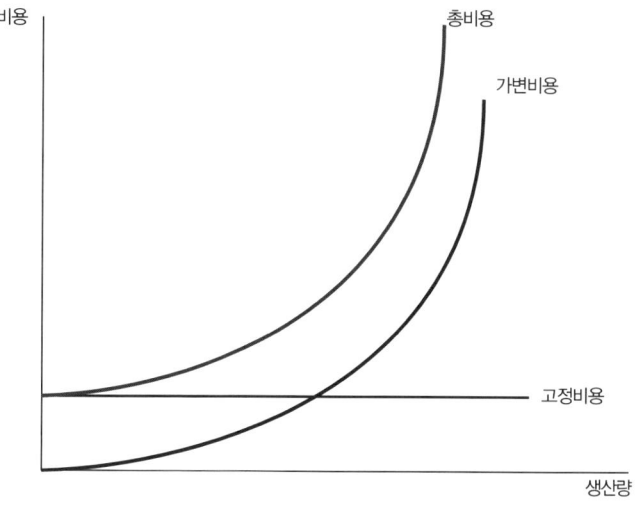

기업 생산에서의 총비용과 가변비용, 고정비용과의 관계

산하는 데 추가적으로 드는 비용을 말하고, 평균비용은 총비용을 생산량으로 나눈 값일 거라는 생각이 드는데요?

베리 굿! 여기서 중요한 점은, 한계비용은 고정비용과는 관계가 없다는 사실이란다.

그렇겠어요. 생산량의 변화에 따라 변하는 건 가변비용이니까요.

그렇지! 그리고 한계비용은 생산량이 늘면 분업의 효과로 인해서 감소하다가 어느 순간 이후부터는 복잡해진 환경으로 인해서 증가하기 시작한단다. 여기서 문제! 그렇다면 평균비용과 생산량은 어떤 관계를 가질까?

평균비용은 생산량이 늘어나면 어느 순간까지는 감소하는 경향을 보이겠죠. 그 이유는 거대한 고정비용이 많은 생산량에 의해 분산될 테니까요. 그러다가 생산량이 매우 커지면 고정비용이 거의 다 분산되고 한계비용이 점점 커짐에 따라 평균비용도 커질 것 같아요.

태리야, 너 오늘 왜 그러니?

히히, 제가 원래 좀 똑똑…….

말 끊어서 미안한데, 방금 네가 말한 내용을 그래프로 그리면 다음과 같단다.

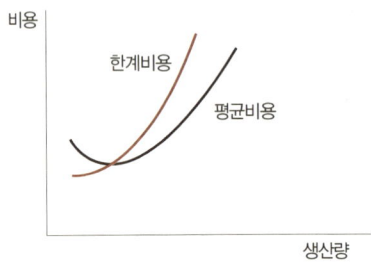

한계비용과 평균비용의 관계

선생님, 여기서도 한계비용곡선이 평균비용곡선의 최소점을 지나네요.

그렇지. 평균비용이 증가하려면 한계비용이 평균비용보다 높아야 하니까.

이제 고정비용과 가변비용의 관계에 대해서 한 가지만 더 공부하고 다음으로 넘어가자. 여러 기업에 있어서 고정비용과 가변비용을 구분하는 것은 그것을 분석하는 기간에 따라서 달라질 수 있다는 것이란다. 만약 오토바이를 생산하는 거대 기업이 있다고 치자. 이 기업은 몇 달 사이에 공장의 규모를 갑자기 키우거나 줄일 수가 없을 거다. 때문에 만약 오토바이 생산량을 늘리고 싶다면, 이 회사는 기존의 공장에 더 많은 근로자를 고용하는 것으로 문제를 해결할 수밖에 없단다. 여기서 공장을 유지하는 데 드는 비용은 분명 고정비용이란다. 그런데 몇 년 정도의 시간이 주어진다면 이 기업은 공장을 확장할 수도 있고, 새로운 공장을 건설하거나 또는 기존의 공장을 폐쇄할 수 있을 거다. 이럴 때는 공장에 드는 비용이 가변비용이 되는 셈이지.

이제 우리는 공장의 규모에 따른 단기 평균총비용곡선과 장기 평균총비용곡선을 같이 그려볼 거야. 여기서는 장기 평균총비용곡선이 단기 평균총비용곡선보다 훨씬 더 완만한 U자 모양을 취하고, 단기 평균총비용곡선과 접하거나 그 아래에 위치한다는 사실이 중요하단다. 그 이유는 기업이 단기적으로는 이미 선택한 단기 비용곡선 위에서만 생산을 할 수 있지만, 장기적으로는 기업이 자기네에게 가장 유리한 단기 비용곡선을 선택할 수 있기 때문이지. 자, 이제 그래프를 보거라.

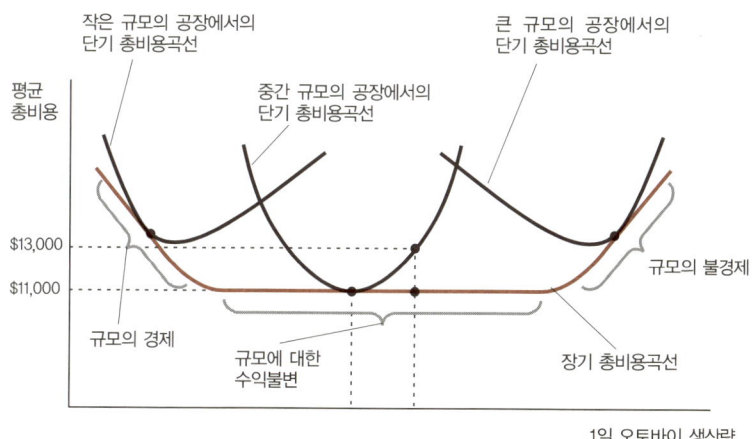

공장 규모에 따른 평균총비용곡선

그래프 상에서 봤을 때, 이 기업이 단기에 오토바이의 하루 생산량을 1,100대에서 1,300대로 늘리려면 기존의 공장 규모에서 근로자를 더 고용하는 수밖에 없단다. 따라서 한계생산체감현상 때문에 오토바이 1대당 평균총비용은 11,000달러에서 13,000달러로 증가하게 되지. 하지만 장기적으로는 이 회사가 공장 규모와 근로자 수를 동시에 조정할 수 있기 때문에 평균총비용은 11,000달러에서 유지될 수 있단다. 보통 '장기'라고 하면 1년을 기준으로 하지만, 현실적으로 정확하지는 않단다. 그냥 참고로 알아두기만 하자.

> **규모의 경제** Economies of Scale, 재화 및 서비스를 생산할 때 생산량을 늘릴수록 평균비용이 하락하는 현상
>
> **규모의 불경제** Diseconomies of Scale, 생산량을 늘릴수록 평균비용이 상승하는 현상

그리고 산출량이 증가함에 따라 장기 평균총비용이 하락하면 규모의 경제가 나타나고, 산출량이 증가함에 따라 장기 평균총비용이 상승하면 규모의 불경제가 나타난다고 말하지. 또 장기 평균총비용이 산출량과 관계없이 일정하면 이를 규모에 대한 수익불변(Constant Returns of Scale)이라고 한단다.

위 기업의 경우에는 오토바이의 생산량이 적을 때는 충분한 판매 이득을 실현할 수 없고, 따라서 평균총비용이 높을 것이다. 또 생산량이 너무 많을 때는 조직이 비대해지고 관리감독이 소홀해지면서 평균총비용이 높아질 수 있단다. 때문에 적당한 생산 규모를 선택하고 정돈된 조립 라인에서 자신의 직무에 특화된 적절한 인원의 근로자가 관리자로부터 조율된다면 가장 이상적인 '규모에 대한 수익불변'이 실현될 수 있겠지.

조금 복잡하기는 하지만, 이해가 되기는 해요.

다행이구나.

외부효과

이제 외부효과(Externalities)에 대해서 공부할 텐데, 이 부분은 일반적인 경제학 원론서처럼 정의나 그래프부터 시작하면 상당히 어려워질 수 있단다. 그러니까 우리는 재미있는 이야기를 통해서 시작해보자꾸나. 다음 이야기는 그 유명한 《괴짜 경제학》에 나오는 한 이야기를 내가 각색한 것이란다.

에르큘 포와로 VS 셜록홈스

리포터: 안녕하십니까. 런던 타임스의 수석 리포터 John Terry입니다. 저는 지금 포와로 경감과 탐정 홈스 씨의 비공식 토론장에 와 있습니다. 이제 막 시작하려나 봅니다. 저를 따라와 보시죠.

포와로: 홈스 씨, 저는 이 청소년 범죄 문제에 대해서 두 가지 견해를 가지고 있습니다. 첫째는 아주 낙관적인 견해고요, 나머지 하나는 상당히 비관적인 견해입니다. 먼저, 좋은 것부터 말씀드리죠. 1995년인 지금을 기준으로, 다음 10년 안에 청소년 범죄율은 15퍼센트가 될 것입니다. 그렇다면, 이제 나쁜 견해를 말할 차례군요. 아마 10년 안에 범죄율은 낙관적인 비율인 15%의 두 배인

30%까지 뛸 것입니다.

홈스: 하하, 포와로 씨, 세월이 당신의 섬세함을 덮어버렸군요. 당신도 이제 은퇴를 하셔야 하겠습니다. 아마 청소년 범죄율은 향후 5년 내에 지금의 50%까지 내려갈 것입니다. 제 말이 맞나 틀리나 보십시오.

포와로: 흠, 지나치게 자신만만하시군요. 그렇다면, 저와 내기를 합시다. 지는 사람이 이기는 사람한테 영국판 《해리포터》 양장본 소장판 시리즈를 사주는 겁니다. 한번 해보시겠습니까?

홈스: 좋습니다. 한번 질러보죠.

선생님, 이 이야기가 경제학이랑 무슨 상관이죠?

지금으로선 이 이야기가 경제학과 무관하다고밖에 느낄 수 없을 게다. 어쨌든 두 사람의 승부는 가려야겠지? 안타깝게도 포와로 경감님께선 홈스 씨에게 약 120.25유로에 달하는 《해리포터》 양장본 한 세트를 선물해주셔야 하겠다. 홈스 씨의 말이 정확하게 맞아떨어졌으니까. 그런데 홈스 씨가 그렇게 자신만만할 수 있었던 근거가 되는 정보는 과연 무엇이었을까? 그것은 바로 1973년에 노르마 맥코비(Norma McCovey)라는 스물한 살의 젊은 여성이 법정 투쟁 끝에 승리함으로써 낙태를 합법화하는 데 결정적인 역할을 했기 때문이다. 강제적인 상황이나 원치 않는 임신에 의해 태어난 아이들은 훗날 범죄자의 길을 걷게 될 확률이 정상적으로 태어난 아이들보다 훨씬 높다고 한다. 그런데 낙태가 합법화됨으로써 나타난

나비효과가 결국 긍정적인 외부효과를 만든 것이란다. 물론 낙태에 대한 윤리적 문제는 이론의 여지가 있지만 말이다.

이제 드디어 외부효과의 정의를 알아보도록 하자. 외부효과란, 한 사람의 행위가 제3자의 경제적인 후생(Economic Welfare)에 영향을 끼치는 것을 말한단다. 어떤 한 사람의 행위가 다른 사람의 경제적 후생을 높였다면, 이를 외부의 경제 또는 긍정적 외부효과가 있다고 말한단다. 반대로 어떤 사람의 행위가 다른 사람에게 악영향을 끼쳤다면, 이때는 외부의 불경제 혹은 부정적 외부효과가 있다고 말하지. 외부효과의 정의를 알았으니, 태리 네가 실제적인 예를 한번 들어봐라.

어떤 사람이 자기 집 앞에 화단을 꾸미고 꽃을 심었는데 마을 사람들이 그 화단을 볼 때마다 기분이 좋아진다면, 그건 긍정적 외부효과예요. 그리고 자기 집 앞이라고 해서 아무렇게나 쓰레기를 버린다면 그건 환경을 오염시키고 길을 지나가는 사람들의 인상을 찌푸리게 만드는 거니까 부정적 외부효과죠.

잘했다. 또 이런 경우를 예로 들 수도 있겠구나. 노래 부르는 걸 아주 좋아하고 잘하는 사람이 있었어. 그 사람은 자아실현을 위해서 가수가 되었지. 그런데 날이 갈수록 그 사람의 팬이 늘어난다면, 자아실현이라는 그 사람의 개인적 가치보다 사회적 가치가 더 커지는 것이란다. 그 가수의 노래를 통해서 팬들은 힘을 얻게 될 테니까. 이런 현상을 기업 상황에 빗대어 그래프로 나타내면 아래와 같이 된단다.

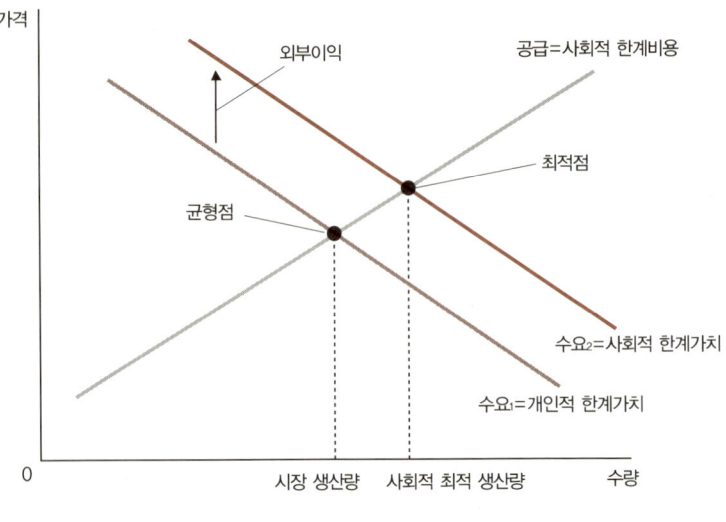

긍정적 외부효과

그럼 이 가수는 앞으로 더 많은 노래를 불러야겠네요?

그렇지. 이렇게 긍정적 외부효과가 있는 경제에서 정부가 어떻게 하면 기업의 생산량을 늘리도록 할 수 있을까?

제 생각에는 보조금(Subsidy)을 대주지 않을까 해요.

맞다. 이제는 부정적 외부효과가 있는 경제에 대해서 알아보자. 혹시 중학교 2학년 국어 교과서에 실려 있던 〈소음공해〉라는 글을 기억하니?

아파트 위층의 다리 불편한 아주머니가 휠체어를 타면서 난 소음이 소재가 되었던 소설 말이죠? 그럼 당연히 기억하죠.

그럼 이번에는 네가 부정적 외부효과를 그래프로 나타내봐라. 위층 아주머니가 자신의 일을 하는데 적정량 이상의 소음을 유발하고 있다는 점을 명심하면서.

음……. 어떤 기업이 상품을 만들어내는데 그 상품이 부정적 외부효과를 유발한다면, 국가가 세금을 부과해서 생산량을 줄이도록 유도해야겠죠. 그러면 그래프는 다음과 같이 될 거예요.

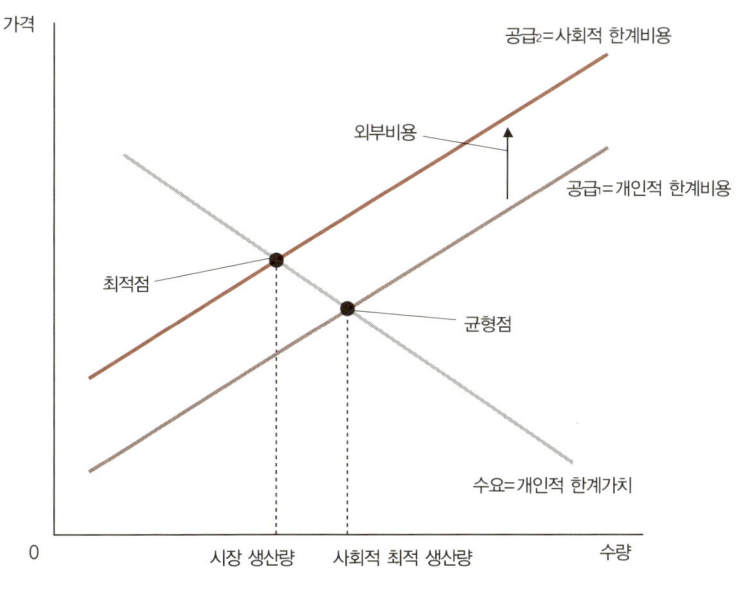

부정적 외부효과

그런데 선생님, 이런 외부효과는 국가만이 조절할 수 있는 것인가요?

꼭 그런 건 아니란다. 로널드 코즈(Ronald Coase)라는 경제학자가 자신의 논문 〈기업의 본질(The Nature of the Firm)〉(1937)에서 다음과 같은 정리를 발표했단다. 이것이 바로 그 유명한 코즈의 정리

(Coase Theorem)란다.

Resource can be allocated efficiently if private ownership rights are assigned and when there are no transaction cost.

비록 외부효과가 존재한다 하더라도, 외부효과와 관련된 재산권이 확립되고, 협상의 거래 비용이 존재하지 않는다면, 재산권이 누구에게 귀속되는지와 무관하게 경제 주체들의 자발적인 협상을 통해 효율적인 자원배분이 가능하다.

코즈의 이 정리는 민간경제의 주체들이 자원의 배분 과정에서 아무런 비용을 치르지 않고 협상할 수 있다면, 외부효과로 인해 초래되는 비효율성을 시장에서 그들 스스로 해결할 수 있다는 내용을 담고 있단다. 매우 훌륭한 이론이지만 '현실적으로 거래비용이 매우 크고', '협상력의 차이와 전략적 행동의 가능성이 있으며', '이해관계자의 확정에 어려움이 있다' 는 등의 한계점을 안고 있기도 하지.

무슨 이야기를 하는지 잘 이해가 안 될 게다. 우리의 장기인 예를 들어서 설명해보도록 하자. 태리 네가 보컬 전문학원에 다닌다고 들었는데……

네. 몇 년 배우다 보니까 선천적인 미성에 음역이 3옥타브 후반까지 커버가 돼서 선생님들께서 저를 되게 예뻐하세요.

하하. 너도 고음병 환자구나. 높이 올라간다고 노래를 잘하는 것이 아니야. 노래에 감정이입을 잘해서 얼마나 호소력을 갖느냐 하는 것이 중요한 거지. 아무튼 네가 방학 동안에 아파트에서 밤마다 노래 연습을 한다고 가정해보자. 너는 네가 점점 훌륭한 보컬리스트가 돼간다는 생각에 희열을 느끼고 있을지 모르지만, 네 이웃들은 어떤 이상한 놈이 밤마다 시끄럽게 짖어대는(?) 통에 잠을 이룰 수가 없겠지.

뭐, 그렇겠죠. 힝.

그래서 주민들은 몇 가지 해결 방법을 생각하게 될 거다. 가장 강력한 방법은 특정 시간 이후로 네가 노래 부르는 것을 목격하면 신고를 하면서 증거자료를 함께 제출하여 벌금을 내도록 하는 것일 거다. 이것은 정부의 세금 부과에 해당하는 것이지. 이웃들이 만약 노래 부르는 사람을 고소해서 강제 이주를 시킨다면, 이것은 정부의 직접 규제에 해당하는 셈이고. 그리고 가장 흔한 방법으로 협상을 할 수도 있을 거다.

그런데 네가 노래 연습을 함으로써 얻는 효용을 화폐 단위로 환산해서 1,000달러라고 하고, 주민들이 잠을 이루지 못함으로써 입는 고통을 500달러라고 가정해보자. 이때 네가 500달러에서 1,000달러 사이의 금액을 주민들에게 지불한다면 협상이 이루어질 수 있을 거다. 그렇다면 양자 모두 효용 측면에서 이득을 얻는 셈이지. 즉 네가 주민들에게 돈을 지불한다는 것은 부정적 외부효과의 사회적 비용을 스스로 부담한다는 것을 의미한단다. 당사자들 간의 자율적인 협상으로 부정적 외부효과를 최소화할 수 있게 된 것이지.

그러나 이 경우에는 협상에 따르는 비용을 제외시켰잖아요. 그런데 실제로는 협상을 하면서 발생하는 비용이 걸림돌이 되지 않을까요?

정확하다. 협상도 일종의 거래이므로 여기에는 거래비용이 따르는데, 이 거래비용을 생각하면 결과가 달라질 수도 있어. 만약 너와 이웃들의 거래비용의 합이 500달러를 초과하면 협상은 이루어질 수 없단다. 너의 거래비용을 300달러, 주민들의 거래비용을 400달러라고 해보자. 그러면 너는 최대 700달러(태리의 효용 1000달러−거래비용 300달러)까지 지불할 용의가 있지만, 주민들은 최소 900달러(고통 500달러+거래비용 400달러)는 받아야 양자 간의 합의가 이루어질 수 있단다. 따라서 이런 상황에서는 협상이 이루어질 수 없지.

이럴 때 정부가 거래비용을 낮출 수 있는 법적·제도적 장치를 마련하면 협상이 원활하게 이루어지도록 하겠군요.

그렇다. 코즈의 정리에 의하면 외부효과를 제거하기 위해서 정부의 개입이 꼭 필요한 것은 아니지만, 네가 방금 말한 역할을 정부가 해준다면 사회적으로 보다 바람직한 결과를 낳을 수 있겠지.

이제 이 이론에 대해서 조금 더 수학적으로 다가가 보자. 왜냐하면 최근 미국의 AP 교사연수원에서 발표한 자료에 따르면, 이 코즈의 정리 부분에서도 문제가 출제될 가능성이 있기 때문이다. 우선 오른쪽의 그래프를 보렴.

만약 러시아의 바이칼 호수 근처에 어떤 공장이 들어선다고 가

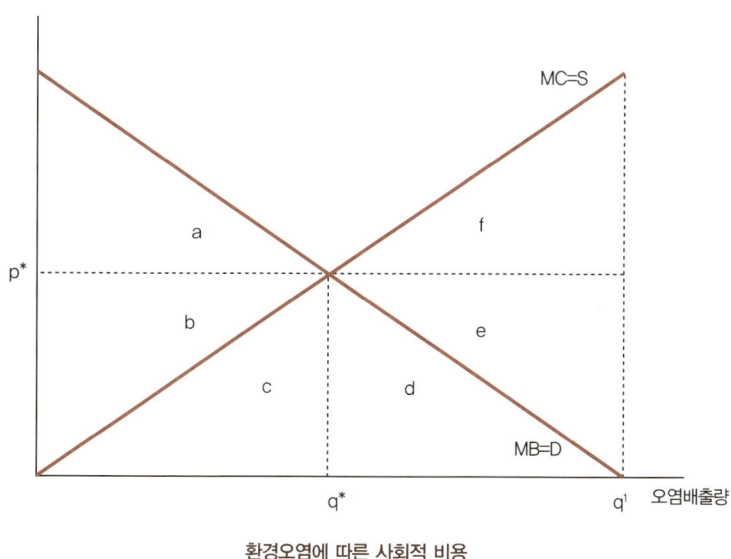

환경오염에 따른 사회적 비용

정해보자. 그렇게 되면 오염물질이 배출될 테고, 바이칼 호수에서 천연 미네랄을 채취하거나 고기를 잡는 어민들은 상당한 타격을 입겠지? 대신 공장은 이윤을 추구하고 말이다. 이 경우에 대해서 생각해보자.

네.

우선 한계비용(Marginal Cost)과 한계편익(Marginal Benefit)은 사회적 관점에서 본다는 사실을 염두에 두자. 공장은 물건을 생산함으로써 평균비용이 감소하니까 우하향곡선이 공장의 곡선(한계편익곡선)이 되겠고, 주민들은 물건이 생산되면 오염이 발생해서 자신들의 사회적 비용이이 늘어나니까 우상향곡선이 주민들의 곡선(한

기업 경영의 경제학 **209**

계비용곡선)이 되겠다.

그렇다면 이제 다음 두 가지 경우를 분류해서 이 상황을 설명해보자.

① 공장이 환경에 권리를 가지는 경우
② 마을 사람들이 환경에 권리를 가지는 경우

첫 번째 경우에서 공장이 환경에 권리를 갖고 있다는 말은, 아쉬운 것은 마을 사람들이므로 그들이 공장에 부탁을 해야 한다는 뜻이다. 이때 마을 사람들의 목표는 오염 배출량이 q^1에서 q^*으로 이동하도록 공장의 생산량을 줄이는 것이지. 이 목표를 달성한다면 마을 주민들 입장에서는 편익이 $d+e+f$만큼 상승할 것이다. 하지만 공장의 경우에는 편익이 d만큼 감소하게 되지. 이때 코즈의 정리에 의해서 마을 사람들이 d보다는 크고 $d+e+f$보다는 적은 금액을 공장에 지불한다면 자발적인 합의에 의해 q^*의 배출량이 달성될 수 있단다.

여기서 q^*가 의미 있는 이유는 타협을 했을 시에 양자 간에 가장 이상적인 합의점이 될 수 있기 때문이군요.

그렇지. 이제는 그 반대의 경우를 생각해보자. 이번에는 마을 사람들이 환경에 권리를 가지는 경우인데, 공장이 마을 사람들에게 양해를 구해야 하는 입장이 된다. 이때 오염 배출량은 0에서 q^*으로 늘어나게 되겠지. 이로써 주민들은 c만큼의 편익이 감소하고,

공장은 a+b+c만큼의 편익이 증가한단다. 따라서 코즈의 정리에 따라 공장이 마을 사람들에게 c보다 크고 a+b+c보다 적은 금액을 지불한다면, 양자 간의 자발적인 합의에 의해 q^*의 오염 배출량이 허용되겠지.

  결국 이 코즈의 정리는 독립적인 경제 주체들이 상호간의 이윤 추구를 목적으로 하는 과정에서의 타협을 말하는군요.

  그렇지. 잘 이해하고 있구나. 오늘은 여기까지 하자. 진도를 꽤 많이 나갔구나.

  그러네요. 그럼 이만 가보겠습니다. 안녕히 계세요.

  그래, 잘 가거라.

태리의 개념 정리 노트 NO. 5

1. 몇 가지 개념들

- **총수입=총비용+이윤**
- **노동의 한계생산량:** 추가적인 노동자 한 사람이 생산하는 상품의 수량
- **노동의 평균생산량:** 총 산출량을 노동자의 수로 나눈 값

2. 비용

- **모든 개별 기업이 생산하는 데 쓴 비용의 수평 합:** 기업이 생산 활동을 하면서 사용한 비용의 총합
- **고정비용과 가변비용의 합:** '고정비용'은 생산량의 변동에 관계없이 고정적으로 지출되는 비용이고, '가변비용'은 상품을 생산하는 데 직접적으로 사용되는 비용
- **명시적 비용과 암묵적 비용의 합:** '명시적 비용'은 회계장부에 기록되어 분명하게 드러나는 비용을 말하고, '암묵적 비용'은 회계장부에는 기록할 수 없지만 실제적인 존재 가치를 지니는 비용

3. 한계비용과 평균비용

- **한계비용:** 한 단위를 더 생산하는 데 추가적으로 드는 비용. 고정비용과는 관련이 없다.
- **평균비용:** 총비용을 생산량으로 나눈 값

4. 외부효과와 코즈의 정리

- **외부효과:** 한 사람의 행위가 제3자의 경제적인 후생에 영향을 끼치는 것

- **긍정적 외부효과:** 한 사람의 행위가 다른 사람의 경제적 후생을 높이는 것. 외부의 경제.
- **부정적 외부효과:** 한 사람의 행위가 다른 사람의 경제적 후생에 악영향을 미치는 것. 외부의 불경제.
- **코즈의 정리:** 민간경제의 주체들이 자원을 배분하는 과정에서 아무런 비용을 치르지 않고 협상할 수 있다면, 외부효과로 인해 초래되는 비효율성을 시장에서 그들 스스로 해결할 수 있다.

열세 번째 수업
시장 해제

PRI+N+STU+N ECONOMICS

▶ 시장의 의미에 대해 다시 한 번 생각해보자.
▶ 완전경쟁시장과 불완전경쟁시장의 특징에 대해서 알아보자.

시장의 실제

　　　　　　　　어서 오거라. 30분 정도 늦었구나.

　친구가 증권경시대회를 준비하는데, 도와주다가 시간이 다 된 걸 몰랐어요.

　증권 공부에 푹 빠져 있었구나? 그럼 내가 문제 하나 내도록 하마. 증권사는 어디에서 주식이나 펀드, 채권 등을 거래할까?

　그야 증권시장이죠. 거래가 이루어지는 곳은 모두 시장이니까, 증권이 거래되는 곳은 증권시장이겠죠.

　내가 너무 쉬운 문제를 냈구나. 오늘은 여섯 번째 수업 시간에 공부했던 시장에 대한 전반적인 지식을 확장시키는 방향으로 수업이 진행될 거야. 일단 시장의 유형을 살펴보는 것으로 시작을 해보자꾸나. 그리고 오늘의 수업 내용은 앞으로 미시경제학을 공부하면서 더욱 심화되어 등장하기 때문에 잘 알아두어야 한다.

네.

시장은 크게 두 가지 유형으로 나뉜단다. 첫째는 완전경쟁시장(Perfect Competition)이고, 두 번째는 불완전경쟁시장(Imperfect Competition)이다.

완전경쟁시장

먼저 완전경쟁시장의 특징부터 살펴보도록 하자.

첫째, 판매자와 구매자의 수는 무한히 많다.
둘째, 거래되는 재화나 서비스는 모두 동일하며, 질 또한 동등하다.
셋째, 모든 기업은 시장에 영향을 끼칠 수 없다.
넷째, 시장 진입의 방해요소는 전혀 존재하지 않는다.
다섯째, 모든 정보가 공개되어 있다

이 완전경쟁시장의 특징들은 서로 밀접한 상호연관성을 가지고 있단다. 이를 간접증명법(귀류법)으로 증명해보자.

만약 판매자의 수가 무한하지 않고 단 하나뿐이라면 어떻게 될까? 이를 독점(Monopoly)이라고 하는데, 판매자가 하나면 대체재가 없을 것이고, 따라서 수요의 가격탄력성이 비탄력적일 것이다.

그리고 기업이 가격을 올림으로써 더 큰 이윤을 추구하는 것이 가능하다. 이는 기업 스스로가 높은 시장가격을 조성할 수 있다는 말이지. 이런 경우, 모든 기업은 시장에 영향을 끼칠 수 없다는 말에 위배된다.

하나 더 해보자. 음, 이번에는 예시법을 사용하여 두 번째, 세 번째 특징을 증명해보자꾸나. 예를 들어서, 태리 네가 친구들과 발 마사지를 받으러 간다고 치자. 마사지숍의 직원들은 모두가 여자지. 그런데 어떤 마사지사는 슈퍼모델 같은 몸매에 탤런트 뺨치는 미인인 데다가 마사지 기술까지 완벽해. 반면에 어떤 마사지사는 얼굴이 닌자거북이에 몸매는 저팔계, 마사지 경력은 그날이 처음이라면? 이렇게 서비스의 질이 다른 상황이라면 시장에 영향을 끼치지 않을 수 있을까? 외모지상주의자라고 비난받을지 모르지만 너 같은 아이들에게서는 100% 공감이 예상되는 걸?

저 그렇게 여자 안 밝혀요. 제가 얼마나 순결한데요.

미안하다. 공부에 집중하자. 아무튼 어떤 신생 기업이 시장에 진입하려는데 엄청난 자본을 가진 독점기업이 이를 막는다면, 그건 결코 동등한 조건에서 경쟁하는 것이 아니란다. 물론 이런 상황은 첫 번째 특징에 위배되는 것이기는 하지만, 어쨌든 이런 상황은 시장에 영향을 끼치는 것이므로 시장 진입의 자유도 완전경쟁시장의 특징이 되어야 한단다.

마지막으로 다섯째 특징에서 말하는 정보란 생산에 필요하고 생산에 유익한 모든 지식을 말한단다. 이를 취득하고 접근할 수 있는 기회 역시 모든 생산자가 동등하게 공유해야 한다는 말이지.
 자, 지금까지 우리는 완전경쟁시장의 특징에 대해서 공부했다. 그렇다면 그 다음 차례는?
 당연히 불완전경쟁시장이겠죠?
 맞다. 완전경쟁시장이 경제학적 이론에 근거한 이상적이고 허구적인 시장인 것에 반해 불완전경쟁시장은 우리가 관찰할 수 있는 시장이다. 자, 계속 나아가보자.

불완전경쟁시장

 먼저, 현실 속에서 완전경쟁시장에 가장 가까운 시장부터 알아보도록 하자. 왜냐하면 완전경쟁시장은 현실에 존재할 수 없는 이상적인 시장 형태거든. 현실 속의 거의 모든 시장은 불완전경쟁시장의 구조를 취하고 있어.
 불완전경쟁시장 중에서 그나마 자유경쟁시장에 가까운 시장을 독점적 경쟁시장(Monopolistic Competitive Market)이라고 한단다. 현재 우리가 알고 있는 일반적인 제품 시장이 바로 이 시장 형태를 취하고 있지. 이 시장의 특징은 제품의 디자인이나 품질이 약간씩 다르기 때문에 공급자들이 약간의 가격 결정권을 쥐고 있다는 점이란다. 하지만 완전경쟁시장처럼 다수의 수요자와 생산자들이 존재하지.
 또 어떤 시장에서는 몇몇의 판매자들만이 존재하기도 하는데,

이런 시장 형태를 과점(Oligopoly)이라고 한단다. 참고로, 미국에서 가장 흔한 시장 유형이 바로 이 과점시장이란다. 독점적 경쟁시장과 과점시장을 구별하는 가장 쉬운 방법으로는 판매자의 수를 파악하는 것 외에 기업의 크기를 측정하는 것이 있는데, 보통 과점시장은 대기업들이 시장을 장악하고 있는 데 비해 독점적 경쟁시장은 중소기업들까지도 제품 시장에 참여하고 있지. 대표적인 예로 교복 시장을 들 수 있겠다. 아마 너도 들어봤을 거다. 한국의 교복 회사들이 가격담합(Price Collusion)을 했다는 뉴스 말이다.

네, 예전에 신문에서 본 것 같아요.

그래, 이렇게 담합을 한 회사들의 연합을 카르텔(Cartel)이라고 부른단다.

마지막으로 독점시장(Monopoly)을 공부해보자꾸나. 혹시 '모노폴리'라는 보드 게임에 대해서 알고 있니?

네, 알고 있어요. 해보지는 못했지만, 꽤 유명해서 이야기는 많이 들었어요.

모노폴리가 한국에서는 아동용 게임인 블루 마블(Blue Marble)과 비슷한 게임으로 알려져 있지만, 사실 이 게임을 만든 파커 형제의 회사(Parker Brothers Company) 홈페이지에 가보면 성인용 소장용 세트가 40달러나 하는 비싼 게임이란다. 이 게임의 방식은 각각 4개씩 있는 철도회사와 수도회사, 전기회사를 모두 사들이는 것인데, 보드의 특정 칸을 독점적으로 소유하는 데서 게임의 이름이 유래했지.

모노폴리에서와 같은 독점시장은 완전경쟁시장과 비교할 때 S극과 N극의 관계에 있다고 할 수 있어. 그러니 앞으로는 〈완전경쟁시장＋독점시장〉을 하나로 묶고, 〈독점적 경쟁시장＋과점시장〉을 묶어서 공부한다면 학습 효율이 크게 높아질 수 있단다.

다음 수업 시간부터 몇 번에 걸쳐 우리는 이 4가지 유형(크게는 2가지이지만)의 시장에 대해서 심화된 내용을 공부할 거야. 거듭 강조하지만, 이 부분이 미시경제학의 꽃이란다. 이 부분이 AP 미시경제학 시험에서 차지하는 비중이 얼마나 되는지 아니?

아니요, 잘 모르겠어요.

총 60문항 중에 적어도 10문항은 이 부분과 관련이 있단다. 시험을 치러보면 내 말을 실감하게 될 게다. 그리고 경제경시대회에서도 이 부분과 관련이 있는 문제들이 매년 출제되고 있지. 때문에 너도 차분하고 꼼꼼하게 예습을 해야 해. 자, 이번 단원을 정리한 표를 네게 프린트해서 줄 테니, 한번 살펴보려무나.

네, 알겠습니다.

오늘은 여기까지만 하자. 고생했다, 태리야.

선생님이 더 고생하셨죠. 고맙습니다.

그래, 조심해서 가거라.

특징 \ 종류	완전 경쟁시장	독점적 경쟁시장	과점 시장	독점 시장
공급자 수	무한대(가격 수용)	무수함(가격 결정)	많지는 않음	단 하나
대체가능성	완벽히 가능함	완벽하게는 아님	얼마 없음	전혀 없음
품목유사성	전 상품 동일	다 다름: 차별화	교복 등 몇몇은 같은데, 대부분 다름	상품이 단 하나
탄력성	완벽히 탄력적	상품 나름임. 보통 상당히 탄력적	가격이 높으면 높고, 낮으면 낮음	완벽히는 아니지만, 거의 비탄력적. – 그 이유 중요
진입장벽	전혀 없음	전혀 없음. (실제로는 조금 있지만 이론상 없음)	상당히 강함	무지무지 강함
가격결정권	전혀 없음	제한적임	강함→보통, 기업간 상호의존적임	유명할 정도 매우 강함
효율성	매우 큼	약간 비효율적	일반적으로, 매우 부정적	자중손실이 존재할 정도
공급 이윤	P=Minimum AVG, Cost 즉, 전혀 없음	장기적으로는 없는 경향	장기적으로 존재하는 경향임	장기적으로 확실히 존재함
시장의 사례	주식시장	미용실, 주유소	자동차, 휴대전화	전력, 철도
가격과 한계수입	P=MR No pricing 잔머리	P > MR, Pricing Technique 有		
가격과 한계비용	P=MC Socially Ideal Price	P > MC, Not a Socially Optimal Price		

열 네 번 째 수 업

완전경쟁시장

PRI+N+STU+N ECONOMICS

▶ 완전경쟁시장에서는 왜 공급자가 소비자와 마찬가지로 가격을 수용하는 입장인지 이해하자.
▶ 완전경쟁시장에서의 가격과 평균수입, 한계수입의 관계를 알아보자.
▶ 가격과 평균총비용, 평균가변비용의 관계에 따라 기업이 어떤 입장에 취하는지 생각해보자.

완전경쟁시장의 특징

선생님, 저 왔어요.

어서 오너라. 예습은 했겠지?

자유경쟁시장이라는 것이 시장의 구조에서 어떤 입지를 갖고 있는지 알아봤어요.

음, 말이 좀 어렵구나. 그래도 원론서라도 한번 읽어본 모양인 것 같으니 어서 수업을 시작해보자.

네.

지난 수업 시간에 살짝 맛보았듯이, 완전경쟁시장에서는 소비자뿐만 아니라 판매자들 역시 가격을 수용하는 입장이란다. 상식적으로는 판매자가 가격을 제시하고 소비자가 그 가격을 받아들이는 것으로 생각하기 쉽지만, 완전경쟁시장에서는 판매자도 소비자와 마찬가지로 시장가격을 수용하게 된다는 말이야. 완전경쟁시장에서는 특권을 가지고 가격을 마음대로 조정하는 귀족들이 존재할 수가 없다는 뜻이기도 하지.

또한 상품 공급자들이 시장에 자유롭게 드나들 수 있고, 판매하는 물건의 종류와 품질이 궁극적으로 같아야 한다는 것이 완전경쟁시장의 특징이다. 그리고 정보의 접근성(Accessibility) 또한 누구한테나 동일한데, 정보의 비대칭성(Information Asymmetry)을 초래하지 않음으로써 완전한 경쟁을 촉진한다는 뜻이란다. 참고로, 정보의 접근성은 정보의 취득성이라고 한다는 사실을 알아두자꾸나.

이제 완전경쟁시장의 생산함수를 그래프로 그려볼 거란다. 원래는 복잡한 방정식과 미적분으로 공부해야 하지만, 대학교 1학년 과정에서는 기본적인 생산표만 이용해서 생산함수의 그래프의 특징과 개념만 간단하게 짚고 넘어가기 때문에 우리도 그런 방법으로 공부할 거야.

선생님, 제 경우에는 미분과 적분을 중학교 3학년 겨울부터 공부해서 고등학교 1학년 때 AP 학위를 땄어요. 그냥 미분과 적분으로 설명하셔도 될 듯한데요.

네가 경제학을 무시하는구나. 태리야, 대학 원서가 얼마나 크고 두꺼운 줄 아니? 세계적인 대학들의 경제학과 학생들이 보는 경제수학 교과서에는 네가 치렀던 대학교 1학년 수준의 미적분에 대해서는 몇 페이지에만 나와 있어. 경제학은 깊게 공부할수록 문과보다는 이과에 가깝다는 사실을 기억하거라.

네.

자, 그럼 완전경쟁시장의 생산함수를 좌표평면에 옮기기 전에 먼저 그 원리부터 생각해보자. 설마 이 방정식을 잊지는 않았겠지?

총수입=가격×판매량

그럼요.

그리고 총수입은 산출량에 비례한다는 사실을 기본적으로 숙지하고 있자꾸나.

네, 알겠습니다.

그럼 이제 평균 수입(Average Revenue)에 대해서 알아보자. 평균 수입은 총수입을 판매량으로 나눈 것이란다.

평균 수입=총수입÷판매량=(가격×판매량)÷판매량=가격

보다시피 별것 없단다. 대단한 것을 기대했다면 미안하다. 하지만 다음 개념은 조금 더 흥미진진하단다. 바로 한계수입(Marginal Revenue)에 관한 내용이다.

한계수입(MR)= Δ 총수입(TR) ÷ Δ 판매량(Q)

미분과 적분을 네가 공부해서 알겠지만, 이 식은 사실 한계수입 곡선을 미분하면 된단다. 뭐, 이것 때문에 굳이 수학의 정석이나 토마스 미적분 책을 사서 보는 애들은 없겠지만 말이다. 하지만 꼭 알고 넘어가야 하는 사실은 완전경쟁시장에서의 한계수입은 가격과 같다는 사실이다. 참고로, 한계수입에서 '한계'라는 말은 'Marginal'이라는 단어를 우리말로 번역한 것인데, 느낌이 잘 와닿지 않을 게다. 우리는 그냥 '1단위 추가 생산에 관련한'이라고 해석을 해보자꾸나. 그러면 훨씬 이해하기가 쉬울 거야.

그럼 이제 다음 표를 보고 상호간의 관계를 이해해보자.

수량 (Q)	가격 (P)	총수입 (TR = P×Q)	평균수입 (AR = TR/Q)	한계수입 (MR = ΔTR/ΔQ)
1 gallon	$3	$3	$3	
2	3	6	3	$3
3	3	9	3	3
4	3	12	3	3
5	3	15	3	3
6	3	18	3	3
7	3	21	3	3
8	3	24	3	3

어떠니? 완전경쟁시장에서의 생산표는 이처럼 심플하단다.

선생님, 가격이 평균수입과 같고, 한계수입과도 같군요.

관찰력이 뛰어나구나. 그럼 이것을 그래프 상에 함수로 그린다면 어떻게 될까?

음. 기울기가 0이니까 완벽한 수평으로 나타나죠.

그럼 경제학에서 완벽하게 수평한 곡선이 갖는 특징이 뭐지?

음……. 아! 완벽히 탄력적이라는 거예요.

그렇지. 완전히 탄력적이다. 이제 그래프의 실마리가 좀 보이니?

아직은 조금 더 진행해보아야 할 것 같아요.

그렇다면 이제 비용 측면에서 분석을 해보자. 그러면 개념이 더 탄탄히 잡힐 게다.

이론의 확장과 그래프에의 적용

그런데 여기서 아주 기본적인 질문 하나만 하자. 우리가 지금 이야기하는 비용은 무엇의 비용이지?

기업이 상품을 생산하는 데 필요한 비용 아닌가요?

그렇지. 그렇다면 기업의 이윤은 어떻게 구하지?

음, '총수입=총비용+이윤'이니까 '이윤=총수입-총비용'이잖아요. 다시 말해서 이윤은 총수입에서 총비용을 뺀 값이에요.

잘했다. 그런데 앞에서 '총수입=가격×판매량'이라고 배웠지? 비슷하게 총비용은 평균비용(Average Cost) 곱하기 수량(Q)이란다. 식으로 다시 한 번 정리하면 다음과 같겠지?

이윤=총수입-총비용=(가격×판매량)-(평균비용×판매량)

여기서 다시 한 번 멋지게 정리를 하면 다음과 같은 식을 유도할 수 있어.

이윤=(가격-평균비용)×판매량

이 식이 얼마나 위대한지는 곧 알 수 있을 게다.
자, 다음 단계로 한층 업그레이드된 표를 한번 분석해보자.
이 표가 이해되니?
어, 그런데 수량이 0일 때 왜 비용이 3달러 존재하죠?

수량 (Q)	총수입 (TR)	총비용 (TC)	이윤 (TR-TC)	한계수입 (MR=ΔTR/ΔQ)	한계비용 (MC=ΔTC/ΔQ)	이윤변화 (MR-MC)
0 gallon	$0	$3	-$3			
1	6	5	1	$6	$2	$4
2	12	8	4	6	3	3
3	18	12	6	6	4	2
4	24	17	7	6	5	1
5	30	23	7	6	6	0
6	36	30	6	6	7	-1
7	42	38	4	6	8	-2
8	48	47	1	6	9	-3

예전에 공부했던 고정비용을 기억하니?
아, 맞다.
그런데 공부를 하다 보면 알게 되겠지만, 책에 따라서는 한계수입이 처음 몇 단위까지는 증가하다가 어떤 점을 기준으로 감소하는 추세를 보이며, 반대로 한계비용은 처음 몇 단위까지는 감소하다가 어떤 점을 기준으로 상승할 거야. 왜 그런지 기억하지?

분업의 효과 때문에 그렇잖아요.

잘 알고 있구나. 그럼 다음 그래프를 보렴.

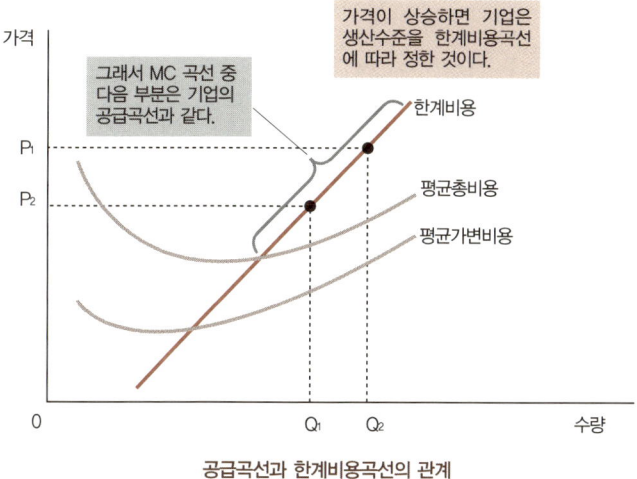

공급곡선과 한계비용곡선의 관계

조금 전의 표를 그래프로 옮기면 이런 형태가 된단다. 수치는 그리 중요한 것이 아니기 때문에 나타내지 않았다.

우리가 알아야 할 점은 한계비용이 한계수입과 같을 때 기업이 최대의 이윤을 창출한다는 점이란다. 왜 그럴까? 그래프를 보면, 가격이 올라갈수록 한계비용이 비례적으로 상승한다는 것을 알 수 있고, 판매량 또한 비례한다는 것을 알 수 있다. 이 곡선과 동일한 성질을 보이는 곡선으로는 어떤 것이 있지?

아, 공급곡선과 같아요!

맞다. 그런데 앞에서 우리는 완전경쟁시장에서 수요곡선과 동일한 의미를 갖는 개념들을 이미 공부했단다. 그게 뭐지?

'수요곡선(D)=가격(P)=한계수입(MR)=평균총수입(ATR)' 아닌가요? 자유경쟁시장에서는 수요곡선이 완벽한 수평의 형태를 띠지만, 다른 시장에서는 우하향하는 기울기의 직선으로 나타났어요.

지금쯤 '아하!' 하는 소리가 나와야 하는데……. 우리는 지금 왜 한계비용이 한계수입과 같을 때 어떤 특정 기업의 이윤이 최대가 되는지 알아보고 있단다. 그런데 수요곡선과 공급곡선이 만나면 어떤 현상이 발생하지?

아하, 알겠어요. 균형(Equilibrium)! 수요와 공급이 만났을 때, 그러니까 자연스럽게 균형가격과 균형수량이 형성되었을 때를 가장 이상적인 점(Point)으로 보니까, 이 특정 기업의 그래프에서도 한계비용과 한계수입이 만났을 때 최선의 결과가 나오는 거군요.

하지만 이 이론은 완전경쟁시장에서만 가능하다. 방금 했던 증명은 잠시 잊고, 왼쪽 그래프를 보렴.

우리는 '이윤=총수입-총비용'이라는 사실을 이미 알고 있다. 이때 경제학자들은 두 곡선이 만나는 첫 번째 점은 무시한단다. 우리는 두 곡선이 두 번째 만나는 점만을 '총수입=총비용'이라고 표현하는데, 한계수입과 한계비용은 각

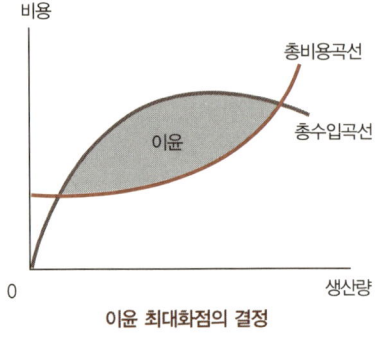

이윤 최대화점의 결정

각 총수입과 총비용을 미분한 값이지? 따라서 미분의 원리에 따라 이 점에서 '한계수입=한계비용'이 된단다.

그리고 위 그래프에서 색칠한 부분이 이윤이다. 이 부분에서 수입이 비용보다 크니까. 다르게 생각해보면 '한계수입=한계비용'이 되는 부분에서 이윤 발생이 멈춘다고 볼 수 있지? 따라서 그 점을 생산량으로 잡으면 그 전까지의 이윤을 획득할 수 있는 거란다. 때문에 기업이 한계수입과 한계비용이 같아지는 생산량을 이윤 최대화의 값으로 생각하는 것이란다.

이야, 신기하다.

그럼 이제 다음 그래프로 넘어가서 한층 더 신기하고 흥미진진한 내용을 공부해보자꾸나.

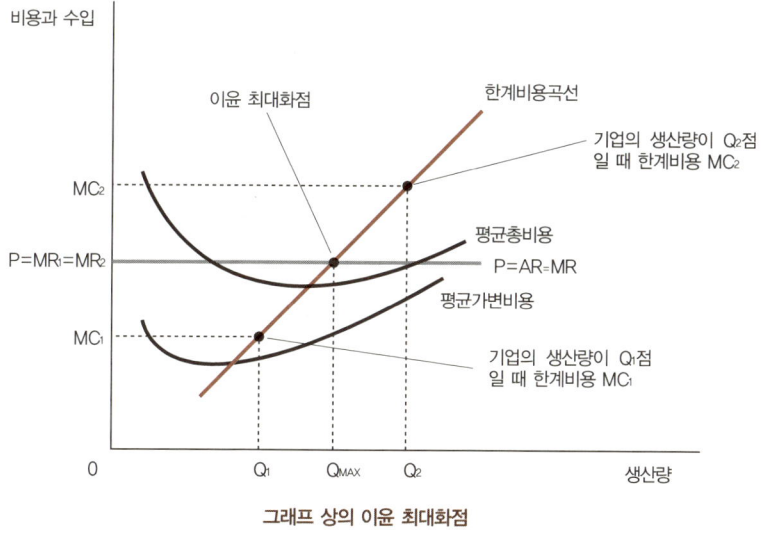

그래프 상의 이윤 최대화점

자, 앞의 그래프를 보자. 수평직선이 한계비용곡선과 만났을 때 기업은 이익을 최대치로 할 수 있는 생산량을 도출할 수 있고, 그때 가격이 결정된다고 배웠다. 자, 그럼 아까 배운 공식을 이용해서 이 기업의 이윤을 구할 수 있을까?

글쎄요. 아직은 잘 모르겠어요.

태리 너 같은 초보자들은 곧바로 생각이 나지는 않겠지만, AP에 거의 매년 나오는 문제이기 때문에 꼭 알아두자꾸나. 경제경시대회에서도 예외가 아니지. 그럼 구하는 방법을 알아볼까? 다음 그림은 위의 그래프를 단순화한 것이란다.

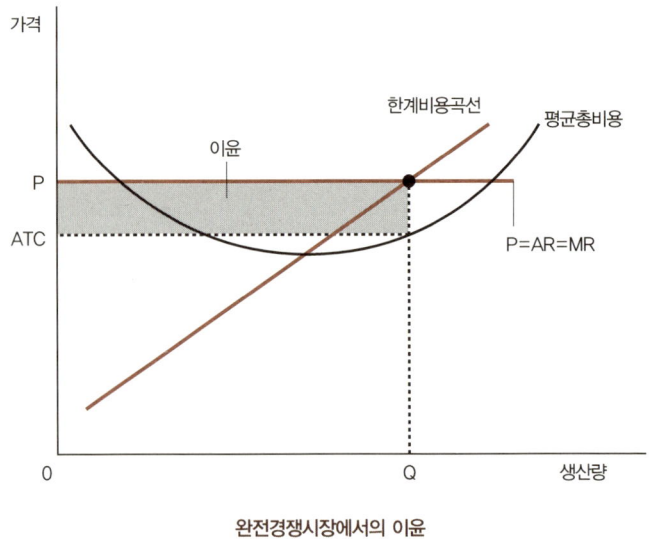

완전경쟁시장에서의 이윤

Q는 당연히 최대이윤을 얻을 수 있는 생산량이 되어야 하니까,

이걸 기준으로 가격 P에서 평균총비용을 빼주면 된단다. 그러면 '가격 – 평균총비용'이 되겠지? 여기에 Q를 곱하면 '(가격 – 평균총비용)×Q'라는 공식이 적용되겠지? 이해되니?

네.

그리고 '가격 – 평균총비용'을 경제학 용어로는 공헌이익(Contribution Margin)이라고 한다는 사실도 기억하자.

선생님, 만약 어떤 기업이 손해를 본다면 그래프가 어떻게 되죠?

기업이 손해를 본다면 이윤이 음수가 돼야겠지? 그런데 '(가격 – 평균총비용)×Q'에서 Q가 음수가 될 수는 없으므로, '평균총비용 > 가격'이 되어 괄호 안의 값이 음수가 되면 되겠지? 그럼 그래프는 다음과 같이 그려질 게다.

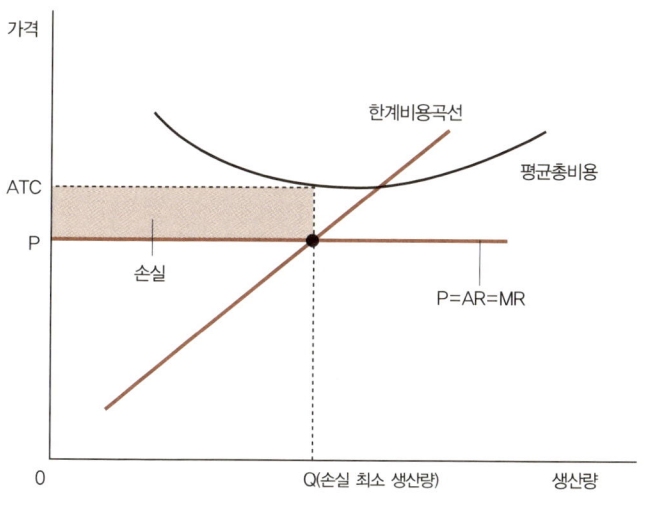

완전경쟁시장에서의 손실

여기까지 이해는 되는데요, 손해가 어느 정도 되면 특정한 기업이 문을 닫을까요? 경영을 중단해야 하는 특정한 기준점이 존재하나요?

네가 무슨 말을 하는지 알겠다. 그 기준점은 단기와 장기에 따라서 다른데, 하나하나 살펴보도록 하자.

생산 중단과 기업의 퇴출

일단 단기적으로는 생산중단(Shutdown) 또는 조업중단을 통해서 손해의 폭이 커지는 것을 막을 수 있단다. 이 말은 기업이 생산을 하지 않으면서 시장의 상태를 지켜본다는 것을 의미해. 그러다가 상황이 좋아지면 다시 조업을 재개하지.

조금 더 구체적으로 말해서, 생산중단은 상황이 좋아지면 언제든지 다시 생산을 가동하는 것이므로 고정비용에는 손을 대지 않는 것이란다. 건물을 구입하고 설비를 해놓았는데 제품 가격이 너무 낮아서 일시적으로 생산을 중단하고 있다면, 건물이나 설비 등에 소요되는 고정비용은 조금 있다가 배울 '매몰비용'이 된단다.

그런데 총수입과 가변비용 사이의 관계는 사실 곧장 가슴으로 느낄 수 있는 게 아니잖니? 그래서 경제학자들은 우리를 위해 이 관계를 식으로 정리해놓았어.

'총수입 < 가변비용'에서 양변을 수량으로 나누어보자. 물론 수

량은 당연히 양수겠지.

총수입÷Q < 가변비용÷Q

머릿속에 뭔가 떠오르지 않니?

아, 알겠어요! '가격 < 평균가변비용' 이잖아요.

이제 조금 알겠지? '가격=평균수입' 이니까, 결론적으로 이 식을 도출해낼 수 있잖아. 또한 가변비용을 수량(Q)으로 나누면 평균가변비용이 되고.

이제 이 상태가 그래프로 어떻게 나타나는지 시각화를 해보자.

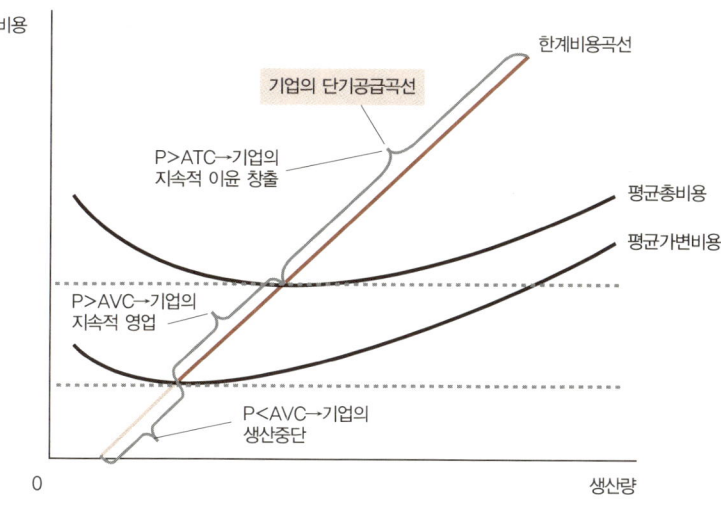

단기적 기업 형태의 결정

아, 그렇구나. 그러면 장기적으로는 어떻게 되나요?

장기에는 퇴출(Exit)이라는 개념이 존재하는데, 총수입이 가변비용보다 작을 때 이런 안타까운 상황이 나타난단다.

총비용이 총수입보다 클 때(총수입 < 총비용), 이 식의 양변을 Q로 나누면(총수입/Q < 총비용/Q), 다음과 같이 정리되지?

가격 < 평균총비용

가격이 평균총비용보다 작으면 장기적으로 봤을 때 시장을 떠나는 것이 이익이 되지. 그래프는 다음과 같이 그려질 거다.

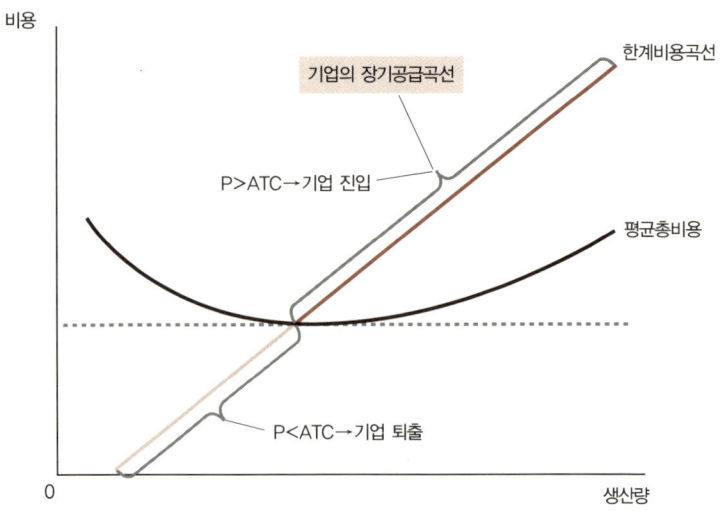

장기적 기업 형태 결정

선생님, 이해는 되는데 머리가 복잡해요. 한꺼번에 너무 많은 정보가 들어와서 그런가 봐요.

자자, 거의 끝났다. 조금만 참거라.

우리는 장기적인 관점에서 총수입이 총비용보다 작을 때 기업이 퇴출된다는 사실을 이해했다. 그렇다면 반대로, 가격이 평균총비용보다 크다면 어떻게 될까? 당연히 새로운 기업이 들어오겠지? 음식점 시장을 예로 들어, 원조집 옆에 가짜 원조집이 들어서듯이 말이다. 이럴 때 예상되는 시장의 변화는 무엇일까?

장기적으로 다른 기업들이 시장에 자리 잡음으로써 공급곡선이 오른쪽으로 이동하지 않을까요? 그러면 시장가격이 내려갈 테니까 원조집이 지금까지 누려왔던 이윤의 폭이 줄어들겠죠.

그렇지. 이 현상을 그래프로 그려볼 테니 네가 한번 해석해보렴.

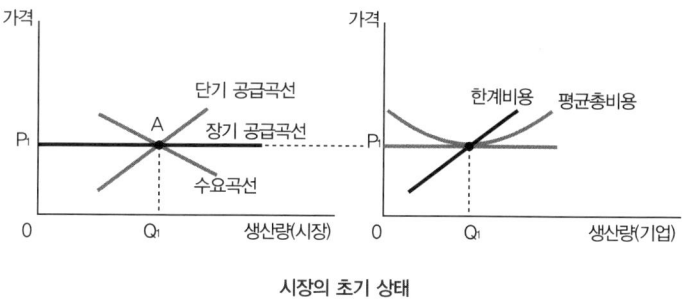

시장의 초기 상태

일단 시장은 위의 상태로 배치되어 있겠죠? 이때가 태초네요.

좋아. 그럼 다음은?

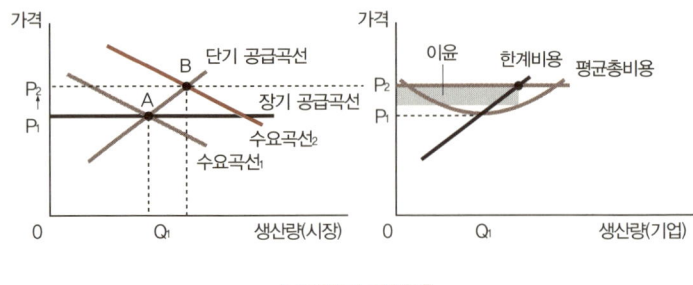

수요상승과 이윤창출

이때가 원조집이 가장 좋을 때군요. 수요가 상승하고 있어요. 그리고 B점이 원조집의 최전성기가 되겠네요.

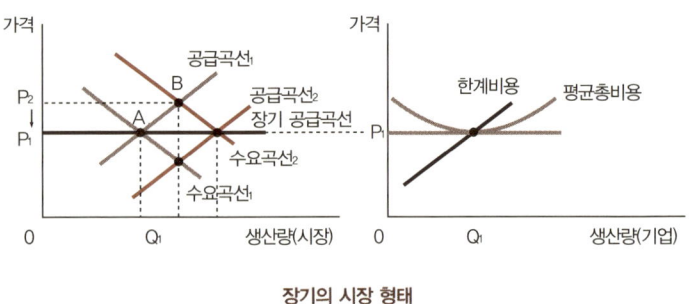

장기의 시장 형태

그런데 이때를 즈음해서 원조를 모방하는 '가짜 원조집'들이 시장에 들어오지. 이럴 때 수요곡선은 우향으로 이동하게 된단다. 그럼 위의 그림처럼 진정한 장기(Long Run)에서의 시장이 형성되겠지? 아무리 수요가 늘어났다고 해도 가짜 원조집의 등장으로 손님을 빼앗기게 될 테니까?

여담이지만, 보통 사람들은 가격이나 서비스에 상관없이 원조집을 애용하지 않나요?

크, 거기에는 다른 경제학적 원리가 적용되겠구나. '맛'에 따른 효용의 차이 말이다.

아무튼 그것도 비공식적인 경제학이군요. 오늘은 여기까지죠?

그래, 오늘은 진도를 너무 많이 나갔구나. 어서 가거라.

네, 선생님. 안녕히 계세요.

열다섯 번째 수업
독점시장

PRI+N+STU+N ECONOMICS

▶ 독점시장의 특징과 진입장벽에 대해서 알아보자.
▶ 독점시장에서의 수요곡선과 한계수입곡선의 관계를 생각해보자.
▶ 독점시장이 야기하는 궁극적인 폐해는 무엇일까?

독점시장의 특징과 종류

선생님, 오늘은 독점시장에 대해서 배우는 거 맞죠?

예습을 좀 했나 보구나. 그런데 태리야, 너는 독점을 긍정적으로 보니, 부정적으로 보니?

저는 부정적으로 생각해요. 대부분의 사람들도 그렇게 생각할 거예요.

그렇구나. 그럼 그 예로는 무엇이 있지?

제가 CBT TOEFL을 치른 마지막 세대였거든요. 그때 ETS Korea의 한 시험장 앞에서 2시간 동안 줄을 서서 겨우 등록할 수 있었어요. 그때 정말 ETS의 독점을 실감했어요.

그렇구나. 독점시장이 완전경쟁시장과 가장 크게 다른 점은 공급자가 시장 주도권(Market Power)을 갖는다는 점이란다. 다시 말해서, 판매자들이 제품의 가격에 영향을 미칠 수 있다는 뜻이지.

그것 봐요. 독점은 나쁜 거잖아요.

호호. 우리는 빌 게이츠를 저주하면서도 한 장에 수십만 원씩 하는 윈도우즈XP CD를 구입할 수밖에 없지만, 농수산물 시장의 어떤 상인이 사과 값을 두 배로 올린다면 그 순간 곧장 다른 가게로 발길을 돌릴 게다.

그렇죠. 그 상인이 파는 사과와 다른 상인이 파는 사과가 큰 차이가 없는 데다가 시장 안에는 다른 상인들이 있으니까요.

하지만 윈도우즈의 경우에는 가격을 두 배로 올린다 하더라도 당장에 대체할 만한 다른 제품을 선택하는 것이 사실상 불가능하지. 매킨토시를 쓰는 사람들도 더러 있지만 아직 대중화는 되지 않았으니까. 이런 경우 대부분의 소비자들은 울며 겨자 먹기로 비싼 돈을 지불하고 마이크로소프트사의 상품을 구입할 수밖에 없게 되겠지.

그러면 독점기업에는 가격을 임의로 정할 수 있는 가격 결정권(Pricing Power)이 있는 거네요. 그런데 독점이 가능한 이유가 뭐죠?

그것은 다른 경쟁 기업이 진입할 수 없게 만드는 어떤 장벽, 즉 진입장벽(Entry Barrier)이 있기 때문이지. 이러한 진입장벽은 다음의 세 가지에 의해 구축된단다.

1. 자연 독점
2. 정부에 의해서 특별히 독점이 허용된 경우
3. 양성 피드백에 의한 독점

자연독점(Natural Monopoly)은 1974년 경제학자 리처드 포즈너(Richard Allen Posner)에 의해 처음 주창된 개념이야. 일본의 철도 사업을 예로 들면 자연독점을 보다 쉽게 설명할 수 있겠구나.

1987년에 일본의 유일한 국영 철도였던 일본국유철도가 민영화됨으로써 국철 개혁조치에 따라 6개의 여객회사인 Japan Railway와 1개의 화물회사를 통해 일본의 모든 철도가 사유화되었어. 이런 철도 사업은 초기 비용이 많이 들어가지만, 사용자가 늘수록 평균 생산비가 급감한단다. 레일을 설치하는 데 든 거대한 고정비용이 많은 사용자에게 분산되면서 어느 단계를 지난 뒤부터는 이 기업들이 기차와 철로를 소비자들에게 제공하는 데 소요되는 평균비용은 아주 낮은 수준이 되지. 그리고 이용자가 늘수록 계속해서 더욱 떨어지겠지?

아, 이게 그 '규모의 경제' 인가요?

맞아. 이렇게 규모의 경제 효과를 누리는 회사의 평균비용 최소점에서의 생산량, 즉 최소효율규모(minimum efficient scale)가 시장 수요와 큰 차이가 나지 않을 때, 위의 예처럼 철도 이용을 원하는 사람의 수가 철도회사들에 의해 충분히 대응되고 있다면 '자연적으로' 독점이 된단다.

물론 나중에 인구의 증가 등으로 철로에 대한 수요가 더욱 많아 진다면 새로운 진입자가 생길 수 있어. 이런 경우에는 자연독점에서 경쟁적 시장으로 변화할 수 있지. 이런 시장에서는 소비자들이 낮은 평균생산비에서 비롯된 낮은 가격을 누릴 수 있어서 좋겠지? 규모의 경제가 존재하니까 말이다. 반대로 공급자는 경쟁의 압박에서 자유로워지면서 불필요한 마케팅이나 광고를 하지 않고 제품 생산과 관련한 투자만을 할 수 있어서 좋겠지. 특히 국가적 기간산업인 전력이나 전화, 상수도 같은 초기 고정비용이 많이 드는 산업의 경우에 자연독점이 잘 나타난단다.

두 번째로, 어떤 재화나 서비스의 경우는 공공의 이익을 위해 정부가 의도적으로 일정한 기간 동안 독점적 지위를 보장해주는 경우가 있단다. 특허나 저작권(Copyright)처럼 상당한 기간 동안 배타적 권리를 누리도록 허용해주는 것을 예로 들 수 있어. 물론 그 기간 동안 그 권리를 소유한 사람들은 매우 큰 독점적 이익을 누리게 되겠지? 분명히 소비자 입장에서는 손해가 될 수도 있지만, 배타적 권리를 보장해줌으로써 더 많은 특허와 좋은 저작물이 만들어지도록 독려하는 효과가 있기 때문에 궁극적으로, 그리고 사회 전체를 생각했을 때 이득이 된다는 이유로 정부가 이를 보장하고 허락하게 된단다.

또한 기간산업처럼 거대한 초기 투자비용이 소요되는 산업에는 자연독점이 생성되는데, 수요가 크게 늘지 않는데도 큰 비용을 들여가며 중복투자를 하는 것은 사회적으로 손실을 입는 결과이기 때문에 국가가 규제된 독점(regulated monopoly)을 허용하기도 해.

마지막으로, 현대와 같은 지식기반경제에서는 한계수확체감(diminishing Marginal Returns)보다는 긍정적(양성) 피드백(Positive Feedback)을 바탕으로 한 수확체증현상이 나타난단다. 이는 시장이 선두 기업에 의해 거의 완전히 장악되는 경향을 말하는 거지.

선생님, 마지막 독점은 설명을 들어도 무슨 말인지 모르겠어요.

호호호, 그럴 게다. 우선 사전적 의미는 그렇게 정리를 하고, 이제 조금 더 자세히 설명해주도록 하마.

양성 피드백을 다른 말로 하면 수요 외부성(Demand Externalities)이라고도 하고 네트워크 외부성(Network Externalities)이라고도 한단다. 이 말은 그 자체로는 큰 의미를 갖지 못하는 어떤 재화나 서비스가 다른 콘텐츠와 연결되면서 보다 큰 가치를 띠게 되는 성질이나 현상을 가리키지. 이런 상품을 생산하는 회사들은 보통 '잠금효과(lock-in effect)'를 바탕으로 독점체제를 갖추게 되지.

잠금효과? 그건 또 뭐예요?

예를 들면, 엡손 프린터에는 엡손 잉크만 사용하도록 되어 있다거나 올림푸스 카메라에는 올림푸스 렌즈만 사용하도록 되어 있는 것을 말해.

아하, 그러면 강력한 독점기업이 있고 잠금효과가 존재하는 경우에는 경쟁사의 진입이 거의 불가능하겠군요.

그렇지. 그럼 이제는 독점기업이 어떻게 이윤을 최대화해나가는지 그 과정을 그래프 상에서 알아보자꾸나.

네.

독점기업의 실제

독점기업은 크게 두 가지 방편으로 이윤을 최대화한단다.

1. 상품 유일성을 통한 이윤 최대화
2. 가격 차별화를 통한 이윤 최대화

먼저, 첫 번째 방법부터 알아보자. 태리야, 너는 공학계산기로 어떤 걸 쓰니?

저는 TI-84랑 TI-89 둘 다 써요. 치르는 시험에 따라서요.

그런데 네가 쓰는 계산기 회사인 TI, 즉 텍사스 인스트루먼트(Texas Instrument)에서 나오는 계산기가 유난히 비싸다는 생각은 안 해봤니?

하긴, 계산기 치고는 비싼 편이죠.

그런데 이 회사가 최신형 공학계산기를 새로 출품하면서 가격을 50만 원으로 책정했다면 어떻게 될까? 어떤 사람들은 마구 욕을 해대면서도 어쩔 수 없이 구입을 할 거야. 하지만 5천 원이라면, 어떻게 될까? 지금부터는 독점기업이 마켓파워를 이용해서 가격을 책정할 때, 과연 얼마를 받아야 이익이 최대화될 수 있는지를 탐구해볼 거야. 시작하기 전에, 독점시장의 수요곡선은 어떻게 생겼는지 말해볼래?

완전경쟁시장과 달리 가격을 내리면 수요가 늘어나기 때문에 우하향해요.

정확하다. 다음 그래프를 보고 비교해보자.

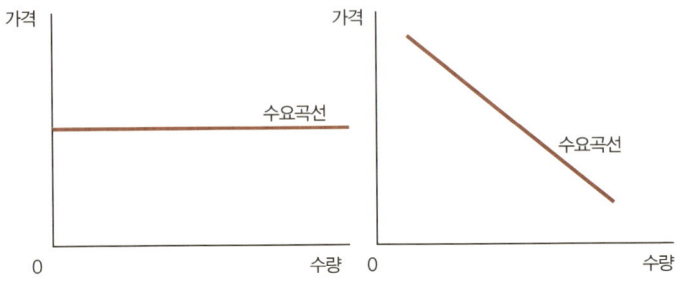

완전경쟁시장과 독점시장의 수요곡선

왼쪽은 완전경쟁시장에서의 수요곡선이고, 오른편은 독점시장의 수요곡선이야. 완전경쟁시장의 경우 가격이 단 1원만 올라가도 소비자들은 그 기업의 것을 사지 않고 다른 기업의 상품을 선택하겠지? 따라서 아무리 수요량이 늘어나더라도 가격은 그대로 있어야 한단다. 하지만 독점시장에서는 오직 한 군데 기업의 상품만 선택할 수밖에 없기 때문에 가격이 내려가면 수요가 늘고, 가격이 오르면 수요가 줄어들겠지?

그런데 다음 페이지의 그래프를 보자.

한계수입곡선이 수요곡선의 아래쪽에 있네요.

사실 독점시장에서 한계수입곡선의 기울기는 수요곡선의 기울기보다 정확히 절반이 작단다. 자, 내가 힌트를 줄 테니, 네가 증명을 해보렴.

여기서 수요곡선(D)은 가격(P)과 같다는 전제하에, $D=-MQ+N$으로 수요함수를 잡자. 단, M과 N은 양수다. 그리고 총수입(TR)은 가격과 수량(Q)의 곱이고, 총수입을 미분하면 한계수입(MR)이 되는 거 기억하지? 이 세 가지 조건을 가지고 증명을 해보거라.

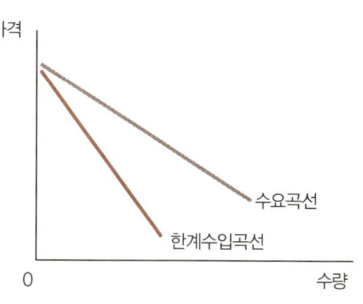

독점시장의 수요곡선과 한계수입곡선

일단, D=P라고 하면, $P=-MQ+N$이네요. 그런데 $P \times Q = TR$이니까, $TR=-MQ^2+NQ$가 돼요. 따라서 수요

> $D=-MQ+N$에서 Q는 수량이고, M과 N은 임의의 상수를 나타내는 기호임.

곡선의 기울기는 한계수입곡선 기울기의 2배가 되는 셈이죠. 그런데 AP 시험에 이런 미분 문제가 나오지는 않겠죠?

당연하지. AP의 인문사회계열에서 미적분은 절대로 등장하지 않는단다. 그냥 결과만 외워도 충분해. 하지만 이렇게 하면 더 기억이 잘 날 거다. 그래서 시켜본 거란다.

이제 드디어 독점기업이 어떻게 가격 책정을 하는지 생각해보자. 독점기업도 여타의 기업들과 마찬가지로 이윤을 극대화하기 위해 노력하며, 이윤이 극대화되는 지점은 한계수입(MR)과 한계비용(MC)이 똑같아지는 생산량에서의 가격이란다. 그럼 그래프를 그

려보자.

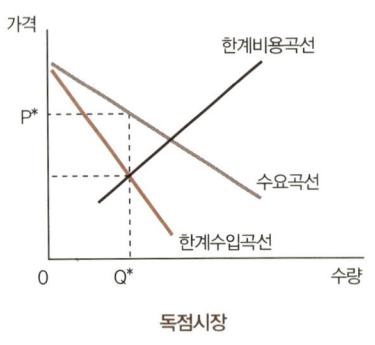

독점시장

한계비용(MC) = 한계수입(MR)인 점의 수량과 가격에서 이윤이 최대화되겠지? 그런데 위의 그래프를 보면 독점가격은 한계비용보다 더 높다는 걸 알 수 있어. 이 말은 상품을 한 개 더 만드는 데 드는 비용보다 훨씬 높은 가격에 물건을 팔 수 있다는 걸 뜻해.

그럼 지금부터 독점기업의 총이윤을 구해보자.

총이윤 = 한계이윤 × 수량 = (가격 − 평균총비용) × 수량

그럼 이윤이 그래프 상에서 어떻게 나타나는지 확인해보자.

아하, 이렇군요.

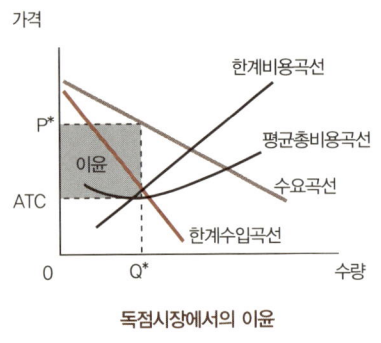

독점시장에서의 이윤

그런데 지난 시간에 한계비용곡선의 의미가 공급곡선과 일치한다는 걸 배웠지? 따라서 사회적으로 가장 이상적인 생산점은 수요곡선과 한계비용곡선이 만나는 점이란다. 자, 그래프를 다시 한번 더 그려보자.

결국 독점시장에서는 효율적인 생산량만큼 생산되지 못하는군요. 그리고 자중손실이 발생할 거고요.

좋은 지적이다. 바로 그것이 독점의 폐해란다. 대부분의 사람들이 독점의 폐해를 가격이 한계비용보다 높은 지점

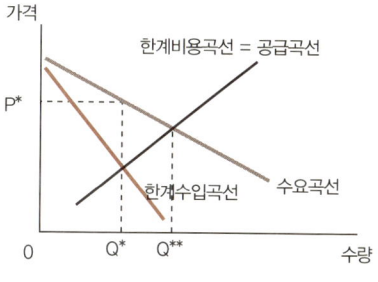

독점시장의 공급곡선과 한계비용곡선

에서 결정되어 공급자에게 더 많은 이윤이 돌아가는 것이라고 생각하지만, 사실 정말 결정적인 문제는 가장 효율적인 생산이 이루어지지 못하고 자원이 비효율적으로 분배되고 있다는 것이란다. 다음 그래프에서 나타나는 것처럼 말이다.

자, 이제 두 번째 항목에 대해서 알아보자.

독점기업은 상품의 유일성을 통한 가격 결정권을 행사함으로써 최대의 이윤을 꾀할 뿐만 아니라, 가격 차별화(Price Discrimination)를 통해서도 이윤의 최대화를 꾀한단다.

가격 차별화요? 똑같은 제품을 다른 가격에 판매한다는 건가요?

정확하다. 그런데 어떻게 똑같은 제품을 다른 가격에 팔 수 있을까? 비록

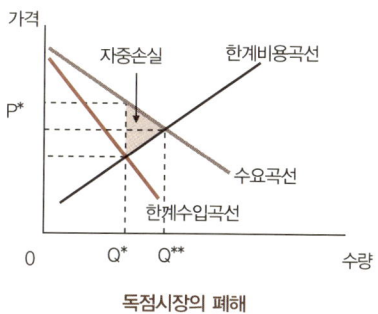

독점시장의 폐해

독점시장에서의 예는 아니지만, 다음과 같은 힌트를 줄 수는 있지.

음식점의 점심 특선

영화관의 조조할인

연말의 자동차 가격 할인 혜택

아, 시간이나 기간을 기준으로 수요가 많을 때는 가격을 높이 책정하고 낮을 때는 낮게 책정하는군요. 어떻게 보면 정말 융통성 있는 방법이에요. 히히.

그러니까 경제학이라는 학문에서도 연구가 되지. 그럼 이 기법이 그래프 상에서 어떻게 나타나는지 확인해보자꾸나. 그 전에 전에 공부한 내용을 정리해보렴. 설마 이윤과 자중손실이 어딘지 벌써 까먹지는 않았겠지?

당연하죠. 제가 무슨 붕어도 아니고…….

이제 가격 차별화의 위대함을 만끽해보자.

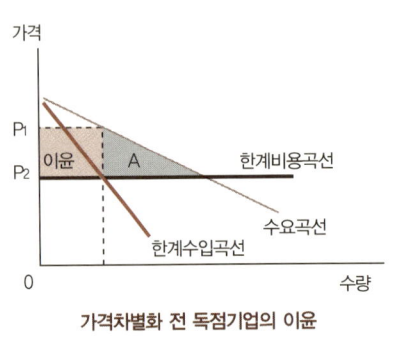

가격차별화 전 독점기업의 이윤

삼각형 빗변의 수요들은 사실은 가격이 그 접선에서 형성되었다면, 즉 한계비용과 수요곡선이 만나는 점에서 가격이 형성되었다면 충족될 것들이지? 이 경우, 여름에 겨울옷을 미리 사놓으려는 사람들은 정말 좋겠지? 물론 너 같은 스타일리스트들은 조금 비싼 비용을 지불하더라도 유행의 최첨단을 달리기 위해서 그때그때 옷을 사 입겠지만 말이다. 그럼 독점기업들이 이런 마케팅을 펼치면 그들에게 어떤 장점이 있을까?

설마…… 경제적 순손실이 없어지나요?

이제야 경제학에 눈을 좀 뜨는구나. 그래, 맞다. 다음 그래프를 보거라.

이 기업은 가격 차별화를 통해서 결국 소비자잉여까지 모두 흡수했단다. 하지만 시장은 적합한 자원 배분으로 인해서 훨씬 더 효율적으로 운용된다는 사실을 생각하면 무조건 부정적이라고만 할 수는 없지.

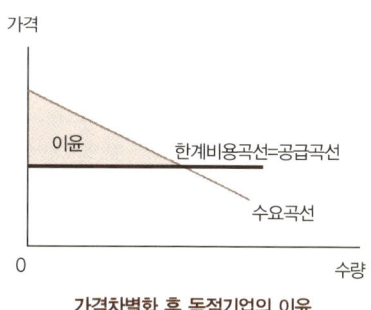

가격차별화 후 독점기업의 이윤

이론의 확장과 규제이론

선생님, 그러면 사회후생 측면에서 정부는 자중손실을 야기하는 독점의 폐해를 어떻게 규제하나요?

좋은 질문이다. 정부는 다음과 같은 세 가지 방법으로 독점기업을 규제한단다.

경쟁체제 도입

가격 규제

공기업화

첫 번째로, 가장 원칙에 충실한 규제 방법은 강제로 경쟁체제를 도입하는 것이란다. 이를 위해 자주 사용되는 것이 반독점법

(Antitrust)을 제정하는 것인데, 그중에서도 가장 대표적인 두 가지 규제는 다음과 같아.

과점시장 내 인수합병(M&A)의 선택적 불허
강제적 독점 기업 분할의 시도

1887년 미국에서 국내통상법률(Interstate Commercial Act)이 제정된 이후, 미국의 반독점법의 모태가 된 셔먼법(Sherman Act)이 제정되었고, 이 셔먼법을 보호하기 위해서 크레이튼법(Clayton Act), 연방무역위원회법(Federal Trade Commission Act) 등이 차례로 제정되었지. 이 법률들은 소비자의 권익을 보호하고 공정한 상거래 질서를 확립하는 것을 목적으로 한다는 점에서 한국의 공정거래법과 비슷하단다.

그런 내용이 설마 AP에 출제되지는 않겠죠?

시험에 출제될 확률은 희박하지만, 상식으로 알아두면 좋겠지. 어차피 나중에 AP 정치학(Government & Politics)을 배울 때 다시 공부하게 될 내용이니까.

이제 두 번째 규제 방법을 알아보자. 정부는 독점기업의 가격 결정 과정(Price Making Process)에 개입하기도 한단다. 과연 정부는 독점 상품의 가격을 어떻게 책정하도록 유도할까? 힌트를 주자면, 독점기업의 수요와 한계비용곡선을 생각해보거라.

시장의 효율을 생각한다면, 한계비용과 똑같은 값으로 가격을 정하는 것이 가장 이상적이겠죠?

그런데 자연독점의 경우, 규모의 경제가 일어나잖니? 그러니까 예전에 배웠다시피, 평균비용이 계속해서 하락하기 때문에 한계비용곡선은 항상 평균비용곡선 아래에 존재하게 된단다. 네 말대로 가격을 한계비용 수준으로 낮추면 시장 전체적으로는 자중손실이 없어지므로 자원배분에 있어서는 가장 효율적이지. 하지만 정부가 독점기업에게 평균비용 아래로 가격을 책정하라고 한다면, 쉽게 말해서 손해 보는 장사를 하라고 지시하면, 그 기업은 세 가지 조치를 취할 거야. 다음과 같이 말이다.

다른 지역으로, 혹은 다른 나라로 이전
문을 닫음. 즉, 생산을 중단함
정부에게 손해 배상 혹은 지원 혜택을 청구함

그래도 세 번째 경우가 가장 나은 것 같아요.
그렇지도 않단다. 왜냐하면, 정부의 돈으로 그 기업을 보조해줘야 하는데, 정부의 돈은 대부분 우리의 세금으로 이루어지기 때문이지. 세 번째 경우처럼 기업을 지원하려면 국민이 세금을 더 내야 하는데, 이는 자중손실을 더 악화시킬 뿐만 아니라 국민의 반감을 살 수도 있기 때문에 문제가 있지.
그러면 평균비용 수준으로 가격을 정하면 되지 않을까요?
그렇게 하면 독점기업의 이윤은 0이 되지만, 수요곡선과 한계수입이 완벽하게 일치하지 않기 때문에 자중손실은 여전히 존재한단다. 그리고 현실세계에서 이윤이 0인 상태를 지속시킬 기업은 절대로 없단다. 완전경쟁시장을 생각하면 큰 오산이지. 따라서 경제학자들은 가격 규제로 독점을 해결하는 방법을 그리 추천하지는 않는단다.

마지막 세 번째 규제 방법은 초기 고정자본이 많이 필요한 사업에서 흔히 볼 수 있단다. 공기업이 된 경우 가격을 낮춰서 자중손실을 없애거나 줄일 수 있지.

하지만 이 경우에는 명예와 권력을 놓고 정치적인 문제가 발생할 수도 있을 것 같아요.

그렇지 않다고는 말할 수 없지. 그리고 그런 공기업의 직장을 속된 말로 '철밥통(안정직)'이라고 부르는 데서 알 수 있듯이 높은 입사경쟁률을 야기하고, 이 과정에서 여러 가지 비리가 발생하고는 하지.

결론적으로 독점을 부정적으로 보는 제 생각이 옳은 거군요?

나도 네 생각에 동감한단다. 특히 독점의 폐해가 사회적 문제를 야기하면 해결하기가 무척 힘들거든. 자, 오늘은 여기까지 하자.

와우, 시간 가는 줄도 몰랐네요. 그럼 그만 가볼게요. 선생님, 안녕히 계세요.

그래, 잘 가거라.

열 여 섯 번 째 수 업

독점적 경쟁시장과 과점시장

PRI+N+STU+N ECONOMICS

▶ 독점적 경쟁시장과 완전경쟁시장의 차이점에 대해서 알아보자.
▶ 과점시장에서 나타나는 경제 현상에 대해서 생각해보자.
▶ 게임 이론이란 무엇일까?

독점적 경쟁시장이란?

(1) 독점적 경쟁시장의 실제

오늘은 조금 늦었구나.

콘서트에 갔다가 시간이 조금 지체됐어요. 죄송해요, 선생님.

괜찮다. 그런데 누구 콘서트에 갔던 거냐?

여성 그룹인데요, 선생님은 잘 모르실 거예요.

이 녀석! 내가 아무리 '쉰세대'라도 알 건 다 안다. 소녀시대? 원더걸스? 주얼리?

그중에 있어요. 오늘은 독점적 경쟁시장과 과점시장에 대해서 공부하게 되나요?

그래. 그런데 독점적 경쟁시장은 어떤 시장일까? 네가 오늘 다녀온 콘서트도 엄밀하게 말하면 음악시장의 상품이란다. 일종의 용역(service)이지. 그리고 음악시장을 독점적 경쟁시장이라고 할 수 있어. 개별 가수들을 하나의 공급자로 본다면 말이다. 그럼 독점적 경쟁시장의 특징부터 살펴보자.

공급자는 무수하며, 시장 진입의 어려움이 없다.
제품들의 분류는 같지만, 종류가 다르다.
차별화된 마케팅이 요구된다.

일단, 독점적 경쟁시장에서는 기업의 자유로운 시장 진입(free entry)이 가능하단다. 이윤을 얻을 수 있다면 누구나 진입할 수 있지. 독점시장처럼 진입장벽이 있지도 않아. 또한 판매자가 무수하단다.

이러한 특징은 완전경쟁시장과 비슷하군요.

그런데 불완전시장으로서의 특징도 함께 가지고 있어. 이를 제품 차별화(Product Differentiation)라고 하는데, 공급자의 독점적 영향력이 일정 수준까지는 적용되는 걸 뜻하지. 즉 가격 결정권이 전혀 없는 것은 아니라는 거야. 그리고 독점적 경쟁시장과 과점시장, 독점시장의 공급자들을 모두 가격 결정자(Price Maker 혹은 Price Setter)라고 부른다는 점, 기억하자.

세 번째로, 독점적 경쟁시장에 존재하는 제품들은 차별화된 제품이란다. 음악시장의 가수들을 한번 생각해볼까? 같은 장르를 노래하더라도 가수들 각자는 자신만의 고유한 음악성과 목소리를 갖고 있고, 팬들로부터 누리는 인기도 다 다르지. 이러한 가수들의 다양성은 어느 수준까지는 음반 가격을 결정하는 데 있어 권한을 갖도록 해주지. 그리고 독점시장처럼 가격을 올리면 수요가 줄고 가격을 내리면 수요가 느는, 우하향 수요곡선을 나타내게 되지.

그런데 어떤 가수가 특정한 장르에서 독보적인 인기를 누리게 되면 틀림없이 거기서 발생하는 이윤을 노리고 새로운 공급자가 시장에 진입하게 돼. 그러면 기존의 공급자에게 돌아가는 이윤은 줄어들겠지? 이런 경쟁적인 과정이 반복되면서 장기에는 시장 내 공급자 모두 경제적 이윤이 0인 상태, 즉 완전경쟁시장과 같은 상태로 균형이 이루어지게 된단다. 그래프를 보자.

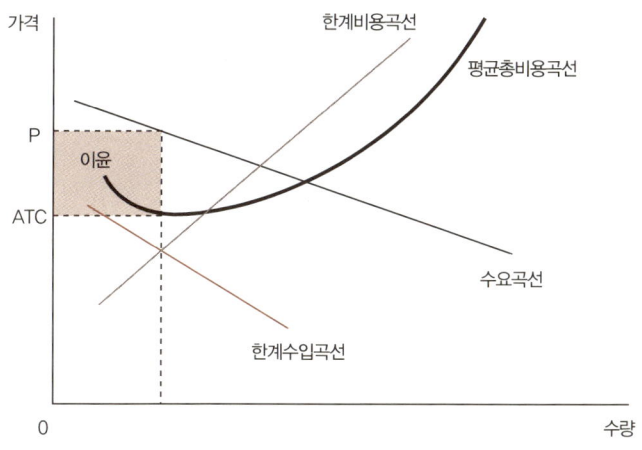

독점적 경쟁시장의 이윤

현재 수요곡선은 우하향하고 있어. 이럴 때는 가격을 올리면 수요가 줄고 가격을 내리면 수요가 늘게 되겠지. 이윤이 극대화되는 한계수입=한계비용 점에서의 가격이 평균총비용보다 더 높기 때문에 색칠된 부분만큼의 이윤이 생기게 돼. 독점시장과 매우 유사하지?

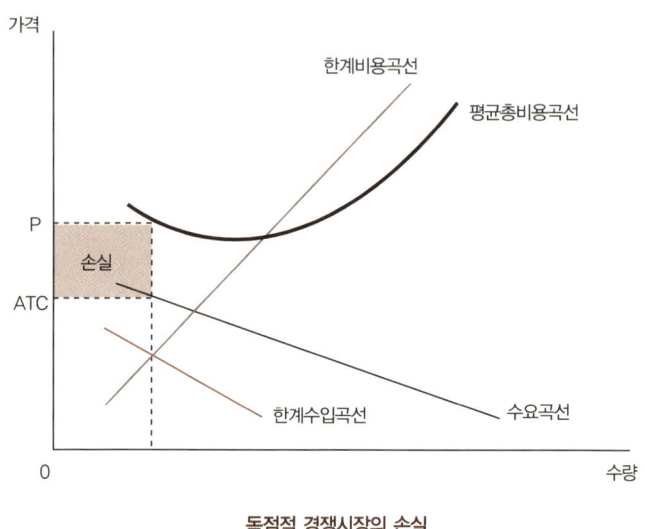

독점적 경쟁시장의 손실

그러다가 새로운 가수들이 시장에 진입하면, 그 장르의 창시자에 대한 수요는 차츰 줄어들겠지? 그러면 위 그래프처럼 평균총비용이 가격보다 더 높아지는 상황에 처하는 가수가 생기게 된단다. 그 가수는 활동을 할수록 손실을 보기 때문에 장르를 바꿔 컴백하든지 다른 직업을 찾아봐야 될 게다.

그럼 장기적으로는 어떤 상태를 이룰까? 그래프를 보렴.

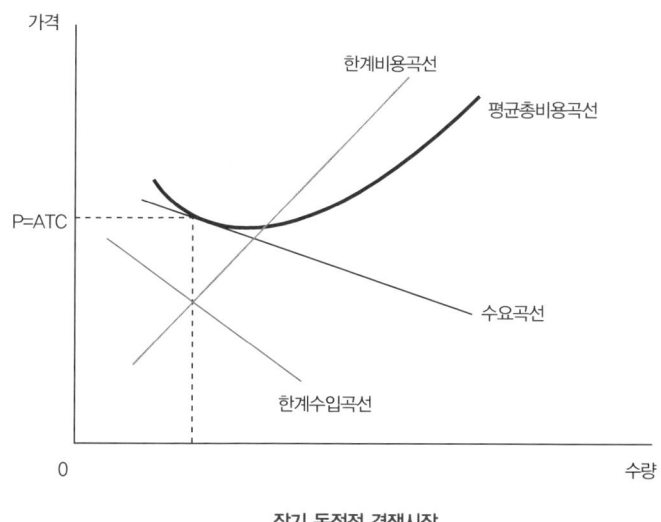

장기 독점적 경쟁시장

완전경쟁시장처럼 한계수입=한계비용 점에서의 가격이 평균총비용과 같아지는 점에서 균형을 이루네요.

그렇지. 결국 경제적 이윤(economic profit)이 0인 상태에서 균형을 이루게 되는 거지. 그럼 이제 독점적 경쟁시장과 완전경쟁시장의 균형에는 각각 어떤 차이점이 있는지 생각해보자.

그래프를 보면 둘 다 '가격=평균총비용'인 점에서 균형을 이루지만, 완전경쟁시장의 경우에는 '가격=한계비용=한계수입'인 점에서 균형을 이루는 데 반해 독점적 경쟁시장에서는 '가격 > 한계비용'인 점에서 균형을 이루지? 쉽게 말해서, 완전경쟁시장에서는 한계수입곡선이 평균총비용곡선의 최소점을 통과했지만, 독점적 경쟁시장에서는 그 윗부분을 통과했다는 거야. 어쨌거나 두 시장 모두 공급자의 이익은 0이라는 사실을 기억하자.

선생님, 잠깐만요. 그렇게 되면 독점적 경쟁시장에서 장사를 할 필요가 없어지는 것 아닌가요?

그것도 사람들이 자주 착각하는 내용 중 하나란다. 우리는 이윤이 총수입에서 총비용을 뺀 값이라는 사실을 알고 있다. 그런데 중요한 사실은 독점적 경쟁시장에서는 '가격〉한계비용'이라는 점이야. 그런데 우리가 이미 그래프에서 가격이 평균총비용과 일치하는 것을 확인했지? 그러면 평균총비용도 한계비용보다 크다는 사실에 우리는 주목해야 한단다.

좀 헷갈리는 개념이기는 한데, 다시 정리를 하자면 독점적 경쟁시장에서 활동하는 공급자는 비록 현재의 경제적 이윤은 0이지만 한계비용이 가격보다 훨씬 낮다는 전제 하에 상품 한 개를 더 팔면 그만큼 이윤이 늘어나기 때문에 계속해서 생산을 하게 되는 거란다.

거의 이해되려고 해요…….

그런데 한계수입=한계비용이 되는 이윤 극대화 점이 평균총비용곡선의 꼭짓점보다 왼쪽에 있다고 배웠지? 그런데 경제학자들은 이 점에서의 수량과, 평균총비용이 가장 낮은 점에서의 수량의 차이를 유휴설비(excess capacity)라고 정의했단다. 즉, 평균총생산비를 낮출 수 있을 만큼 생산 여력이 있음에도 불구하고 균형은 그보다 낮은 생산량에서 이루어지는 셈이지.

과점시장이란?

(1) 과점시장의 실제

그러면 이번에는 과점시장을 공부해보자. 곧 오늘 수업 내용 중에 가장 재미있을 게임 이론이 등장하니까, 조금만 참고 기다려보거라.

과점시장도 특별히 공부할 내용이 있을까요?

그럼 당연하지. 그래프도 다른 시장들과 많이 다를뿐더러 특징도 단순히 독점시장과 독점적 경쟁시장의 중앙값을 취하지는 않는단다. 그럼 먼저 네가 과점시장의 예를 들어보거라.

제 생각에는 자동차, 신문, 과자 및 음료, 백화점, 엔터테인먼트 회사……. 이 외에도 아주 많을 것 같아요. 주유소도 그렇고요.

그래, 비즈니스의 최강국인 미국에서도 이 과점시장이 가장 많단다. 그만큼 여러 가지 예가 존재하겠지. 따라서 그 많은 과점시장을 분석하기 위해서는 기준이 필요하겠지? 지금부터 그 기준과 함께 과점시장의 경제적 효과를 공부해보자.

네.

(2) 과점시장의 종류 및 경제적 효과

과점시장은 크게 두 가지로 나눠볼 수 있단다. 다음을 보렴.

동질적 과점

차별적 과점

동질적 과점(homogenous oligopoly 혹은 pure oligopoly)의 기업들이 판매하는 제품은 서로 유사하단다. 때문에 이 경우에는 한쪽이 조금만 가격을 낮추어도 거의 모든 시장 수요를 끌어갈 수 있고, 경쟁 상대들도 즉시 가격을 따라 내리게 되지. 그 경우, 가격은 계속 하락해서 한계생산비 수준까지 떨어진단다. 이 말은 무슨 말일까?

완전경쟁시장이 되는 것 아닌가요?

맞아. 경제학자들은 그것을 Bertrand Competition(베르트랑 경쟁)이라고 하지. 따라서 동질적 과점시장에서는 가격으로 경쟁하려 하면 안 되고, 대신 생산량을 갖고 경쟁을 해야 한단다. 이것을 설명해주는 이론이 꾸르노 모형(Courno Model)이지.

반면에 제품들이 조금씩 달라서 각자 자기 제품에 독점적 영향력을 어느 정도 행사할 수 있는 시장을 차별적 과점(differentiated oligopoly)이라고 하지. 이 과점의 경우, 기업들이 가격 경쟁을 하지. 이를 설명하는 이론이 굴절수요곡선(kinked demand curve)이란다.

그런데 만약 담합이 이루어지는 경우 시장에 미치는 영향은 어떻게 바뀔까? 힌트를 주자면, 과점시장은 독점적 경쟁 시장과 독점 시장의 중간 형태라는 사실을 기억하자.

일단 자중손실이 나타나고, 가격은 한계비용보다 높지 않을까요? 자원 배분이 효율적으로 이루어지지 않으니까 말이에요.

맞아. 과점시장은 주로 비가격 경쟁이 잘 나타나지. 특히 마케팅을 하는데 천문학적인 비용을 쏟아 붓기 때문에 사회후생적으로 엄청난 낭비요인이 된단다.

선생님, 과점시장이 독점적 경쟁시장과 독점시장의 중간 형태잖아요. 그런데 불완전한 시장이라는 특징 외에 과점시장만의 독특한 특성 같은 건 없어요?

좋은 질문이다. 정말 눈에 띄는 특징은 다음 세 가지로 요약할 수 있겠다.

카르텔과 담합

가격효과와 산출효과

게임 이론

먼저, 시장 내에 소수의 회사만 존재하는 과점시장에서는 기업 활동을 유지해나감에 있어 크게 두 가지 기로에 직면한단다.

1. 무한 경쟁
2. 상호 담합

혹시 중3 때 배운 원미동 사람들이라는 소설 기억나니? 일용할 양식 부분?

아, 그 형제슈퍼랑 김포슈퍼랑 싸우다가 싱싱 청과가 문을 열자 두 슈퍼마켓이 담합을 해서 싱싱 청과를 몰아내는 이야기요? 기억나죠.

맞아. 이 이야기처럼 소수의 회사만 경쟁을 하더라도 경쟁을 하다 보면 가격은 한계생산비 수준까지 떨어진단다. 하지만 거기서 담합을 하면, 두 기업은 하나의 가격으로 돌아가니까, 독점시장과 같은 양상을 띠게 되겠지? 따라서 이 경우, 담합을 하여 가격을 올리면 시장 내 수요는 줄면서, 독점적 이익은 늘어난단다.

이렇게 과점시장 내의 공급자들이 얼마나 생산할 것인가 또는 얼마를 받을 것인가를 합의하는 행위를 담합(Collusion)이라 하고, 담합 행위를 하며 한 덩어리로 움직이는 공급자들을 묶어서 카르텔(Cartel)이라고 한다는 사실, 기억하자.

그렇다면 시장 내에 소수의 공급자가 존재하는 경우에는 기업들이 되도록 담합을 해서 독점적 이익을 추구하는 것이 좋지 않나요?

그런데 늘 그렇게 되지 않는 이유가 있단다. 보통 원미동 같은 동네에서는 물건의 품질이 비슷비슷하니까, 한 가게가 음식 값을 내리면 즉시 그곳으로 사람들이 몰리기 때문에 과점시장의 공급자는 항상 가격을 낮추자는 유혹을 받겠지. 즉, 끊임없는 전략적 분석을 통해서 독야청청을 할 것인지, 상호협력을 할 것인지를 고민하므로 카르텔은 깨지기가 쉽단다. 오른쪽 그래프를 보면 다른 시장들과는 다르게 이런 독특한 모양을 띠고 있다는 사실을 알 수 있지?

이는 과점시장의 완벽한 상호의존성(Interdependency)을 나타내는데, 그 이유는 남이 가격을 약간 내릴 때는 크게 반응을 하지 않지만, 어느 수준 이하로 가격을 내리면 자신도 덩달아 가격을 급격

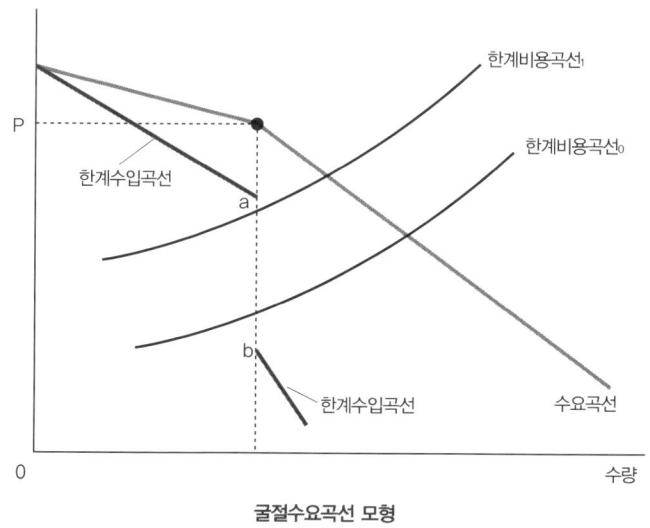

굴절수요곡선 모형

히 내리는 경우가 생긴다는 것을 의미하지.

아하, 이게 굴절수요곡선(The Kinked Demand Curve)이군요?

맞다. 나름 예습을 했구나. 기업의 가격 경쟁뿐만 아니라 생산량의 경쟁을 벌일 때도 마찬가지 현상이 나타나. 예를 들어서 OPEC에서 원유 생산량을 감산하기로 합의했다고 하더라도 특정 나라가 몰래 생산량을 늘려서 팔면 당장 이익이 들어오기 때문에 이러한 유혹이 존재하는 한 카르텔은 쉽게 깨질 수 있단다.

그렇군요.

그런데 과점시장에서는 어떤 기업이 생산을 늘리면 가격이 한계비용보다 높은 상태이기 때문에 이익이 늘어난단다. 이를 산출효과(The output effect)라고 하며, 바로 이것이 과점기업이 생산을 늘리려고 하는 요인이지.

그런데 선생님, 생산을 늘린다는 것은 시장 내 공급이 증가한다는 것을 뜻하고 이는 장기적으로 가격 하락을 가져오지 않나요?

맞아. 그게 바로 가격효과(The price effect)란다. 이 가격 효과가 바로 과점기업들이 한없이 생산을 늘리지 못하도록 하는 요소지.

결국 과점기업은 산출효과와 가격효과 사이의 어느 지점에서 생산량을 결정하게 돼. 이 두 효과는 과점시장의 크기가 과점시장에 미치는 영향을 분석하는 데 도움을 준단다. 또한 극소수의 기업만 활동하는 과점시장은 생산을 늘리면 즉시 가격이 하락하기 때문에 가격효과가 강하게 나타나겠지? 즉, 함부로 생산량을 늘리지 못하게 되는 거야.

만약 과점시장에 상대적으로 많은 기업이 활동하는 경우에는 이 기업들이 시장가격에 미칠 수 있는 영향력이 줄어들잖아요, 그러면 어떤 효과가 발생하죠?

그러면 가격효과는 줄고 산출효과는 그대로가 된단다. 왜냐하면, 조금 더 생산한다고 해서 가격이 변하는 것은 아니기 때문이지. 물론 생산을 계속해서 늘리면 공급과잉에 의해 가격이 하락하고, 그 결과 가격효과가 다시 나타나긴 하겠지만 말이다. 하지만 과점기업의 수가 매우 많아지면 사실상 가격효과가 사라져서 시장가격이 하나의 주어진 값이 된단다. 즉, 이 경우에는 과점기업들도 가격수용자(Price Taker)가 되겠지.

그렇게 과점이 완전경쟁화되면, 가격은 계속 하락해서 결국 한계생산비 수준까지 떨어지겠군요.

그렇지. 여기까지는 네가 이해를 잘하고 있구나. 그럼 드디어 오늘 수업의 하이라이트인 게임 이론을 공부해보자. 시작하기에 앞서, 내가 2006년 10월 21일경에 출제되었던 외대부속외고 2007년 학년도 입시문제를 축약해서 소개하마.

(3) 게임 이론의 실전

현대 군사력은 병력^2×무기력으로 정의한다. 또한 병력이 많은 군대는 그룹 전투를 하고, 병력이 적은 군대는 국지 전투를 한다. 여기서 다음 두 나라를 예로 들어보자.

	A 나라	B 나라
병력	20	10
무기력	100	300

만약 당신이 B나라의 장군이라면, 당신은 무슨 전략을 선택하겠는가? 그리고 B나라의 군사력은 강세인가, 열세인가? 아니면 동등한가?

① 군사력 강세, 그룹 전투

② 군사력 강세, 국지 전투

③ 군사력 열세, 그룹 전투

④ 군사력 열세, 국지 전투

⑤ 군사력 동등, 어떤 전투이든 무관

앞의 문제도 게임 이론이 적용되는 건가요? 아무튼 'A나라의 군사력 $=20^2 \times 100 = 40000$' 이고, 'B나라의 군사력 $=10^2 \times 300 = 30000$' 이니까, 따라서 답은 4번이네요.

이 문제는 아주 기초적인 게임 이론의 모델이란다. 그래도 대충 감이 오지 않니? 이렇게 시장 내에서 2~3개 정도의 소수의 플레이어만 활동하는 경우 이들이 담합을 해서 카르텔을 형성하고 하나의 독점기업처럼 행동하는 경우 독점적 이익을 많이 거둬갈 수 있는데, 그렇게 잘 된다고 했니, 아니면 잘 안 된다고 했니?

잘 안 돼요. 먼저, 정부가 카르텔 형성을 법으로 금지했고, 방금 배웠다시피 독점적 이익을 모두가 만족할 만큼 배분한다는 것이 어렵기 때문이죠.

그런데 카르텔 형성이 어려운 이유가 하나 더 있단다. 바로 그 유명한 '죄수의 딜레마 효과(The prisoners' dilemma effect)'가 작용하기 때문이지.

그것도 게임 이론의 일종인가요?

음, 정확하게 말하자면 게임 이론의 한 가지 사례라고 할 수 있어. 게임 이론이란, 협력을 하면 훨씬 더 유리한 결과를 가져옴에도 불구하고 결국에는 협력에 실패할 수밖에 없는 이유를 설명하는 이론이란다. 다시 말해서, 전략적 상황(strategic situation)에서 사람들이 어떻게 행동하는가를 설명하고 있단다.

그 전략적 상황이라는 것은 어떤 판단을 내릴 때 상대방이 어떻게 나올 것인가를 고려해야 하는 상황을 말하는 건가요? 바둑이나 장기, 체스를 둘 때처럼요?

그렇지. 게임 이론은 게임의 참가자(players), 이들의 전략(strategies), 그리고 전략을 택했을 때의 결과(pay-off), 세 가지 요소로 구성되어 있단다. 죄수의 딜레마에 관한 예제를 한번 풀어보면서 더 공부해보자.

네.

태리 너 혹시 미국의 바디빌더인 로니 콜먼(Ronnie Coleman)을 아니?

당연하죠. 제 생각에는 아놀드 슈워제네거 다음으로 가장 위대한 바디빌더인 것 같아요? 예전에 한국에도 한 번 왔었어요. 놀라웠던 사실은 직업이 형사라는 것이었고요.

잘 알고 있구나. 우선 그가 두 명의 살인 용의자들을 자신이 관할하는 앨러배마 주의 한 경찰서로 잡아왔다고 가정하자. 이때 둘 다 범행을 부인하면 두 명 모두 1년형을 받고, 둘 다 자백을 하면 두 명 모두 5년형을 받게 되어 있어. 다음처럼 말이야.

		Jack	
		자백	부인
Jill	자백	둘 다 5년	Jill은 석방 Jack은 무기 징역
	부인	Jack은 석방 Jill은 무기 징역	둘 다 1년

여기서 문제! 이 게임의 참가자, 전략, 그리고 페이오프를 말해보거라.

참가자는 잭과 질이고요, 전략은 부인 또는 자백이에요. 그리고 페이오프는…… 뭐죠?

페이오프는 구형량. 그렇다면, 게임에 참여하는 플레이어가 합리적으로 판단한다면 이 게임은 어떤 결론에 도달할까? 먼저 잭의 입장에서 생각해보자. 만약 질이 부인을 한다고 했을 때, 잭이 자백을 하면 석방이고 부인을 하면 1년 동안 콩밥을 먹어야 되지?

네.

그리고 질이 자백을 했을 때, 잭이 자백을 하면 5년형, 부인을 하면 무기징역을 선고받지?

그렇죠.

따라서 잭은 자신이 자백을 했을 때, 질이 부인을 하든(석방) 자백을 하든(5년형) 유리하다고 생각하게 된단다. 운이 좋으면 석방이 될 수도 있고, 최소한 무기징역은 피할 수 있으니까.

두 사람의 조건이 똑같으니까 질도 같은 생각을 하겠군요?

그렇지. 이렇게 해서 둘 다 부인을 하면 1년형에 그칠 수 있음에도 불구하고, 둘 다 자백을 해서 5년형을 구형받는 쪽으로 균형이 이루어지지. 이것을 죄수의 딜레마 효과라고 한단다. 이해되니?

네, 이해했어요.

이러한 게임 이론은 과점시장을 이해하는 데 아주 큰 도움이 된단다. 과점시장이라는 것이 기본적으로 상대방이 어떻게 나오느냐에 따라 나의 행동이 달라질 수 있는 전략적 상황이기 때문이야. 이때, 상대방의 결정에 상관없이 내 쪽에 유리한 전략을 우월전략

(dominant strategy)이라고 한단다. 위의 경우, 상대방이 부인을 하든 자백을 하든 내 쪽에서는 자백을 하는 것이 우월전략이지.

그리고 이때 게임 상에는 크게 3가지 전제가 있어야 한단다.

두 사람은 서로 연고가 없다.
상대방이 어떻게 나올지 알 수 없다.
게임은 단 한 판으로 끝난다.

서로 연고가 있으면 두 사람 모두의 복지를 추구하기 위해 부인을 하겠지? 그리고 둘이서 미리 협의할 수 있다면 함께 부인을 하자고 결탁하기 때문에 이 경우에도 상호이익을 추구할 수 있는 방향으로 게임이 진행되겠지? 또한 같은 게임이 반복된다면, 나중에는 눈치껏 둘 다 부인하는 상황을 만들 수 있단다. 알겠니?

선생님, 만약 두 플레이어의 조건이 서로 다르면 어떻게 되죠?

좋은 질문이다. 사실 AP나 여타의 경시대회에서도 조건이 같은 경우는 잘 출제되지 않는단다. 다음과 같이 조금 더 현실적이고 조건이 약간 다른 경우가 더 주목을 받지. 다음 표를 보렴.

		동독	
		생산량 증가	생산량 감축
서독	생산량 증가	둘 다 400억 달러 이익	동독은 300억 달러, 서독은 600억 달러 이익
	생산량 감축	동독은 700억 달러, 서독은 200억 달러 이익	둘 다 500억 달러 이익

위 표는 구동독과 서독 간의 대치상황에서 무기 생산량 증감에 따른 손익계산표를 단순화한 것이란다. 자, 여기서 우월전략을 찾아보거라.

먼저 동독을 기준으로 잡으면, 서독이 생산량을 늘리는 경우든 줄이는 경우든 생산량을 늘리는 쪽이 이익이 되군요. 서독을 기준으로 잡아도 마찬가지구요. 결국 둘이 함께 생산을 줄이면 이익이 됨에도 불구하고 생산을 늘리는 쪽으로 균형이 이루어지겠어요.

그렇지. 오늘 수업에는 상당히 많은 내용을 공부했는데도 네가 집중력을 잃지 않아서 참 좋구나. 오늘은 여기까지만 하자.

네, 안녕히 계세요.

그래, 예습복습 잘하고.

그럼 내일 뵐게요.

태리의 **개념 정리** 노트 NO. 6

1. 완전경쟁시장의 특징

    ① 소비자와 마찬가지로 공급자도 가격을 수용한다.

    ② 판매자와 구매자의 수는 무한히 많다.

    ③ 거래되는 재화나 서비스는 모두 동일하며, 그 질 또한 동등하다.

    ④ 모든 기업은 시장에 영향을 끼칠 수 없다.

    ⑤ 시장 진입의 방해요소는 전혀 존재하지 않는다.

    ⑥ 모든 정보가 공개되어 있다.

2. 완전경쟁시장에서의 가격, 평균수입, 한계수입의 관계

- 총수입=가격×판매량

- 평균수입=총수입/판매량=(가격×판매량)/판매량=가격

- 한계수입=Δ총수입/Δ판매량=가격

- 가격=평균수입=한계수입

3. 독점시장의 진입장벽

- **자연 독점:** 국가적 기간산업과 같이 초기비용이 많이 드는 산업에서 주로 발생.

- **정부에 의해서 특별히 독점이 허용된 경우:** 특허나 저작권처럼 일정 기간 동안 독점적 지위를 보장해주는 경우, 사회적 손실을 줄이기 위해 정부가 규제된 독점을 허용하는 경우.

- **양성 피드백에 의한 독점:** 수요외부성(네트워크 외부성)에 의한 상품의 잠금 효과.

4. 정부가 독점을 규제하는 방법
- **경쟁체제 도입**: 반독점법 등을 제정하여 공정한 상거래 질서 확립.
- **가격 규제**: 정부가 독점기업의 가격 결정 과정에 개입.
- **공기업화**

5. 독점적 경쟁시장의 특징
- 공급자는 무수하며, 시장 진입의 어려움이 없다.
- 제품들의 분류는 같지만, 종류가 다르다.
- 차별화된 마케팅이 요구된다.

6. 과점시장의 종류와 특징
- **동질적 과점**: 기업들이 판매하는 제품이 서로 유사하다. 한쪽이 가격을 낮추면 시장의 수요를 차지하는 범위가 커지고, 다른 기업들도 함께 가격을 낮춘다.
- **차별적 과점**: 제품이 조금씩 달라서 기업들이 자기 제품에 독점적 영향력을 어느 정도 행사할 수 있다.

7. 과점시장에서 나타나는 몇 가지 현상들
- **카르텔과 담합**: 과점시장 내의 공급자들이 생산량과 가격을 합의하는 행위를 '담합'이라고 하고, 담합을 통해 한 덩어리로 움직이는 공급자들을 '카르텔'이라고 한다. 하지만 카르텔의 담합은 쉽게 깨지기 쉽고, 이를 통해 굴절수요곡선이 나타난다.
- **산출효과와 가격효과**: 과점시장 내에서 가격이 한계비용보다 높은 상태일

때 생산량을 늘려 이익을 늘리는 것을 '산출효과'라고 하고, 생산 증가로 인해 장기적으로 가격이 하락하는 것을 '가격효과'라고 한다.

● **게임 이론:** 어떤 상황 하에서 공동의 이익보다는 개인의 이익을 우선시함으로써 공동의 큰 이익보다는 공동이 작은 이익으로 귀결된다는 이론.

열일곱 번째 수업
요소시장과 **노동력**
PRI+N+STU+N ECONOMICS

▶ 자원시장에서의 노동량과 임금의 관계에 대해서 알아보자.
▶ 로렌츠 곡선의 의미를 파악하고, 소득 분배에 따라 이 곡선의 변화를 관찰하자.

자원시장의 서문

선생님, 저 왔어요.

어서 오너라. 그런데 오늘 우리가 미시경제학의 마지막 단원을 공부하게 된다는 사실을 아니?

벌써요? 그럼 반 이상을 끝낸 거네요.

미시경제학이랑 거시경제학이 겹치는 부분이 있다는 걸 감안한다면 물론 그렇지. 그럼 시작하기에 앞서, 먼저 뉴스의 두 장면을 연상해보자.

여기자: 최근 휴렛팩커드나 마이크로소프트 같은 대기업들이 자신들의 핵심부서가 아닌 부서들은 해외로 아웃소싱(Outsourcing)

을 하고 있다고 합니다. IBM의 경우 인도에 콜센터(Call Center)까지 설치했다고 하는데요, 미국인 IBM 고객들이 불편사항을 신고하는 전화를 인도에 있는 상담원들이 처리하고 다시 본사로 알려주는 시스템이라고 합니다. 미국인 상담직원을 고용하는 것보다는 영어를 능통하게 구사할 줄 아는 인도인 상담원의 노동비용이 훨씬 저렴하기 때문인데요…….

남기자: 최근 통계청과 연중 2회에 걸친 대졸자고용인협회(AGR)에서 제공된 자료에 따르면 지난 4년간 고용률이 14% 가까이 상승했다고 합니다. 하지만 이런 취업률 증가에도 불구하고 평균임금 인상률(보너스 포함)이 지난 6개월간 3% 수준밖에 되지 않는 등 지난 4년간 최소를 기록했다고 하는데요, 이 같은 현상은 최근 고용주들이 고용시장을 주도하고 있으며, 추가적인 비용부담 없이도 양질의 고용 인력을 확보할 수 있다는 자신감을 지닌 것으로 분석됩니다. 전문가들은 또한 이 같은 저임금 인상 추세는 노동시장 확대에 따른 고용비용 증가로 인한 인플레이션 우려를 경감시키고는 있으나 상대적 가계 수입 축소에 따른 가계소비 약화를 유발할 수 있다고 경고했습니다.

오늘 배울 내용은 생산요소 시장인데, 특히 위에서처럼 노동시장을 중점적으로 배울 거란다. 네가 AP 미시경제학 객관식 시험지(MCQ Booklet)를 받아보는 순간 알겠지만, 맨 뒷장에는 이 단원과 관련된 문제가 꼭 나온다는 사실을 알아야 한단다. 따라서 마지막 단원이라고 해서 소홀히 하면 안 된다는 거지.

명심할게요.

생산요소들은 재화나 용역을 창출하기 위한 재료들이지? 따라서 이 생산요소들에 대한 수요는 파생 수요(Derived Demand)가 된단다. 다시 말해서, 어떤 기업에서 생산요소를 수요한다는 것은 다른 시장에서 공급이 이루어진다는 뜻이지.

그럼 이제 다음 내용으로 넘어가보자. 혹시 MPL이 뭔지 아니?

노동의 한계산출량(marginal physical product)과 같은 거잖아요. 당연히 알죠.

그래. 하지만 이번 단원에서는 MPP보다는 MPL(노동의 한계생산, Marginal Product of Labor)이라는 용어를 사용할 거야. 왜냐하면 오늘 '한계생산가치(Value of the Marginal Product 혹은 Marginal Revenue)'라는 개념을 배우기 때문이지. 한계생산가치란, 한계생산물을 시장가격과 곱한 값이란다. 따라서 노동시장에서는 다음 식이 성립하지.

VMPL(한계생산가치)=MPL(노동의 한계생산) × P(시장가격)

그런데 MPL을 식으로 어떻게 표현하지?

Q(생산량)÷L(노동량)이잖아요. 맞죠?

그렇지. 가르쳐주지 않았는데도 잘 유도하는구나. 그러면 노동자가 늘어날수록 늘어날까, 줄어들까? 시장가격은 일정하단다.

　예전에 공부한 한계수입체감의 법칙에 따르면 노동의 한계생산은 분업의 효과에 의해서 어느 수준까지는 늘어나지만, 그 후부터는 줄어들잖아요. 그리고 시장가격이 일정하면 당연히 한계생산가치도 노동의 한계생산과 같은 양상을 보이겠죠.

　좋아. 기초가 탄탄하구나. 그럼 다음 항목으로 넘어가자.

자원시장의 구조분석

　　　　　　　　이제 우리는 두 가지 요소시장 체제가 각각 갖는 특징과 차이점에 대해 공부할 거야. 그러고 나서 보충할 내용이 있으면 보충을 할 게다. 먼저, 경쟁시장에서의 기업의 경우를 살펴보자.

　만약 어떤 기업이 완전경쟁시장에 속해 있고 이윤의 최대화를 꾀한다면 한계생산가치를 임금(W, wage)과 같게 맞춘단다. 이때 우리는 한계생산가치곡선이 노동에 대한 수요곡선과 일치한다는 사실을 알 수 있지. 그래프를 간단히 하기 위해서 일단 분업의 효과는 무시하자.

　건축시장을 예로 들면, 완전경쟁시장에서 건물 하나를 더 지어서 얻는 이익은 그 건물을 지은 인부들의 임금과 일치해야 한다는 뜻이지. 수요가 늘어나면 봉급이 올라가고, 공급이 수요를 초과하면 봉급은 떨어지지.

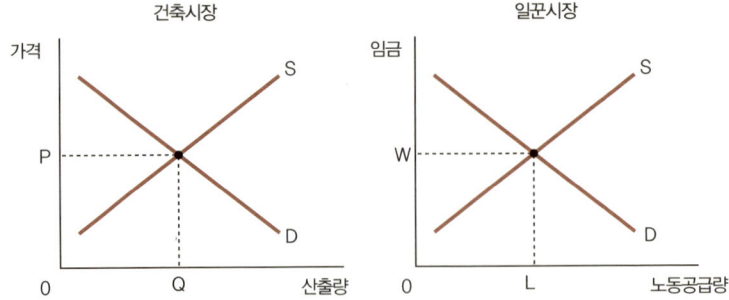

아, 그럼 인부들의 임금에도 탄력성이 있겠네요?

좋은 질문이다. 그걸 '수요의 임금탄력성'이라고 한단다. 그럼 이 탄력성을 구하는 식은 뭘까? 참고로, %Q / %P라는 원리를 생각해보자.

%노동수요량(quantity demanded of labor) / %임금(wage)이죠?

그렇지! 그럼 문제를 계속 낼게. 어떤 경우에 수요의 임금탄력성이 높을까? 힌트는 대체재의 존재성과 임금이 총비용에서 차지하는 정도다.

음, 일단 대체재가 많으면 많을수록 임금탄력성이 높죠. 왜냐하면 대체재가 많다는 말은 그 상품에 대한 수요의 가격탄력성이 높다는 뜻이잖아요. 그런데 노동력은 물건을 만들기 위한 보완재 같은 개념이니까, 수요의 임금탄력성도 높죠.

그리고 노동자들에게 주어질 봉급이 기업의 총비용에서 차지하는 비율이 높으면 임금탄력성이 높아요. 만약 노동비용이 전체 비용에서 차지하는 비율이 낮다면, 노동자의 임금을 조금 올려주어도 그리 큰 문제가 아니지만, 그 반대의 경우에는 다른 요소들에 사용할 돈이 부족한데 노동자들에게 줘야 할 돈이 높아진다면 기업으로서는 정말 예민해질 것 같아요.

그렇지. 훌륭하다. 그럼 본격적으로 완전경쟁 노동시장과 불완전경쟁 노동시장의 그래프를 비교해보자. 오늘 배울 내용의 핵심이니까, 집중해라.

네, 알겠습니다.

이제 완전경쟁시장과 유사하다는 전제하에 분석을 시작해보자. 완전경쟁시장에서는 수요곡선(D)이 한계수입곡선(MR)과 일치했으니까, 여기서는 무엇과 일치하지?

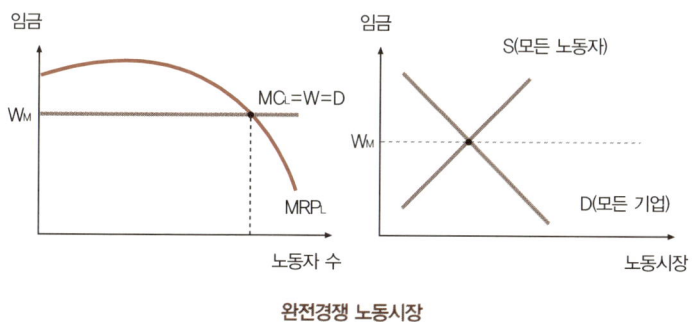

완전경쟁 노동시장

MRP(한계수입생산물)요.

그럼 공급곡선(S)이 한계비용곡선(MC)과 일치했고 시장가격(P)와 같았으니까, 자원시장에서 S는 무엇과 같지?

한 명을 더 고용하는 데 드는 비용, 즉 임금과 같지요.

임금은 맞아. 하지만 한 명을 더 고용하는 데 드는 비용이 임금과 같지는 않단다. 참고로 이를 한계요소비용(MFC, marginal factor cost)이라고도 하지.

선생님, 그러면 어떤 경우에 한계요소비용이 임금과 다른가요?

시장이 불완전할 때란다. 바로 현실세계에서 그렇지. 혹시 현대자동차가 미국 앨라배마 주에 진출한 사실을 아니?

그거 몇 년 전 이야기잖아요.

그래. 관련 기사를 읽어보면 그 주에 큰 공장이 없어서 사람들의 일자리가 부족했는데, 공장이 생김으로써 많은 사람들이 먹고살 수 있게 되었다는 내용이 있어. 만약 어떤 동네에 일자리가 단 하나뿐이라면, 이 일터의 주인을 구매자 독점자(Monopsonist)라고 부르며, 이 시장을 수요독점(Monopsony)이라고 부른단다.

그런데 이 시장의 그래프를 그려보면 다음과 같이 돼.

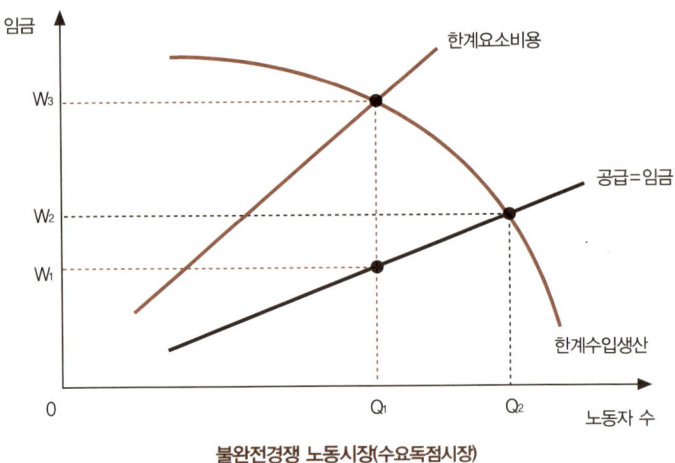

불완전경쟁 노동시장(수요독점시장)

보다시피, 한계요소비용이 임금 수준보다 높지? 그 이유는 완전경쟁시장이라면 W_2에서 임금 수준이 결정되었을 테지만, 이렇게 노동력이 부족한 독점시장에서는 어떤 사람을 고용할 때 현재의 노동 임금보다 높은 봉급으로 유혹을 한다는 소리지. 물론 형평성을 위해서, 그리고 다른 노동자들의 반감을 사지 않기 위해서 다른 사람들의 봉급도 더 높여줄 테고 말이다. 그러면 한계요소비용이 임금보다 점점 커지겠지? 지금 임금보다 더 많은 돈을 주어야 그동안 입사 안하고 뻐기고 있던 노동자들이 입사 신청을 할 것 아니니?

아하, 이해됐어요. 그런데 꽤 어려운 개념이네요.

그렇지? 결론을 짓자면, 완전경쟁 노동시장의 경우 W_2에서 임금 수준이 결정된다고 했지? 하지만 기업에 있어서 이윤 최대화의 점은 MRP인 수요곡선과 한계요소비용곡선이 만나는 W_3이야. 그렇지만 기업은 절대로 그렇게 많은 돈을 노동자들에게 주지 않아.

아무리 노동력이 부족하다지만, 그래도 수요독점자의 위치에 있어서 그렇군요.

그래. 따라서 결국 이윤 최대점에서 고용량은 그대로 취하지만, 임금은 그 아래 수요곡선에서의 것을 택한단다. 결국 임금은 W_1 수준에서 정해지게 되는 것이지.

그건 완전경쟁시장에서처럼 공급곡선이 평균총비용과 일치해서 그런 건가요?

맞아. 따라서 기업의 이윤은 $W_3 - W_1$이 되겠지. 별것 아니지? 아무튼 AP에서 그리 자주 출제되지는 않으니까 안심하거라.

아, 오늘은 공부를 너무 많이 한 것 같아요. 그만하면 안 될까요?

이제 거의 끝났다. 조금만 참아라. 그런데 태리야, 노동공급곡선의 우측 이동은 무엇과 관련이 있을까?

노동자들의 수가 증가하거나 직업 자체가 굉장히 매력적일 때 우상향으로 이동하죠.

그래. 그럼 네가 노동공급곡선을 다시 한 번 그려보겠니?

이거 아니에요?

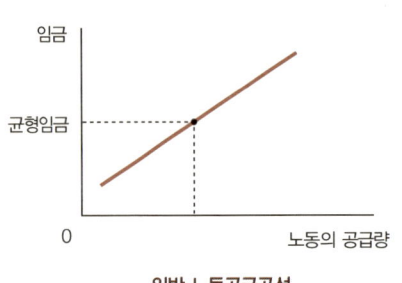

일반 노동공급곡선

그렇지. 이게 일반적인 노동의 공급곡선이지. 하지만 만약 충분한 재력을 갖추고 있는 노동자들의 경우에는 공급곡선이 어떻게 바뀔까?

글쎄요. 잘 모르겠어요.

다음 그래프를 보자.

한국의 경우, 1990년대에 들어 임금의 상승으로 여유가 생긴 노동자들은 아무리 돈을 많이 준다고 하더라도 힘든(Difficult), 더러운(Dirty), 그리고 위험한(Dangerous)의 3D라고 칭하는 일들은 기피하게 되었단다. 또한 과도한 임금의 상승은 그러한 일자리를 임금이 싼 다른 나라로 옮기게 만들었

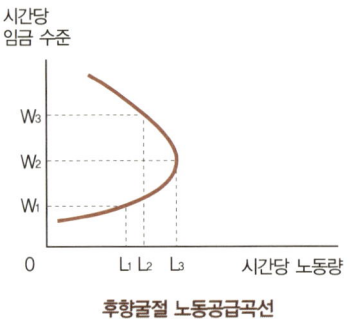

후향굴절 노동공급곡선

지. 쉽게 말해서, 임금이 어느 수준이 넘어서면 사람들이 여유가 생겨, 굳이 일을 하지 않고 휴식이나 다른 여가생활을 즐기게 된단다.

보통 나이 지긋한 노동자들이 특히 이런 경향을 강하게 보이지.

이제 마지막 한 가지 그래프만 보면 오늘 수업은 끝이다. 아울러 미시경제학에 작별을 고하고 거시경제학의 세계로 진입하게 된다.

우와, 드디어 미시경제학이 끝나네요. 그럼 빨리 나머지 개념들을 공부하는 게 좋겠어요.

그래프를 보자.

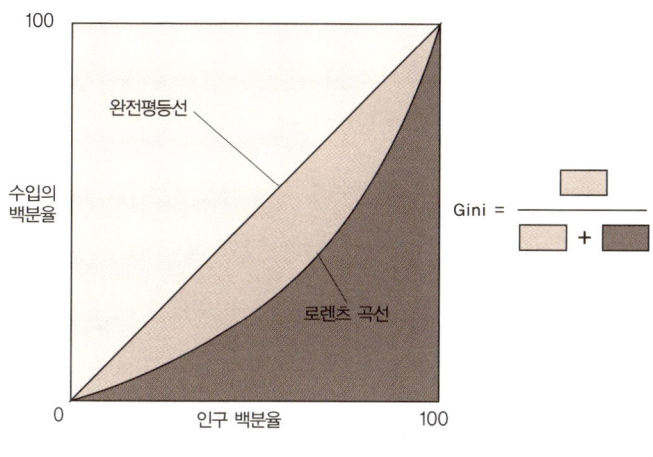

로렌츠 곡선과 완전평등선

이것이 바로 그 유명한 로렌츠 곡선이군요.

그래. 바로 이 곡선이 가장 대표적인 소득 불평등의 표상이란다. 미국의 경제학자인 맥스 로렌츠(Max Otto Lorenz)는 1905년 위스콘신-매디슨 대학(University of Wisconsin-Madison)에서 박사 과정을 밟던 도중에 소득 불평등을 묘사하기 위해 〈로렌츠 곡선〉이라는 논문을 발표했어. 한 경제의 모든 사람들을 소득 순서대로 일렬로 세운 후, 가장 소득이 적은 사람의 소득부터 차례로 더해나간다는 원리로 정사각형의 공간 내에 이 곡선이 그려지지. 그럼 재산이 가장 평등하게 분배됐을 때의 로렌츠 곡선은 무엇일까?

원점으로부터 45도 각도의 기울기를 갖는 직선요.

좋아. 그러 소득 분배가 불평등할수록 이 선은 어떻게 변할까?

그러면 로렌츠 곡선이 오른쪽 아래로 점점 휘겠죠. 왜냐하면, 소득이 적은 사람부터 더했을 때 상당수가 큰 차이 없이 금방 더해지다가 나중에 가서야 남은 소득이 몇 안 되는 사람들에게 집중될 테니까요?

그렇지. 그런데 이탈리아의 통계학자 꼬라도 지니(Corrado Gini) 라는 사람이 이 로렌츠 곡선이 의미하는 바를 수치화한 지수(Index)가 있단다. 바로 지니 계수(Gini Coefficient)인데, 로렌츠 곡선에서 '완전평등선과 로렌츠 곡선 사이의 넓이 / 완전평등선 아래의 모든 넓이'를 구한 거란다. 생김새에서 힌트를 얻어 '고구마의 넓이 / 샌드위치의 넓이'라고 생각하면 쉽지.

그럼 평등할수록 수치가 0에 가깝고, 불평등할수록 1에 가깝겠군요.

그렇지. 이제 마지막 불평등 지표로, 10분위 분배율(Decile Distribution Ration)이라는 것이 있단다. 이건 과정이 간단하지.

최하위 40%의 소득 분배율 / 최상위 20%의 소득 분배율 그런데 이 수치는 비판을 많이 받고 있는데, 그 이유가 왜 지표를 최하위 40%와 최상위 20%로 잡았는가 하는 문제 때문이란다. 총 100명 중에 60명이 돈을 모두 소유하고 40명이 아무것도 소유하지 않은 경우와 100명 중 1명이 모든 돈을 다 가지고 있는 경우랑 값이 같게 되거든. 따라서 이론상으로 미흡한 점이 많은 지표지. 아무튼 가장 평등한 사회는 모두 동일한 금액을 소유한다는 뜻이므로 이 지수는 2가 되고, 가장 불평등한 경우에는 최하위 40%가 가진 돈이 없을 것이므로 지수는 0이 되겠지.

이제 태리야, 네가 기다리고 기다리던 수업 끝이다.

야호!

지금까지 배운 내용은 틈나는 대로 조금씩 살펴보도록 해라. 그러지 않으면 미시경제학을 다 잊어먹을 테니 말이야. 특히 4대 시장 구조에 대해서는 정확하게 알고 있어야 한다. 알겠지?

네, 알겠습니다. 선생님, 그럼 다음 시간에 뵐게요.

그래, 잘 가거라.

태리의 개념 정리 노트 NO. 7

1. 로렌츠 곡선과 지니 계수의 의미
- 사회 구성원들 간 소득 분배의 불평등을 나타내는 곡선으로, 소득이 가장 적은 사람의 소득부터 차례대로 더해가는 원리로 정사각형의 공간 내에 그려진다.
- 소득이 평등하게 분배되었을 때, 로렌츠 곡선은 원점으로부터 45도 각도의 기울기를 갖는다.
- 소득 분배가 불평등할수록, 곡선은 오른쪽 아래로 점점 휘어진다.

2. 지니 계수의 의미
- 로렌츠 곡선이 의미하는 바를 수치화한 지수.
- '완전평등선과 로렌츠 곡선 사이의 넓이 ÷ 완전평등선 아래의 모든 넓이'로 값을 구한다. → '고구마의 넓이 ÷ 샌드위치의 넓이'로 외우면 쉽다.

PART.3 거시 경제학

거시경제학은 물가 상승이나 실업, 경제 성장 같은 한 사회의 전반적인 경제 문제에 초점을 두고 연구하는 학문이다. 한 국가의 경제 정책은 이와 같은 거시경제학의 지표를 바탕으로 수립된다.

열여덟 번째 수업
경제학의 통계학적 응용

PRI+N+STU+N ECONOMICS

▶ 미국 경제를 분석하고 경제정책을 수립하는 기관에 대해서 알아보자.
▶ 한 국가의 경제적 수치를 측정하는 방법에는 어떤 것이 있는가?
▶ GDP를 측정하는 방법에 대해서 알아보자.

미국의 통계

선생님, 어제 집에서 앨런 그린스펀(Alan Greenspan)의 자서전 《격동의 시대: 신세계에서의 모험(The Age of Turbulence: Adventures in a New World)》을 읽었어요. 표지가 아주 멋있던데요. 그리고 놀라운 점은 앨런 그린스펀이 줄리어드 음대를 졸업하고 직업 음악가로 활동하다가 다시 뉴욕대학교에서 경제학 석박사 과정을 연이어 수료했다는 사실이었어요.

그렇지. 스턴 경영대학원(Stern Business School)으로 유명한 뉴욕대는 미국 아이들이 가장 가고 싶어 하는 대학교 중 하나란다. 굉장히 자유로운 학풍으로 유명하지. 아무튼 앨런 그린스펀이 은퇴하기 전까지 몸담았던 기구가 뭔 줄 아니?

연방준비위원회(The Federal Reserve System)요. 흔히 줄여서 연준위(FED)라고 불리곤 하죠. 지금은 벤 샬롬 버냉키(Ben Shalom Bernanke)라는 사람이 앨런 그린스펀의 뒤를 이어 14대 연방위원장을 맡고 있어요.

음, 제대로 알고 있구나. 지금 네가 말한 내용이 마침 오늘 수업과 관련이 있단다. AP가 미국 대학의 선수학점이수제라는 사실을 잊지는 않았지? 때문에 미국의 경제기구들에 대해서도 어느 정도의 지식은 갖고 있어야 한단다. 물론 네가 경제경시대회나 증권경시대회를 준비한다면 한국의 정치기구들에 대해서도 알아야 하겠지만, 그건 정규 교과과정에서 초딩 때부터 배웠을 테니 여기서는 생략하도록 할게.

먼저 우리가 방금 이야기했던 연방준비위원회에 대해서 알아보자. 연방준비위원회는 미국의 중앙은행(Central Bank)으로 유명하단다. 매주 각계각층의 은행들은 이 연준위에 활동상황에 대해서 보고를 해야 하지. 또한 이 중앙은행은 불시에 감찰을 나가고, 은행들 간의 인수나 합병을 인가하는 심사를 하기도 해. 또 다른 은행들에게 돈을 빌려주기도 하고, 돈을 맡아주기도 하는 '은행들의 은행' 역할도 수행한단다. 그래서 FED라는 말 대신에 Federal Reserve Bank의 약자로 FRB라고도 해. 그리고 연방준비위원회의 몇 가지 특징이 있는데, 간단히 정리해보자.

워싱턴 D.C.의 총본부(Headquarter)를 중심으로 12개의 지역에 지역 본부(Branch)를 두고, 각각의 지역에 딸린 체인(Chain) 본부들이 또 있는데, 적게는 한두 개에서 많은 경우 10개를 넘는다. 미합중국의 대통령이 자신과 부통령을 포함해 총 5인으로 구성된 연방준비위원회의 이사회(The Board of Governors)를 직접 지명하고, 상원의회(The Senate)의 승인을 받지. 그들의 한계 임기(Full Term)는 14년이며, 한 임기는 매 짝수 년 2월 1일에 시작이 된다. 만약 한계 임기를 채운 사람이 있다면, 그는 다시 임명될 수 없어. 예외적으로, 대통령과 부통령은 한 임기를 4년으로 한다.

위원회는 법으로 결성된 소비자자문위원회(Consumer Advisory Council)와 연방자문위원회(Federal Advisory Council), 그리고 위원회가 스스로 조직한 근검조직자문위원회(Thrift Institutions Advisory Council)로부터 직접적인 자문을 받아.

선생님, 그런데 최근의 두 연방은행장 모두 유대계네요.

하하, 그렇구나. 유대인들은 연방준비위원회뿐만 아니라, 미국 각계각층에 분포하여 엄청난 정치·경제적 파워를 자랑하고 있지.

다음으로 알아볼 기구는 NIPA(National Income and Product Accounts)란다. 이 기구는 경제활동의 다양한 측면을 관찰한 후 통계자료를 수집하는 종합적인 역할을 해. 이 기구 안에는 여러 부서들이 있는데, 우리가 오늘 공부할 부서는 상업부(Department of Commerce)다. 총 10개의 사무국으로 구성되어 있고, 상업과 관련한 일을 총괄하고 있지. 가장 최근에 나온 경영정보를 싣는 〈최신경영조사(Survey of Current Business)〉라는 정기간행물로도 유명해. 그리고 사무국들 가운데에서 ESA(Economics and Statistics

Administration)라는 사무국은 또 다시 BEA(Bureau of Economic Analysis)와 BC(Bureau of Census)로 나뉜단다. 우리가 관심을 가져야 할 것은 BEA인데, 이 기관은 경제 수행 현황에 관해 다양한 측정 방법으로 접근을 한단다. 그 접근 방법들에 대해서는 이제 곧 공부할 것이고, 그 내용이 오늘 수업의 핵심이지.

애네 혹시 GDP, GNP 그런 것 조사하는 애들 아닌가요? 어디서 들어본 것 같은데······.

응, 맞다. 그런데 그 두 가지 말고도 조사할 게 몇 가지 더 있단다. 그럼 네가 말한 GNP를 시작으로 정리를 해줄 테니 주목하도록 해라.

네, 알겠습니다.

통계 측정 방법

일단 국민총생산(GNP: Gross National Product)은 사회의 전반적인 생산과 소득을 측정하는 지표란다. 이는 미국 국민의 모든 생산을 포함하는데, 구체적으로 미국 내에서 일하느냐 하지 않느냐와 상관없이 어디서든 미국 근로자이기만 하면 그 사람의 생산이 GNP에 포함되지.

다음으로 설명할 항목은 국민총소득(GNI: Gross National Income)이다. 이것은 가구가 벌어들인 수입과 기업이 벌어들인 수입의 수평 합이야. 이 측정법은 '모든 생산요소들의 소득'이라고 정의하는

데, 여기서 말하는 생산요소란 자원의 3대 종류(노동, 토지, 자본)와 일치한단다. GNI의 또 한 가지 특징은 가격절하(depreciation)와 간접사업세(indirect Business Tax)를 제외하고 계산한 '알짜'의 개념이라는 것이다.

그리고 개인소득(PI: Personal Income)이 있는데, 이것은 GNI와 달리 가계 소득의 합만을 말하는 것으로 GNI의 대부분을 차지한다는 사실, 알아두자.

> 국민총생산을 산출할 때는 이중 계산을 피하기 위하여 최종 생산물에 포함된 원재료와 중간재의 가격을 공제하므로 일종의 부가가치를 계산한 것이라 할 수 있다. 국민총생산을 산출하는 동안 감가한 자본설비의 감가상각비를 공제하고, 여기서 간접세와 보조금과의 차액을 더 공제한 것이 바로 국민소득이다.

그런데 경제학에서는 단순한 PI보다는 DPI라는 용어가 더 자주 쓰인단다. 여기서 D는 처분 가능한(Disposable)이란 단어를 나타내. 사전적 의미는 사용 가능해진(Usable) 상태를 말하지. 구체적으로는 가계 수입의 합에서 각 가계의 세금을 뺀 값을 취하는데, 보통 가계의 자유재량소득(Discretionary Income of Households)이라고 정의된다. 간단히 말하자면, 세금을 제하고 나서 우리가 사용하거나 저축할 수 있는 순수 자금을 말하는 것이야. 알겠지?

선생님, GDP는 안 해요?

지금쯤 왜 가장 유명한 국내총생산(GDP, Gross Domestic Product)이 안 나오는지 의아해 할 줄 알았다. GDP를 가장 후방에 배치한 이유는 GDP가 워낙 중요해서 상세한 설명이 필요하기 때문이었단다. 일단 여기서는 GDP에 대한 간단한 정의만 알고 넘어가자.

GDP는 특정 국가의 국경(Border) 내의 모든 생산가치의 합이다.

미국의 경우, GDP는 BEA에서 분기마다 한 번씩 발표하고 일년에 한 번 다시 발표하는데, 연간 GDP(Yearly GDP)의 신뢰도가 더 높단다. 이 국내총생산은 BEA의 통계학자들과 분석가들에 의해 조사되는데, 다양한 재화와 용역의 가치를 일일이 체크해서 자료화한다는 사실이 그저 존경스러울 따름이란다. 아무튼 GDP는 판매(sale)가 아닌 생산(product)을 기초로 측정하기 때문에, 조사된 자료는 모두 최종 판매(final sale)에 근거를 둔다는 사실을 기억하자. 다시 말해서, 재고를 포함하여 생산된 것을 기준으로 하고 중간 거래는 생략한다는 말이지.

GDP의 종류와 그 의미

신문을 읽다 보면 어떤 나라가 '~만 불 시대를 열었다'라는 내용의 기사를 종종 볼 수 있지? 하지만 우리는 과연 그러한 기사가 그 나라의 경제력이 실제로 강해졌기 때문에 나타난 결과인지는 한 번쯤 의심해봐야 한단다. 왜냐하면 만약 인플레이션으로 재화의 가격이 상승한다면 생산이 줄어들어도 GDP가 늘어날 수 있거든. 때문에 전문가들은 이를 수정하여 '진정한 GDP의 가치'를 찾기 위해 GDP를 두 가지로 분류하고, 각각 다음과 같이 이름을 붙였단다.

실질 GDP

명목 GDP

실질 GDP(Real GDP)란, 주어진 기준 연도(Base Year)의 시장가격으로 재화와 서비스의 가치를 계산하는 말 그대로 '진정한 GDP'이란다. 고정 달러 GDP(Constant-Dollar GDP)라고도 하지. 여기서 '진짜의(Real)'라는 경제학 용어는 GDP에만 적용되는 것이 아니라 경영학적인 형용사로서 이자율이나 소비액 등 경영학의 전반적인 통계활동 자료들에서 물가상승을 제외한 '순수 값'을 말한단다. 반면에 명목 GDP(Nominal GDP)는 우리의 눈에 보통 보이는 GDP를 가리켜. 현재 달러 GDP(Current-Dollar GDP)라고도 하지. 만약 GDP를 재화와 서비스의 현재 시장가치로 계산하면 이 값이 나온단다. 여기까지 알겠지?

네. 이해하겠어요. 하지만 선생님께서 각각을 구하는 예를 한번 들어주시면 개념이 더 명확하게 머릿속에 자리 잡을 것 같아요.

그렇다면 아래 표를 보거라. 햄버거와 핫도그만 파는 어떤 경제가 있다고 가정하자. 그리고 2007년부터 2009년까지의 각각의 가격과 판매 수량을 표와 같이 정리했어.

년도	핫도그 가격	핫도그 판매량	햄버거 가격	햄버거 판매량
2007	$1	100	$2	50
2008	$2	150	$3	100
2009	$3	200	$4	150

명목 GDP는 각각의 연도만을 기준으로 구한단다. 다음과 같이 말이야.

명목 GDP 계산	
2007	(핫도그 $1×100개)+(햄버거 $2×50개)=$200
2008	(핫도그 $2×150개)+(햄버거 $3×100개)=$600
2009	(핫도그 $3×200개)+(햄버거 $4×150개)=$1200

반면에 실질 GDP는 기준 연도를 기준으로 구한단다.

실질 GDP 계산(기준연도: 2007)	
2007	(핫도그 $1×100개)+(햄버거 $2×50개)=$200
2008	(핫도그 $1×150개)+(햄버거 $2×100개)=$350
2009	(핫도그 $1×200개)+(햄버거 $2×150개)=$500

그리고 명목 GDP를 실질 GDP로 나눈 값을 GDP 디플레이터(GDP Deflator)라고 하는데, 다음 수업 시간에 이 GDP 디플레이터로 물가상승률을 구하는 방법을 공부할 거야. 지금 당장은 GDP를 측정하는 실질적인 방법에 대해서만 공부하도록 하자.

심화된 GDP 측정 방법

(1) 지출 측면에서의 접근(Expenditures Approach)

지출(Expenditure)이란 소비(Consumption)에 저축(Saving)을 더한 개념이란다. 지출 측면에서의 접근을 통한 GDP 측정은 모든 경제 구성요소들의 소비를 합친 값을 말하지. 그렇다면 경제 구성요소에는 무엇 무엇이 있을까? 경제학자들은 끝없는 연구를 통해 이런 공식을 생각해냈어.

$$GDP = C + I + G + NX$$

여기서 알파벳 하나하나의 의미를 아는 게 굉장히 중요한데, 이제부터 알아보자.

먼저 C는 가계의 소비지출(Consumption Expenditures)을 나타내. 가정의 구성원들이 구입한 모든 재화와 용역을 합친 값을 말하지. 그런데 여기서 기억해야 할 점은 기업이나 국가 차원이 아니라 가족 단위의 소비를 가리킨다는 것이야. 그리고 새 주택을 구입하는 것도 역시 C에 들어가지. 알겠니?

네.

그리고 두 번째 항목인 I(Invest, 투자)는 기업이 생산 활동을 하기 위해 지출한 각종 설비투자와 재고품(Investment Expenditures)을 말한단다. 예전에 배웠던 자원의 한 요소인 자본에 자금을 투입했다는 말이지. 여기서 주의할 점은 이 항목에 재고품이 포함된다는 사실과, 여기서 말하는 '투자'는 보통 우리가 사용하는 '주식에 투자한다'라고 할 때의 투자가 아니라 '우리 재단은 우리 고등학교에 돈을 좀 더 투자해야 한다'고 할 때의 '투자'라는 의미에 더 가깝다는 것이다. 이 두 '투자'의 차이를 알겠니?

뚜렷하지는 않지만 차이가 있다는 건 알겠어요.

G는 정부에서 소비하는 생산품(Government Purchase Expenditures)을 말한단다. 보통 이 범주에 속하는 상품들은 웬만한 기업조차도 하기 힘든 거액의 구매(Big Purchase)를 필요로 하는 고가의 물건들이지. 예를 들면, 항공모함이나 전투기 같은 고급 군수품이나 다리, 복지건물 같은 공공재가 여기에 포함돼. 그리고 정부 주도하에 행해진 국방비 지출이나 소방 서비스 같은 용역의 구입도 이 범주에 포함되지.

하지만 여기에서도 주의해야 할 사실이 하나 있어. 실업급여, 연금, 국채이자 등 이전소득(Transfer Payments)은 구입에 대한 대가가 아니기 때문에 제외한다는 점이야. 따라서 정부예산과 G는 다르다는 사실을 꼭 기억하자.

마지막으로, NX는 순수출(Net Export)을 말하는데, 이는 수출(X)에서 수입(M)을 뺀 수치란다. 미국이나 대한민국의 경우에는 안타깝게도 이 수치가 음수값을 취하지. 이를 무역적자라고 해. 그리고 일본은 세계적인 무역흑자국인 것 알지? 따라서 일본은 NX가 양수값을 취하겠지?

선생님, C, I, G, NX는 많으면 많을수록 실질 GDP를 늘려주잖아요? 그러면 반대로 실질 GDP를 줄이는 요소는 없나요?

좋은 질문이구나. 경제학자들은 C, I, G, NX를 국민 소득의 주입 요인이라고 한단다. 이 요소들은 다다익선인 셈이지. 하지만 네가 질문한 것처럼 국민 소득을 줄여주는 요소들도 분명 있어. 바로 저축(S: Saving)과 조세(T: Taxation), 그리고 수입(M: Import)이지. 다음 그림처럼 말이야.

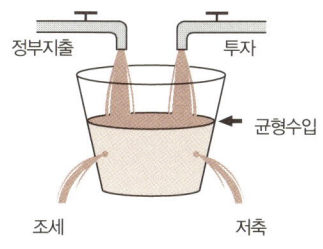

수입—지출 모형은 물이 새는
양동이가 균형을 잡는 것과 같다.
주입한 양만큼 빠져나간다.

아하, 알겠어요.

자, 이제 GDP 측정 방법 중의 나머지 하나에 대해서 공부해보자.

(2) 소득 측면에서의 접근(Income Approach)

이 방법은 한 경제에서 획득한 모든 수입의 합으로 GDP를 측정하는 것이란다. 이론적으로는 지출 측면에서의 접근과 소득 측면에서의 접근, 이 두 가지 방법으로 계산한 값이 같아야 해. 왜냐하면 어떤 상품이 생산되었을 때는 그 생산품을 모두 구입할 수 있을 만큼의 수입이 창출되기 때문이지. 하지만 실제로는 약간의 오차가 존재해. 그렇다면 수입(income)의 관점에서 GDP는 어떻게 계산할까? 바로 다음 요소들을 고려한단다.

1. 임금
2. 임대 수입

3. 이자 배당

4. 기업의 이윤

다시 한 번 강조하는 것은 '경제순환도'를 보면 쉽게 알 수 있듯이, 돈은 돌고 도니까 위와 같은 총수입의 값은 결국 총지출과 같다는 점이란다. 알겠지?

네.

GDP 측정의 한계

선생님, 그런데 왜 요즘에는 선생님께서 지어내신 이야기를 안 들려주세요? 약간 엉성한 듯하면서도 재미있었거든요.

그래? 듣던 중 반가운 소리구나. 그렇다면 나의 창작을 기대하고 있는 너를 위해 짧은 영문 스토리를 하나 들려주마.

히히. 네.

In a couple of years ago in Chicago, there was a notification on the door of a pizza store. A few days later, a fatty and rough-faced girl came into the door. The owner, instantly and instinctively, put some words out of his mouth, "Sorry, lady. recruitment has been finished already."

A few hours later, a SUPER-SEXY girl, with GORGEOUS face, came into the door. The owner, immediately, asks, "When can the first attendance be?" Which means; she got in.

수년 전 시카고의 어느 피자가게 대문 앞에 사원을 모집한다는 공고가 붙었다. 며칠 후, 한 뚱뚱하고 생기다 만 것 같은 얼굴의 여자가 가게 문을 열고 들어갔다. 가게 주인은 순간적으로 그리고 본능적으로 "아가씨 죄송하지만, 신입사원 모집은 이미 마감되었습니다."라고 말했다. 수시간 후, 한 관능적이고 조각 같은 얼굴의 미녀가 문을 열고 가게에 들어섰다. 점장은 즉시 말했다. "저, 첫 출근일은 언제가 가능하겠습니까?" 즉, 그녀는 채용된 것이다.

그런데 위의 글이 우리가 공부할 내용이랑 어떤 연관이 있나요? 그건 적용하기 나름이지. 일단 GDP는 다음 네 가지 요소들은 제외시킨단다.

지하경제적 요소
장외 거래
순수 금융 상품 거래
중고 및 중간재의 거래

첫 번째로, 지하경제적 요소(Underground Economic Factors)란 불법적인 재화나 용역을 말한단다. 이런 상품을 팔아서 얻은 수입은 GDP에 포함되지 않는다는 말인데, 그 이유는 우리가 이들을 완벽하게 측정할 수 없기 때문이지. 불법 도박(unlawful gambling), 매춘(prostitution), 그리고 마약(drugs) 등을 예로 들 수 있어.

그리고 가족 구성원들끼리 가족이라는 테두리 안에서 행해지는 재화나 용역의 교환도 GDP에서 제외시키는데, 그 이유는 가족 구성원들이 서로에게 무료로 일을 해주었거나 서로 대가를 주거니 받거니 해도 그 돈이 그 돈이면 그것 역시 측정이 불가능하지. 하지만 아무리 가족이라고 해도 남남처럼 정상적인 거래를 하고 독립적인 경제 주체로서의 요건을 갖춘다면 이들의 거래는 GDP에 포함이 돼. 한마디로 시장 외에서의 거래는 측정이 불가능하기 때문에 GDP의 요소에서 제외시킨다고 알아두면 되겠다.

세 번째로, 순수 금융 거래(Purely Financial Transactions)도 국내 총생산에 포함되지 않는단다. 만약 우리가 위 이야기 속 피자 가게 아저씨의 주식회사에서 발행하는 주식의 50%를 샀다고 해보자. 우리가 엄청난 돈을 여기다 투자했다고 하더라도, 우리는 결국 그 회사에 투자를 하는 것일 뿐, 우리가 어떤 생산품을 구매하는 것이 아니지? 따라서 우리는 GDP에 영향을 끼치지 않는 것이란다.

네 번째로, 중고 및 중간재(Secondhand Sales & Intermediate Sales)의 거래 또한 GDP에 포함되지 않는단다. 이 네 번째 사항에 대해서는 조금 자세히 알아보자꾸나.

중고품은 한 번 생산이 되고 나서 어떤 구매자에게 판매가 된 후 다시 재판매된 물건이라고 할 수 있지. 따라서 중고품은 처음 생산이 되었을 때 이미 GDP에 포함이 되었으므로 이후 같은 물건이 다시 거래될 때는 GDP에 포함하지 않는단다.

　이제 중간재 거래에 대해 알아보자. 예를 들어서 피자헛의 주방장이 피자 도우를 만드는 데 필요한 밀가루를 구입했다고 가정해보자. 그런데 우리는 "슈퍼 슈프림 한 판 주세요."라고 하지, "피자용 밀가루만 1인분 주세요, 듬뿍."이라고 하지는 않아. 즉, 우리가 궁극적으로 사먹는 것은 피자이지 밀가루가 아니라는 말이다. 따라서 GDP에는 피자를 판매했다고 보고가 될 뿐 밀가루가 몇 그램 들어갔는지는 의미가 없단다. 물론 밀가루를 판매한 사람의 소득은 포함이 되지만 말이다.

　그런데 여기서 학생들이 흔히 혼동하는 요소가 있는데, 바로 GDP의 투자 지출(Investment Expenditure in Capital)이란다. 아까 피자가게 아저씨의 이야기를 다시 떠올려보자. 만약 그 아저씨가, 원료를 서울 본사에서 매일 나를 외제 고급 트럭을 새로 구입했다고 가정해보자. 그렇다면, 이것도 어차피 피자 판매가에 포함될 것이므로, 중간 판매로 처리되어야 할까? 아니라면 그 이유는 무엇일까?

　답은 '아니오' 입니다. 선생님 질문의 문맥을 파악하면 금방 답을 알 수 있어요. 그리고 피자를 만들기 위해 필요한 모든 재료를 중간거래로 처리하여 GDP의 요소로 고려되지 않는다면, GDP의 한 부분인 '투자 지출'이라는 용어 자체가 생길 이유가 없을 테니까요.

눈치로 때렸구나. 네 말대로 정답은 'No'다. 트럭은 피자와 직접적인 관련이 없기 때문이지. 우리가 피자를 먹을 때 피자 안에 밀가루가 들어 있다는 건 분명히 알 수 있어. 하지만 피자에 트럭의 부품 하나가 토핑으로 얹어져 있는 것은 아니지? 이때 트럭은 기업의 설비투자와 같은 개념으로 해석해야 해. 따라서 우리는 상품과의 연관성에 기초하여 답을 내릴 수 있단다. 꼭 명심해라.

네.

열아홉 번째 수업
필립스의 **역설**
PRI+N+STU+N ECONOMICS

▶ 소비자물가지수와 물가상승률은 어떻게 구하는가?
▶ 물가상승이 초래하는 경제 현상에 대해서 생각해보자.
▶ 실업과 경제활동인구에 대해서 알아보자.

노동 통계청

선생님, 안녕하세요.

그래, 어서 오너라.

선생님, 어제 작은아버지네 식구들이 저희 집에 와서 밤늦게 남산타워에 갔다 오너라고 예습을 못했어요.

그러니? 하지만 괜찮다. 오늘은 필립스 곡선을 구성하는 두 가지 요소에 대해 공부할 건데, 그리 어렵지 않으니까 쉽게 이해할 수 있을 거다.

필립스요? 네덜란드의 세계적인 전자산업 기업인 필립스와 연관이 있나요?

그게 아니라, '필립스의 역설'은 영국의 저명한 경제학자인 알반

윌리엄 필립스(Alban William Phillips)가 100여 년 간의 영국 경제사를 바탕으로 처음 발견한 개념으로, 1958년에 논문으로 출판되었단다. 물가상승과 실업이 상충관계(Inverse Relationship, 역의 관계)를 보여주는 한 예라는 것을 말하고 있어.

오늘 수업에서 이 상충관계가 다른 개념들과 어떻게 연관되는지에 대해서는 다루지 않을 거야. 대신 이 상충관계의 두 요소인 물가상승과 실업에 대해서 집중적으로 알아볼 거다. 그리고 무언가를 공부하기 전에 왜 그것을 공부해야 하는지 알면 그 방향을 정할 수 있으니까, 우리는 지난 수업 시간에 공부한 것과 이번 시간에 공부할 내용의 흐름을 연관지어볼 거야. 거듭 강조하는 바이지만, 경제학은 역사 못지않게 흐름이 굉장히 중요하다는 것, 알지? 그럼 이제부터 그 흐름의 첫 단계를 맛보자.

네.

노동통계청(BLS, The Bureau of Labor Statistics)은 물가상승률과 실업률을 계산하고 이를 발표하는 책임을 맡고 있는 사무국이다. 미국의 노동통계청은 9만여 개의 물품들 가격을 한 달에 한 번씩 전국 각지의, 특히 도심 주변 2만 3천여 개의 소매상과 서비스 아울렛(Service Outlet)을 통해서 체크해. 만약 알래스카에서 1톤에 1달러하던 아이스크림이 뉴욕에서는 1킬로그램에 1달러이고, 플로리다에서는 1개에 1달러라고 가정해보자. 노동통계청은 똑같은 물품이라면 가격에 상관없이 모두 카운트를 해야 한단다. 다른 상품들도 마찬가지지.

이 과정을 통해서 얻을 수 있는 결과가 바로 생계비 측정 방법으로 잘 알려진 소비자물가지수(CPI: Consumer Price Index)야. 소비자물가지수는 시간의 흐름에 따라서 소비자들이 구입하는 물품 가격의 평균 변화량이지.

선생님, 그럼 이 지수는 어떻게 구해요?

그걸 지금 해볼 거야. 소비자물가지수로 물가상승률을 구하는 방법을 말이야. 먼저 다음과 같이 쇼핑 바구니(Shopping Basket)를 정함으로써 시작을 한단다.

Step 1. 쇼핑 바구니 결정

핫도그 4개, 햄버거 2개

그 다음, 각 품목의 현재와 과거의 가격을 조사해.

Step 2. 각 품목의 현재와 과거의 가격을 조사

연도	핫도그 가격	햄버거 가격
2007	$1	$2
2008	$2	$3
2009	$3	$4

그런 다음 연도별로 쇼핑 바구니의 비용을 계산한 뒤에,

Step 3. 쇼핑 바구니의 비용을 계산

2007	(핫도그 $1×4개)+(햄버거 $2×2개)=$8
2008	(핫도그 $2×4개)+(햄버거 $3×2개)=$14
2009	(핫도그 $3×4개)+(햄버거 $4×2개)=$20

기준연도를 설정하고, 그 해의 바구니 가격을 100으로 해서 각 연도의 소비자물가지수를 다음과 같이 계산하지.

소비자물가지수=(쇼핑 바구니 구입비용/기준연도 쇼핑 바구니 구입비용)×100

2007	($8/$8)×100 = 100
2008	($14/$8)×100 = 175
2009	($20/$8)×100 = 250

이 값을 통해 각 연도의 소비자물가지수의 변화율, 즉 물가상승률을 다음과 같이 구할 수 있어.

물가상승률=(당해연도 소비자물가지수 − 기준연도 소비자물가지수)/기준연도 소비자물가지수×100

2008	(175−100)/100×100 = 75%
2009	(250−175)175×100 = 43%

그리고 노동통계청은 실업에 관한 통계자료를 입수하기 위해서 매달 두 가지 조사를 하는데, 하나는 고용주들에게 고용 현황에 관해 묻는 것이고, 나머지 하나는 가계들을 조사하는 것이란다. 그래서 이 지수를 주부들이 장바구니에 물건을 담아 사가는 데서 착안해 우리말로 '장바구니 지수' 혹은 '체감 물가'라고 부르지.

자, 이제 인플레이션으로 돌아가서 학습을 해보자.

물가상승이란?

인플레이션(물가상승, 화폐가치 하락)은 현실적인 관점에서 바라보면 실업만큼은 가슴에 와 닿지 않는 것 같아요.

왜 그렇지?

상품의 가격이 오르면 일정한 급여를 수령하는 근로자들이 타격을 받기는 하겠지만, 실업을 한 상황처럼 아예 돈을 벌지 못하는 상황은 아니기 때문에 물가상승의 폭이 충격적으로 커지지 않는 한 의식하기 힘들 것 같거든요.

그렇기는 하지. 하지만 인플레이션을 잘 체감하지 못한다고 해서 그것이 실업보다 사회적으로 더 적은 악영향을 미친다고는 할 수 있을까? 사실 어느 누구도 그러한 질문에는 정답을 내릴 수가 없단다. 자, 이제 물가상승이라는 악마(?)에 대해서 자세히 알아보자. 우리는 이미 물가상승률을 구하는 방법을 하나 배웠지?

네, 소비자물가지수를 이용해서 구하는 방법요.

하지만 이 방법에는 큰 오류가 하나 있는데, 상품의 품질 변화를 고려할 수 없다는 점이란다. 예를 들자면, 네가 초등학교 다닐 때 (1990년대 후반)만 해도 웬만한 컵라면은 350원 정도 했어. 그런데 지금은 800원에서 1,000원 정도 하지 않니?

그러네요. 그것도 물가상승의 한 사례가 되겠어요.

하지만 라면 제조 기술이 발달하면서 어떤 컵라면은 환경 호르몬 등의 나쁜 성분이 제로에 가깝다고 하는데, 이런 품질 향상 때문에 가격이 올라가는 사실을 소비자물가지수는 간과하고 있어. 또한 일정한 '바구니'를 기준으로 계산하기 때문에 그 바구니에 들어 있는 물품보다 더 싸거나 비싼 대체재가 나타날 경우에 상대가격을 비교하는 것이 불가능하지. 이런 경우, 더 비싼 대체재가 나타날 때 특정 물건을 더 많이 구입할 것임에도 불구하고 일정한 기준으로 계산함에 따라 소비자물가지수가 낮게 평가될 것이고, 더 싼 대체재가 나타날 때에는 반대로 높게 평가된단다. 정리하자면, 신상품의 등장도 처리하지 못하고, 대체재의 관련성도 잃는 셈이지. 여기까지 질문 있니?

> 소비자물가지수가 대표적인 물가지표이기는 하지만, 대체편의(Substitution bias, 바구니 안에 있는 물건 가격이 올라가면 소비자들은 대체관계에 있는 다른 상품을 사용하기 마련인데 이것을 물가수준에 반영할 수 없다는 단점), 새로운 상품을 바구니에 넣지 못하는 문제 (introduction of new goods, 라디오를 주로 듣던 1970년대에 1980년대의 TV와 VTR이라는 신상품을 소비자 바구니에 포함시키지 못함. 1990년대의 컴퓨터라는 신상품도 비슷한 경우), 마지막으로 질적 변화를 측정하지 못하는 (unmeasured quality change, 3년 전과 같은 가격의 과자라도 그 양이 훨씬 많이 줄어든 경우, 가격을 올리지는 않았지만 상품의 질이 떨어진 경우) 등의 단점을 갖는다. 때문에 이 같은 문제점을 보완하기 위해 소비자물가지수와 함께 사용되는 대표적인 지표가 GDP 디플레이터이다.

물가상승률을 구하는 다른 방법이 있나요?

당연하지. GDP 디플레이터(GDP Deflator)로도 물가상승률을 구할 수 있어. GDP 디플레이터란, 소비자물가지수와 같이 한 경제 내의 가격 수준을 측정하지만 수입상품의 가격 변화를 무시한다는 점이 차이점이란다. 왜냐하면 GDP 자체가 수입상품을 고려하지 않기 때문이지. 따라서 소비자물가지수와 GDP 디플레이터가 일치하지는 않는다는 사실을 알 수 있지.

그렇다면 GDP 디플레이터는 무엇이고, 이를 어떻게 사용하면 물가상승률을 구할 수 있을까? 먼저, GDP 디플레이터를 구하는 공식은 다음과 같아.

GDP 디플레이터=(명목 GDP/실질 GDP)×100

그리고 GDP 디플레이터를 이용해서 물가상승률을 다음과 같이 구할 수 있어.

물가상승률=(현재 GDP 디플레이터 − 기준 GDP 디플레이터)/기준 GDP 디플레이터×100

그런데 왠지 모르게 위 공식이 친근하게 느껴지는 이유가 뭘까?

소비자물가지수로 물가상승률을 구하는 원리와 같아서 그런 것 아닌가요?

그렇지. 경제학자들은 이 두 가지 외에 많은 방법을 연구해왔지만, 가장 대표적인 것이 위의 두 가지 방법들이다. 그리고 AP 시험의 출제 범위에서도 이 두 가지 외에는 출제되지 않으니까, 참고하거라.

네.

이제 물가상승의 영향에 대해서 알아보자.

물가상승의 영향

선생님께서 말씀하신 영향이란 '악영향'을 말하는 거겠죠?

물론이지. 그렇다면 물가상승이 어떤 방향으로 우리에게 악영향을 끼치는지 알아보자.

구매력 하강
부의 재분배
메뉴비용과 구두창비용

먼저, 인플레이션의 가장 무서운 점은 구매력을 떨어뜨린다는 것이란다. 이 말뜻을 이해하기 위해서는 예전에 배웠던 경제순환도(Circular Flow Diagram)를 떠올릴 필요가 있어. 다른 조건들을 배제했을 때, 만약 기업들이 제공한 상품의 가격이 상승한다면 기업들의 수입이 증가하겠지? 그렇다면, 일단 수익이 좋아진 기업은 사원들에게 더 많은 봉급을 줄 수도 있지만, 회사의 소유주가 수익을 몽땅 꿀꺽할 수도 있어. 아무튼 물가가 오르게 되면 결국 누군가의 수입이 늘어나기 때문에 사회 전체적으로 보았을 때 구매력 자체는 크게 변하지 않을 것이라고 예상할 수 있어. 이것을 부의 재분배(Redistribution of Wealth)라고 해. 그런데 부의 재분배는 이것만 있는 것이 아니야. 거시적으로 보면, 돈을 빌려주는 주공급원인 가계와 그 주고객인 정부 사이에서도 일어날 수 있어. 여기에 대해서는 나중에 자세히 알아보도록 하고 일단은 재정적인 부분에 대해서 생각해보자.

만약 물가가 올라서 돈의 가치가 상대적으로 떨어진다면, 채권이나 주식, 펀드의 가치는 어떻게 될까? 물론 콜(call)이나 풋(put) 같은 선물이나 옵션 등을 잘 활용하면 오히려 돈을 벌어들일 수도 있겠지만, 일반적인 시각에서 접근을 하도록 하자.

인플레이션이 너무 크면 금리가 적당히 오른다 하더라도 궁극적으로는 돈의 가치가 금융상품을 구매하기 전보다 못하기 때문에 사람들은 더 이상 저축을 하지 않게 되겠지? 다시 말해서, 저축보다는 부동산 같은 실물에 투자하는 것이 앞으로 심화될 것으로 예상되는 인플레이션에 대비하는 더 나은 방법이기 때문에 기업이나 개인은 금융자산에 투자하거나 저축을 삼가기 때문에 이런 현상이 결국 경제성장의 발목을 잡는 것이란다.

다른 문제는 없나요?

문제는 이뿐만이 아니란다. 기업은 새로운 가격을 적용한 새로운 브로셔를 만들어야 하고, 패스트푸드점을 비롯한 음식점들은 메뉴의 가격을 고치는 데 쓸데없는 시간과 비용을 낭비해야 하지. 이렇게 가격을 조정하기 위해 가격을 결정하고 정책을 정비하는 데 들어가는 비용을 메뉴비용(Menu Cost)이라고 하는 거야. 비슷한 개념으로, 위와 같이 화폐 보유량을 최소화하고 실물 보유량을 최대화하는 데 들어가는 시간과 비용을 구두창비용(Shoe-leather Cost)이라고 해. 둘 다 쓸데없이 소모되는 비용이라는 공통점이 있지.

그런데 왜 하필 구두창비용이라고 불러요?

인플레이션이 높아지면 명목이자율(실질이자율＋예상 인플레이션율)이 높아지고, 이는 화폐를 보유하는 데 따르는 기회비용이 커지게 돼. 때문에 사람들은 돈을 찾기 위해 은행을 더 자주 드나들게 되는데, 이때 사람들의 구두바닥이 닳는다고 해서 그런 이름이 생겨났단다.

아하.

그리고 우리는 채권자와 채무자, 그러니까 돈을 빌려준 사람과 빌린 사람의 관계에 대해서도 고민해봐야 해. 인플레이션이 있다면, 돈을 빌려준 사람이 좋을까, 아니면 빌린 사람이 더 좋을까?

당연히 빌린 사람이 더 유리하죠. 왜냐하면 물가가 상승하면 화폐 가치가 하락하니까, 돈을 빌릴 때보다 돈의 가치가 낮아질 테니까요. 물가상승 전에는 소 한 마리를 팔아야 갚을 수 있었던 것이 인플레이션 후에는 암탉 한 마리만 팔아도 갚을 수 있는 일이 생길 수도 있잖아요?

그래, 이해를 잘하고 있구나. 자, 다시 부의 재분배로 돌아가 보자. 우리는 샘 아저씨(Uncle Sam, 미국 정부를 가리키는 속어)와 가계 간의 부의 재분배를 살펴보고 있어. 그런데 세금이라는 명목을 통해 가계로부터 돈을 조달받는 것 역시 일종의 돈을 빌리는 것으로 볼 수 있지. 조금 전에 살펴보았듯이, 물가상승이 발생하면 돈을 빌려주는 쪽이 손해를 보게 돼. 마찬가지로 물가상승이 발생하면 가계는 손해를 보고 정부는 이익을 보게 되는데, 이를 두고 인플레이션이 세금 역할을 한다고 해서 경제학에서는 인플레이션 조세(inflation tax)라고 부른단다.

그런데 어빙 피셔(Irving Fisher)라는 사람이 20세기 초반에 채권자들이 손해를 보지 않게 하기 위한 아이디어를 가설로 세워 발표를 했단다. 이를 '피셔의 가설(Fisher's Hypothesis)'이라고 하는데, 이는 경제학뿐만 아니라, 경영학의 전반적인 분야에서 자주 응용되는 중요한 개념이야. 또한 증권경시대회 고교표준교재 첫 번째 단원에서도 등장하니까 꼭 알아두자.

실질이자율 = 명목이자율 – 미래 예상 물가상승률

명목이자율은 '시장이자율'이라고도 하는데 이것은 실제로 처리되는 이자율이고, 실질이자율은 명목이자율에서 물가상승률의 기댓값을 빼고 난 뒤의 이자율을 말해. 신문에서 '금리 마이너스 시대'라는 제목의 기사를 접해본 적이 있을 거다. 이것은 은행에 돈을 맡겼을 때 명목이자율보다 물가상승률이 더 높은 상황을 두고 하는 말이지. 어빙 피셔는 이렇게 실질이자율을 고려해서 채무자를 상대한다면, 채권자들의 손해가 없어질 것이라고 본 것이란다.

이제야 '마이너스 금리 시대'라는 말이 이해가 되네요.

자, 이제 실업 부분으로 넘어가자.

노동인구와 실업

너도 실업이라는 단어에 대해서는 많이 들어 보았을 게다. 경제학에서 말하는 실업이란 '노동'이라는 자원의 중요한 한 요소가 충분히 사용되고 있지 않은 상태를 말한단다. 그리고 실업은 사회·경제적으로 많은 문제를 유발하지. 현실적인 관점에서 보아도 실업 가정이 정말 어려운 상황에 처해 있는 것을 알 수 있어. 그만큼 실업은 경제학만의 문제가 아니라 복합적이고 심각한 사회문제인 거지.

실업은 본래 경기 후퇴기(Recessions)에 발생하는 문제야. 참고로, 이 시기에는 한 나라의 실질 GDP가 줄어들게 되지.

선생님, 그런데 실업률은 어떻게 구하나요?

실업률을 구하는 공식은 다음과 같아.

실업률=실업자 수/경제활동인구

'경제활동인구'라는 게 뭐죠?

경제활동인구는 지금 당장 일을 하고 있는 사람을 말해. 경제학자들은 이를 정의할 때 특정 기준에서 벗어난 사람들은 제외하는데, 크게 세 가지 유형으로 구분할 수 있어. 첫째, 은퇴한 사람들. 은퇴자(Retirees)란 과거에 일을 하다가 나이 등의 이유로 현재는 일을 하지 않는 사람들을 말하지. 은퇴한 노인들의 경우에는 연금을 받게 되겠지? 둘째, 시기상조인 인구(Too-young-to-work Persons). 일을 하기에는 아직 너무 이른 사람들을 가리킨단다. 특히 정규 학생(Full-Time Student)을 지칭하지. 하지만 여러 가지 사회경제적 이유로 노동을 시작하는 시기가 갈수록 빨라지고 있단다. 마지막으로, 구직 활동을 열심히 하지 않는 사람(Inactively-job-seeking Persons)이 이 범주에 포함돼. 보통 시쳇말로 '백수'라고 하면 쉽게 알아들 수 있을 게다. 이 범주에는 일을 할 능력이 되지 않아서 포기를 했거나, 전업주부이거나, 아니면 부모를 비롯한 가까운 조상으로부터 상당량의 재산을 물려받아서 일을 하지 않아도 먹고살 수 있는 사람들도 포함돼. 기억하자.

실업의 종류 및 심화 개념

실업에는 크게 두 가지 종류가 있어.

자발적 실업

비자발적 실업

자발적 실업은 다시 ①능력은 있지만 일할 의지가 없는 사람들과 ②직장 이동시 발생하는 일시적 실업자(마찰 실업자)로 나눌 수 있어.

비자발적 실업은 ①경기적 실업(경기 불황에 따른 기업의 도산 등에 의한 실업), ②마찰적 실업(산업구조의 변화에 따른 능력 부족으로 도태된 실업), ③계절적 실업(말 그대로 계절에 따른 실업) 으로 나누어져.

그리고 마찰적 실업률과 경기적 실업률을 합쳐서 5% 내외가 되면 이를 자연 실업률이라고 해. 그리고 조금 전에 말했듯이 일을 할 의지가 없는 사람은 경제활동인구에 포함되지 않는다는 사실은 절대 잊지 말아야 한다. 알겠지?

네, 알겠습니다.

이제 마찰적 실업과 모든 비자발적 실업에 대해 조금 더 자세히 알아보자. AP 출제 확률이 매년 100%를 기록하고 있으니까 정신 바짝 차려야 한다.

먼저 구조적인 실업(Structural Unemployment)이라는 것은, 어떤 경제가 특정 노동자들이 직장 생활을 하는 데에 있어 호의적이지 않을 때 발생한단다. 풀이가 난해하지만 알고 보면 쉬워. 만약 동물학을 전공한 태국의 한 악어농장 사장이 뉴욕 맨해튼의 월스트리트에 가서 일을 하려고 할 때, 월스트리트의 어느 회사도 그를 고용하려고 하지 않을 거야. 동물 다루는 일은 취급하지도 않고 필요도 없으니까. 따라서 그 사람은 다른 곳에서 일터를 구하거나 비즈니스 스쿨에 다녀서 경영인의 길을 걷는 수밖에 없지. 때문에 이와 같은 구조적 실업은 상황을 쉽게 변화시키기 힘들다는 사실을 알 수 있어.

두 번째로 계절적 실업(Seasonal Unemployment)이 있단다. 농부들이나 스키 강사들은 한 해의 특정한 시기에만 일을 할 수 있지 않니? 이렇게 특정한 시기에만 일을 하고 나머지 기간에는 일을 하지 않는 것을 계절적 실업이라고 하지.

다음 경우가 가장 가슴 아픈 사례인데, 바로 경기적 실업(Cyclical Unemployment)이야. 이 실업은 이름에서도 유추할 수 있듯이, 경제 주기가 침체기를 지나면서 발생한단다. 조금 전에 공부했듯이, 경기 후퇴기에는 실질 GDP가 감소하니까, 상품에 대한 수요가 줄어들 것이고, 장기적으로 공급 역시 줄어들겠지? 따라서 상품을 생산하는 데 필요한 자원이 적게 요구되고, 자연히 노동력도 자원의 한 요소이므로 적게 필요하겠지? 결론적으로 필요한 노동력이 감소하므로 실업자들이 발생하는 거란다.

이태백(이십대 태반이 백수)이라는 신조어에서도 알 수 있듯이, 젊은 노동력이 일자리를 찾지 못하는 것은 참 안타까운 일인 것 같아요.

그렇지. 마지막으로 마찰적 실업자(Frictional Employees)에 대해서 알아보자.

마지막이라고요? 그럼 그것만 공부하면 오늘 수업은 끝이겠네요? 야호!

허허, 녀석. 하긴 오늘 공부량이 조금 많았지?

어서 설명해주세요, 선생님.

만약 너희 고등학교 교장 선생님께서 연세 때문에 명예퇴직을 하셨는데, 재단에서 다른 고등학교의 유능한 분을 교장선생님으로 거액을 들여 스카우트한다고 가정해보자. 그런데 네가 다니는 학교는 신설 학교이기 때문에 새로 오실 교장선생님께서 쓸 사무실을 새로 만드는 데 3개월이 필요하다면, 새로 오실 그 교장선생님은 석 달 동안 집에서 쉬어야 하겠지? 이렇게 어떤 직업을 얻기 위해서 본인의 직업을 포기했거나, 곧 고용이 확정된 근로자들을 일컬어 마찰적 실업자라고 한단다.

자, 오늘 수업은 여기까지다.

오늘 수업이 길기는 했지만, 아주 재미있었어요.

다음 시간부터는 수업 내용이 조금 어려워질 거야. 하지만 그만큼 재미있을 테니 기대해도 좋아.

선생님, 그럼 다음 시간에 뵐게요.

그래. 예습, 복습은 철저히 해야 한다.

알겠습니다.

태리의 **개념 정리** 노트 NO. 8

1. 경제 지표

- **국민총생산**(GNP, Gross National Product): 사회의 전반적인 생산과 소득을 측정하는 지표.
- **국민총소득**(GNI, Gross National Income): 가계와 기업의 수입을 합한 것. 모든 생산요소의 소득.
- **개인소득**(PI, Personal Income): 가계 소득의 합. GNI의 대부분을 차지함.
- **국내총생산**(GNP, Gross Domestic Product): 특정 국가의 국경 내 모든 생산가치의 합.

2. GDP의 종류

- **실질 GDP:** 주어진 기준연도의 시장 가격으로 재화와 서비스의 가치를 계산하는 것. '고정 달러 GDP'라고도 함.
- **명목 GDP:** '현재 달러 GDP'라고도 한다. 현재 우리의 눈으로 확인할 수 있는 GDP를 가리킴.

3. GDP 측정 방법

　①지출 측면에서의 접근: 모든 경제 구성요소들의 소비를 합친 값. GDP=C+I+G+NX

　②소득 측면에서의 접근: 한 경제에서 획득한 모든 수입의 합으로 측정하는 것. 임금, 임대 수입, 이자 배당, 기업의 이윤을 고려함.

4. GDP를 측정할 때 제외하는 4가지 요소

  ① 지하경제적 요소

  ② 장외 거래

  ③ 순수 금융 상품 거래

  ④ 중고 및 중간재의 거래

5. 소비자물가지수로 물가상승률을 구하는 방법

- 소비자물가지수 구하는 과정

  ① 쇼핑 바구니를 결정 → ② 각 품목의 현재와 과거의 가격을 조사 → ③ 쇼핑 바구니의 비용을 계산 → ④ 설정한 기중연도의 바구니 가격을 100으로 해서 각 연도의 소비자물가지수 산정

- 소비자물가지수=(쇼핑 바구니 구입비용÷기준연도 쇼핑 바구니 구입비용)×100

- 물가상승률=(당해연도 소비자물가지수-기준연도 소비자물가지수)÷기준연도 소비자물가지수×100

6. GDP 디플레이터와 물가상승률

- GDP 디플레이터=(명목 GDP÷실질 GDP)×100

- 물가상승률=(현재 GDP 디플레이터-기준 GDP 디플레이터)/기준 GDP 디플레이터×100

7. 물가상승이 야기하는 경제적 현상

● 구매력 하강과 저축 감소

● 메뉴비용과 구두창비용

● 부의 재분배

8. 실업의 종류

● 자발적 실업

　① 능력이 있지만 일할 의지가 없는 상태

　② 직장을 이동하면서 발생하는 일시적 실업

● 비자발적 실업

　① 경기적 실업

　② 마찰적 실업

　③ 계절적 실업

스무 번째 수업

총수요와 총공급

PRI+N+STU+N ECONOMICS

▶ 고전학파와 케인즈 학파의 총수요 ? 총공급 모형에 대해서 생각해보자.
▶ 한계소비성향과 한계저축성향이란 무엇인가?
▶ 승수 개념에 대해서 알아보자.

총수요와 총공급 모델

자, 이제 수업 시작하자.

선생님, 오늘 공부할 내용이 지난 시간에 배운 '필립스의 역설'을 구성하는 2가지 요소인 물가상승, 실업과도 관련이 있나요?

당연하지. 거시경제학은 미시경제학보다 단원 간의 상호연관성이 더 깊단다. 참고로, 오늘은 그 두 가지 요소가 어떻게 반비례관계를 이루는지에 대한 근거에 대해서 알아볼 거야. 오늘 끝내야 할 내용이 많으니까, 어서 시작해보자.

우리는 이번 시간에 총수요(Aggregate Demand)와 총공급(Aggregate Supply)에 대해서 공부할 거야. Aggregate는 총합(Sum Total)의 의미로서, 'Aggregate demand is the demand of all products by all people having to do with demand(총수요는 수요와 관련된 모든 사람들에 의한 모든 상품의 수요다).'라는 영문으로 이해를 해보자꾸나. 여기서 색깔로 표시한 어구는 소비자(Consumer)라고 이해해도 된단다. 만약 밑줄 친 부분들에 제작자(producer)라는 단어를 넣으면 그때는 색 글씨로 쓴 부분은 뭐가 될까?

제 생각에는 공급자(supplier)라고 하면 될 것 같은데요.

그렇지. 참고로 총수요·총공급곡선은 개별 주체의 수요·공급곡선의 수평 합이라는 사실을 잊지 말자. 그런데 태리야, 너는 어떤 경제의 성장을 판단하는 지표가 무엇인지 아니?

보통 GDP로 측정하지 않나요? 물론 여기서의 GDP는 실질 GDP겠죠? 물가상승적인 요인이 묻어 있으면 정확도가 떨어질 테니까요.

답에 근접했다. 하지만 조금 더 정확하게 말하자면, 한 경제의 성장은 개인당 실질 GDP(real GDP per capita)의 변화로 측정한단다. 인구비례를 고려해야지 더 실질적인 데이터를 얻을 수 있지 않겠니?

그렇군요. 현재 우리나라와 중국을 비교해보면 알 수 있을 것 같아요. 우리가 개개인은 훨씬 부유하지만, 인구가 적기 때문에 전체 실질 GDP는 중국에 항상 밀리니까요.

그리고 어느 나라든, 예를 들어 대한민국이 '한강의 기적'을 이루어냄에 따라 실질 GDP가 급상승하는 경우도 있고, 반대로 인도네시아처럼 쓰나미로 105,262명이 몰살당해버린다면, 실질 GDP

가 자연히 하락하여 국가경제가 하강하리라는 것도 예상할 수 있지. 이렇게 실제로 경제가 확장하는지 위축되는지를 쉽게 알기 위해서, 우리는 이번 시간에 경제 모형을 만들어보고, 이를 이용하여 생산량, 수입, 고용 그리고 가격이라는 요소들을 결정할 수 있단다. 그리고 이런 경제 모형(Economic Model)을 활용하는 것은 필립스의 역설을 비롯한 현상들을 설명하는 데 중요한 열쇠가 돼.

고전학파의 이론

자, 오늘은 크게 두 가지 이론을 배울 건데, 그중 하나인 고전학파이론(Classical Economic Theory)을 먼저 공부해보자. 이 이론은 19세기 초기부터 1930년에 널리 알려진 이론이란다. 내가 말한 1930년이라는 연도가 어떤 의미를 가지는지 눈치챌 수 있겠니?

미국의 경제대공황(The Great Depression) 아닌가요?

눈치가 빠르구나. 그렇다면 이 이론이 무엇이기에 대공황을 기준으로 그 인기가 수그러들었을까? 일단 고전학파이론의 두 가지 특징은 다음과 같단다.

1. 산출량(amount of output)을 결정하는 2가지 요소가 자원(resources)과 기술(technology)이라고 주장한 점
2. 세이의 법칙을 믿는다는 점

선생님, '세이의 법칙'이 뭐예요?

프랑스 경제학자인 장 밥티스트 세이(Jean-Baptiste Say)가 제창한 법칙으로, 흔히 세이의 법칙(Say's Law)이라고 하지. 이 법칙은 판로설(販路說)이라고도 불리며, 고전학파의 경제학에서 공통적으로 전제가 되어온 견해란다. 한마디로 정의하면 '공급은 스스로 수요를 창출한다'고 요약할 수 있어. 생산은 이에 참가한 생산요소에 대하여 그에 따른 소득을 가져오게 하며, 이것은 소비 등을 통한 그 생산물의 수요를 창출하기 때문에 공급은 바로 그것에 대한 수요를 낳는 결과를 초래한다는 뜻이야. 판매되지 않고 창고에 축적된 생산품들이 존재한다고 하더라도 가격이라는 핸들을 조절함으로써 수요량이 맞추어지기 때문에 경제 전반에 걸쳐 과잉생산은 있을 수 없다는 주장이지.

잉, 어려워요. 한마디로 요약해주실 수 없나요?

쉽게 정리하자면 이렇게 되겠지.

When an item is supplied (produced), it generates enough income to purchase (demand) it, based on the circular-flow diagram.
한 상품이 공급되었을 때(즉 생산되었을 때), 그것은 경제순환도에 기초하여 그 상품을 구입할 수 있는 충분한 수입을 창출한다.

자, 우리는 고전학파의 이론을 배웠다. 그런데 이 이론이 왜 경제대공황을 설명할 수 없었을까? 먼저 경제대공황이 일어났을 때 미국에는 전쟁이나 천재지변이 일어나지 않았기 때문에 기술력의 후퇴가 발생하지 않았고, 토지나 노동력, 자본이 사라지거나 위축되는 현상도 나타나지 않았다는 데서 이 이론이 가진 오류의 실마리를 찾을 수 있단다. 다음 이론이 이 오류를 더 명확하게 설명해줄 것 같구나.

케인즈의 이론

1936년, 영국의 경제학자인 존 메이너드 케인즈(John Maynard Keynes)는 《고용, 이자, 화폐의 일반이론(The General Theory of Employment, Interest and Money)》이라는 책을 출판하며, 고전학파이론을 전면적으로 비판했다. 이 책에서 그는 총수요·총공급 모델을 사용함으로써 고전학파의 이론을 비판하는 동시에 미국의 경제대공황에 대한 해법을 내놓았단다.

하지만 그의 이론은 당시 너무 급진적이라는 평가를 받았어. 미국과 영국은 케인즈의 이론을 무시하다가 2차 세계대전 이후 루즈벨트의 뉴딜정책(New Deal Policy)의 효과를 보고서야 비로소 그 의미를 깨닫게 되었지.

그럼 고전학파는 총수요·총공급 모델을 사용하지 않았나요?

물론 고전학파도 써먹었지. 자, 더 자세한 것을 공부하기 위해 총공급부터 알아보도록 하자.

고전학파의 일원들은 자원과 기술력에 따라서만 생산량이 좌우된다고 했어. 일단 미시경제학적인 시각으로 기본적인 공급곡선을 한번 그려보자

어때? 감회가 새롭지? 축을 다시 보자. Y축은 가격이고 X축은 수량이다. 이 그래프의 모양으로 봐서는 UP이구나. 그럼 'sUPply 곡선이구나' 하는 생각이 바로 머릿속에 떠올라야겠지.

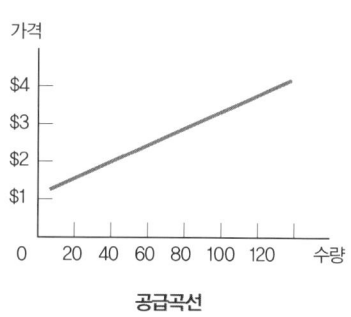

공급곡선

총수요·총공급곡선들도 마찬가지란다. Y축은 가격 수준(Price Level)이고 X축은 산출량(Quantity of Output)이지. 이름이 조금 바뀌기는 했지만, 원리는 똑같다는 것을 파악하면 별 차이가 없단다. 그 이유는 총 곡선은 개별 곡선의 수평합이라는 사실 때문이지. 여기서 주의할 점은 산출량은 인플레이션을 고려하지 않은 실질 GDP로 측정이 되므로 시험에서는 X축이 실질 GDP로 그려져 있어도 당황하지 말라는 것이다.

자, 전반적인 사항을 알았으니 이제 고전학파와 케인즈 학파의 그래프에 어떤 차이가 있는지 살펴보자. 그래야 케인즈의 생각이 정말 옳은 것인지, 아니면 희대의 망발인지 구별할 수 있을 테니까. 먼저, 고전학파의 이론부터 보자.

총공급 모델

아래의 그래프는 고전학파의 총공급곡선이라는 사실을 염두에 두자. 그리고 일단 시야는 단기적으로 한정시키도록 하자. 벌써부터 장기적으로 멀리까지 바라보면 머리가 아플 테니까.

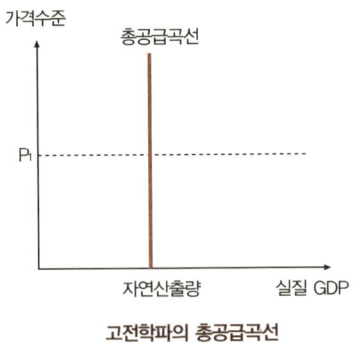

고전학파의 총공급곡선

다시 한 번 기억을 떠올려보면, 고전학파는 실질 GDP가 자원의 부존량과 기술적 수준에 의존한다고 했지? 따라서 그들 이론에 따르면 총공급곡선은 가격 수준과는 상관이 없기 때문에 기울기가 존재하지 않는단다. 따라서 X축에 수직한 그래프가 그려지겠지?

하지만 케인즈는 반대로 가격이 상승하면 공급도 증가할 것이라는 생각을 했어. 따라서 케인즈의 총공급 모델은 일반적인 공급곡선처럼 우상향 직선이 되지.

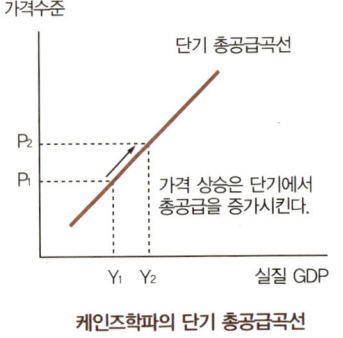

케인즈학파의 단기 총공급곡선

총수요 모델

선생님, 케인즈는 모든 사람들이 가격에 영향을 받는다고 했잖아요? 그렇다면 이 학자가 대공황의 원인으로 지적한 것이 전반적인 재화와 서비스의 가격 상승으로 인한 구매력의 저

하가 아닐까요?

 네 논리는 훌륭하다만, 애석하게도 아니란다. 그 이유는 네가 수요와 수요량의 개념을 망각했기 때문이야. 가격이 오르면 당연히 수입이 증가할 것이기 때문에 모든 사람들의 구매력은 일정하게 유지되지. 그렇다면 케인즈는 도대체 어떻게 경제대공황을 설명한 것일까? 서둘러 알아보도록 하자꾸나.

총수요 모델의 심화된 분석

 케인즈는 앞서 말한 자신의 책에서 다음 두 가지 개념을 창조했단다.

한계소비성향(MPC, Marginal Propensity to Consume)
한계저축성향(MPS, Marginal Propensity to Save)

 먼저, 한계소비성향은 dC/dY, 즉 소비함수 C를 가처분수입(Y: Disposable Income, 마음대로 할 수 있는 수입)에 대하여 미분한 값이란다. 그런데 이 값을 구하기 위해 원래는 미분을 해야 하지만 AP 시험에서는 제시가 되어 있으니 너무 걱정하지 않아도 돼. 식에서 가처분수입을 DI라 표현하지 않고 Y라고 쓴다는 사실을 잊지 말자. 아무튼 이 말은 개별 소비자의 지출, 즉 소비가 늘어나면 세금을 공제한 이후의 순수입인 가처분수입이 함께 늘어난다는 것을 뜻하지. 물론 이 역도 성립해.

만약 한계소비성향이 0.77이라고 가정하자. 그리고 어떤 가구가 1달러를 더 벌었다고 가정해보자. 여기서 한계소비성향이 적용되는 과정을 설명할 테니 잘 들거라.

예.

새로 벌어들인 1달러에 0.77을 곱하면 얼마가 되지?

77센트요.

그럼 이 가정은 77센트를 소비하고 33센트를 저축하고 있다는 말이란다.

아, 이해했어요. 그러면 이 경우에 한계저축성향은 0.33이 되겠네요.

그렇지. 그럼 한계소비성향과 한계저축성향의 관계를 다음과 같은 식으로 표현할 수 있겠지.

한계소비성향(MPC) + 한계저축성향(MPS) = 1

이 개념은 앞으로 공부하게 될 승수(Multiplier)개념에 매우 중요한 재료가 된단다. 점점 흥미로워지는 내용을 향해 빠르게 나아가보자.

오른쪽 페이지의 곡선이 기다리고 기다리던 소비함수다. 이 그래프의 기울기가 바로 한계소비성향이야. 미분의 정의대로 말이지. 참고로, 이 그래프에서는 3/4, 즉 0.75가 한계소비성향이 되는 셈이지. 케인즈는 경제대공황이 소비(spending)의 불충분함 때문에 발생했다고 했는데, 일단 우리는 소비가 수입(Income)에 의존한다

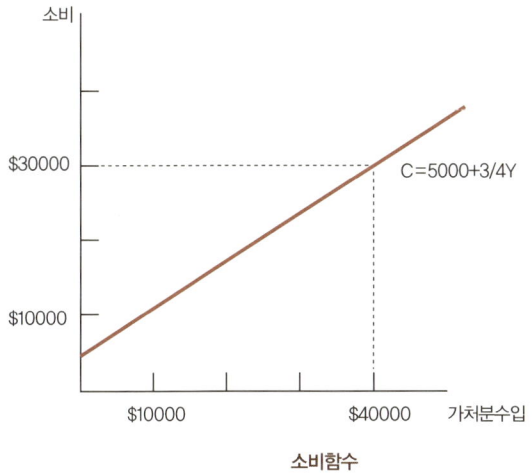

소비함수

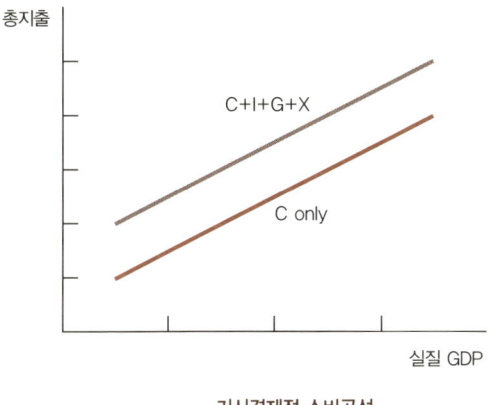

거시경제적 소비곡선

는 사실을 염두에 두고 이해해보자.

위 그래프는 확장된 개념을 명시한다. 즉, 총지출(aggregate

expenditure)이란 말이 국가의 전체 소비(nationwide total spending)란 말이니까, 그 안에는 민간의 소비곡선이 포함되겠지? 이 경우, 그래프의 Y축이었던 구매자 소비(consumer spending)는 총지출(aggregate expenditure)로, X축이었던 가처분수입은 실질 GDP로 변화했다는 사실을 알면 된단다.

만약, 기울기가 1인 직선을 제1사분면에 그려보자. 여기서 주목해야 할 것은 이 선이 바로 실질소득(real income)이라는 사실이란다.

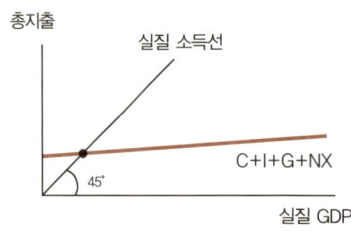

또한 비용(cost)곡선을 총소비(total spending)로 확장시켜 생각해보면, 실질소득직선과 이 총소비곡선이 일치하는 점은 단 한 군데인데, 이 점을 손익분기점(break-even point)이라고 한단다. 그리고, 이 점을 기준으로 ①좌측의 두 직선 간 교차공간이 바로 인출(disaving), 즉 재고 감소(inventory reduction)이고, ②우측에 있는 두 직선 내의 연장공간은 저축(saving), 즉 재고 증가(inventory accumulation)가 된단다. 자, 여기서 퀴즈를 내마. disaving이 구체적으로 무얼 뜻할까?

빚을 지는 건가요?

아니, 전에 벌어놓은 것까지 소모하는 것을 뜻해.

정리해보면, 다음 그림이 되겠지

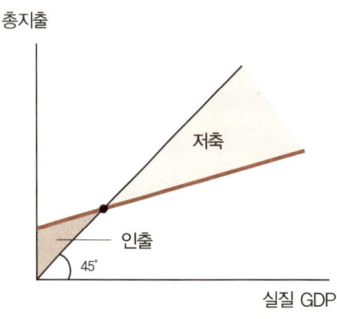

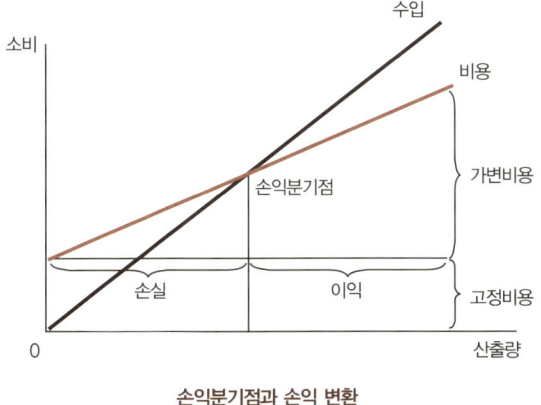

손익분기점과 손익 변환

그런데 여기서 우리가 주목해야 될 사실이 있단다.

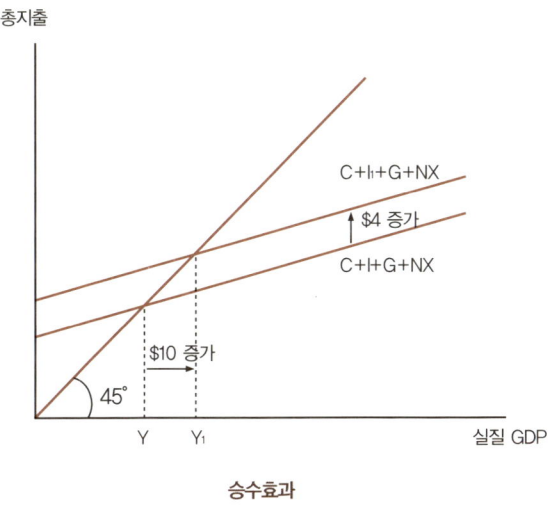

승수효과

어떤 기업이 4달러를 그 기업 산하의 공장에 투자했다고 가정해 보자. 그런데 위 그림에서 볼 수 있듯이, 분명히 4달러만 투자했는데 국가 전체적인 관점에서 보았을 때 실질 국민소득이 10달러나 증가했다. 이게 어찌된 일일까?

글쎄요, 이런 경제 수학은 잘 모르겠는걸요?

그럼 이 문제를 풀어보거라.

$|x|<1$ 일 때, $S = x^0 + x^1 + x^2 + \cdots + x^\infty$ 이면, S의 값은?

음, S가 $x^0 + x^1 + x^2 + \cdots + x^\infty$ 이고, xS가 $x^1 + x^2 + x^3 \cdots + x^\infty + x^{(\infty+1)}$ 이니까, 위 식에서 아래의 식을 그대로 빼면 $S(1-x)$가 $x^0 + x^{(\infty+1)}$이 되잖아요. 그런데 x^0은 1이고, $x^{(\infty+1)}$은 0이잖아요. 왜냐하면 X의 절대값이 1보다 작고, 그 값을 무한히 제곱하니까요. 따라서 정리하면 $S(1-x) = 1 + 0 = 1$이 되겠고, 결론적으로, $S = 1/(1-x)$ 에요.

잘 알고 있구나. 우리는 위 식에 X 대신 한계소비성향(MPC)의 값을 넣을 거란다. 그러면 그것이 바로 그 유명한 승수(multiplier)가 되지. 이제 승수효과를 정의하는 식을 공부해 보자.

국가 수입의 전체 변화 = 처음 소비의 변화 × 승수

따라서 우리 그래프의 경우 어떤 기업이 4달러의 투자를 했을 때, 총소득이 10달러만큼 늘었으니 승수가 2.5라는 사실을 알 수 있겠지. 또한 더 나아가서 한계소비성향까지 구할 수 있어. 우리는 $1/(1-MPC)$ = 승수 공식에서, 승수가 2.5니까, 암산으로도 한계소비성향이 0.6이라는 사실을 알 수 있겠지.

   선생님, 승수이론(theory of multiplier) 좀 다시 한 번 설명해주세요. 개념이 잘 안 잡혀요.

   예를 들어, 너희 아버지 회사가 지출을 100억 원 증가시켰다고 하자. 이것은 너희 회사가 하청업체로부터 100억 원어치의 재료나 서비스를 추가로 구입하게 됨을 의미하겠지? 따라서 생산업자의 판매 수입이 그만큼 늘어날 것인데, 이것은 결국 임금, 이자, 임대료, 이윤 등으로 지불될 것이므로, 결국 이 돈이 도는 한 경제의 모든 사람들의 소득이 100억 원만큼 증가하게 된단다. 이렇게 국민들의 소득이 더 커지게 되면 이에 따라 그들의 소비지출도 늘어나지.

   우리는 이 국민들이 자신의 소득 중에서 80%를 소비하는 성향을 갖고 있다고 가정하기로 하자. 그렇다면 이 100억 원의 소득증가분 중 80억 원이 추가적인 소비로 지출될 것이다. 이 추가적인 소비지출로 말미암아 생산업자의 수입이 그만큼 늘어나고, 결국 국민들의 소득이 다시 80억 원만큼 증가하게 되겠지. 80억 원의 소득 증가는 다시 64억 원의 소비증가로 이어지고, 이에 따라 소득이 바로 이 크기로 증가한다.

   이처럼 소득의 증가가 소비의 증가를 불러오고, 이 소비의 증가가 다시 소득의 증가로 이어지는 과정은 끊임없이 계속될 수 있단다. 소득의 증가 폭이 점차 작아져 결국 몇 원으로 셀 수 없을 만큼 작아질 때까지 말이야.

   결국, 네가 일일이 계산해보면 알겠지만, 너희 회사가 지출한

100억 원이 이 경제에서 500억 원어치의 경제적 효과를 일으킨단다. 여기서 5가 바로 승수가 되지.

아, 이제 좀 알겠어요. 고맙습니다.

그런데 이 소비승수(spending multiplier) 외에, 승수효과는 한 가지가 더 있단다. 바로 세금승수(tax multiplier)인데, 이 승수를 구하는 공식은 다음 과 같다.

세금승수＝소비승수−1

세금승수가 소비승수보다 1이 작다고요? 왜 그렇죠?

그 이유는 소비승수는 자발적인 소비가 이루어지는 그 순간부터 적용이 되지만, 세금승수는 가처분수입으로 소비자의 소비함수를 거쳐야 하기 때문이지. 소비자가 세금을 공제받고 나서 어느 정도는 바로 소비가 되지 않고 은행 계좌로 직행하는 돈이 있을 거라는 거지. 따라서 그 돈은 한계소비성향에 들어가지 않고 한계저축성향의 개념이겠지. 그러므로 $1 + MPC + MPC^2 + MPC^3 + \cdots\cdots + MPC^{(\infty-1)} + MPC^{\infty}$에서 한계소비성향과 관련이 없는 1을 제외한단다. 왜냐하면 말했듯이, 이는 소비승수의 자발적 구매 순간의 효과량이기 때문이란다. 알겠지?

총수요와 총공급 모델의 실전

오늘 내용이 조금 어렵지? 수업이 거의 끝나가니까 조금만 참거라.

네, 알겠습니다.

우리는 지금부터 총수요와 총공급 모형을 구성하는 요소들에 대해서 구체적으로 공부할 거란다. 자, 문제 하나 내마. 총공급 모형을 구성하는 요소들은 무엇이 있을까? 일단, 힌트를 주지. 미시경제학 부분에서 배웠던 기본적인 공급곡선이 무엇 때문에 이동되었는지를 잘 생각해봐.

음, 공급곡선이면…… 생산함수를 떠올리면 되지 않을까요? '생산량 = 기술력 × 자원'이니까, 기술력에 의한 국가적 생산성과 국내 자원의 보유량과 관련이 있겠네요.

그렇지. 훌륭하구나. 총공급곡선 자체가 개별 공급곡선의 수평합이라는 사실, 내가 누누이 강조해왔지? 같은 의미에서 총공급 모형을 구성하고 움직이는 요소들도 '기술력(technology)'과 '자원의 보유량(amount of resources available)'이란다.

그럼 이제 총수요 모형을 구성하고 움직이는 요소들을 소개해볼 테니 잘 보거라.

1. 소비자의 신뢰
2. 미래 판매량에 대한 기업의 예상
3. 정부 지출

4. 우리 상품에 대한 외국의 기호

5. 조세 부담

6. 화폐 공급

7. 물가상승

이렇게 총 7가지로 나뉘는데, 이 리스트를 보고 떠오른 것 없니?

1번부터 4번까지의 요소들이 GDP를 구성하는 C, I, G, NX와, 5번은 C와 I에 관련이 있고, 6번과 7번은 상호연관성이 두드러져요.

그렇지. 지금까지 우리가 배운 내용이 이 리스트에 녹아들어 있는 것을 볼 수 있잖아? 여타의 역사과목처럼 경제학도 이래서 흐름이 중요한 거란다. 아무튼 정리하는 의미에서 수업 초반에 언급했던 고전학파와 케인즈의 모형을 가지고 총공급 모형과 총수요 모형의 움직임을 파악해보고, 둘을 비교하는 시간을 가져보자.

하나 물어보자. 아래 그래프에서 어느 쪽이 고전학파의 모형이니?

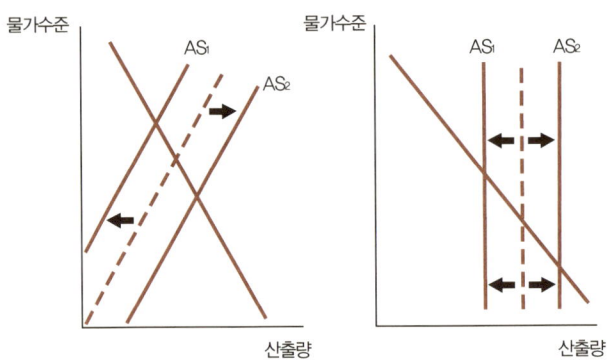

고전학파와 케인즈 학파의 총공급변화 비교

히히, 당연히 오른쪽이죠. 아까 한 내용이잖아요.

옳지. 그런데 총공급의 변화만으로는 고전학파와 케인즈 이론의 수치상의 차이를 분명하게 알아볼 수 없지? 하지만 논란이 되는 부분은 다음 총수요의 변화를 나타낸 그림들이란다.

이제 좀 틀린 그림 찾기를 할 맛이 나지?

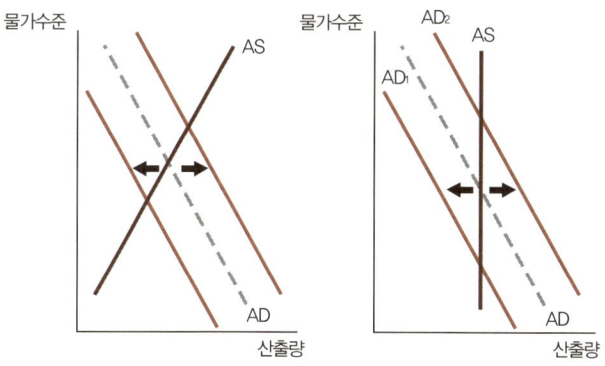

고전학파와 케인즈 학파의 총수요변화 비교

아하! 케인즈 학파의 이론상으로는 총수요가 늘어나면 그에 따라서 산출량이 늘어나는데, 고전학파의 이론으로는 총수요가 아무리 많이 늘어나도 산출량이 그대로네요.

그렇지. 같은 맥락에서, 케인즈는 총수요가 줄어들면 그에 따른 산출량이 줄어든다고 했다. 이는 국가의 실질 GDP가 줄어드는 셈이지. 더 적은 양을 생산하게 되니까, 궁극적으로 실업률도 증가하게 돼. 하지만 고전학파의 이론으로는 총수요가 감소하더라도 실질 GDP에는 영향을 주지 않아야 했단다. 물론 현실은 그 반대였지만 말이야.

태리야, 오늘은 여기까지만 하도록 하자. 오늘 너무 많은 내용을 해서, 더 진도를 나가는 건 무리인 것 같다. 오늘 집에 가서 꼭 복습을 하거라.

그럼 내일 뵙겠습니다.

그래. 잘 가거라.

스물한 번째 수업
재정정책
PRI+N+STU+N ECONOMICS

▶ 총공급곡선과 총수요곡선을 설명하는 이론과 가설에 대해서 알아보자.
▶ 경제의 자기치유능력과 정부의 재정정책에 대해서 생각해보자.
▶ 인플레이션의 종류와 그 발생 원인을 알아보자.

재정정책이란?

선생님, 어제 제가 AP 세계사 교과서를 예습하다가 1·2차 세계대전에 관한 내용까지 읽다 잤어요. 그런데 1940년대 초기에 발발한 2차 세계대전 때문에 미국의 대공황이 막을 내렸다는 내용이 있었어요. 어떻게 된 거예요?

하하, 어제 우리가 수업한 내용 중에 존 메이너드 케인즈라는 사람 기억하니? 그 사람이 대공황의 원인을 소비가 부족했기 때문이라고 주장했지. 그런데 2차 세계대전이 발발하면서 정부가 어쩔 수 없이 전쟁 준비를 하다 보니 지출이 커지고 총수요곡선이 우상향으로 이동하여 결국에는 대공황이 극복되었다는 말이란다. 마침 오늘 그 내용을 다룰 것이니 집중하도록 해라.

네, 알겠습니다.

본격적인 수업을 시작하기에 앞서 기억해야 할 사실이 두 가지 있는데, 하나는 총수요곡선은 가계의 소비, 기업의 투자, 정부의 지출, 그리고 알짜 수출로 이루어져 있다는 것이고, 총수요가 늘어나야 경기가 활발해진다는 사실이란다. 총수요가 줄어들면 경기가 침체되지. 지난 시간에 배운 내용이긴 한데, 이 개념이 앞으로 진행되는 수업에 많은 영향을 끼치기 때문에 다시 한 번 기억할 필요가 있단다.

아, 그래서 정부가 총수요를 조절해서 경기 안정화를 꾀하지 않나요?

그렇지. 그렇게 정부가 직접 세입(tax income)과 세출(government spending)을 조절하여 총수요를 줄이거나 늘리는 경기 조절 정책을 재정정책(fiscal policy)이라고 한단다.

일반 한국 고등학교에서는 이 정책을 간단히 말로 풀어서 가르치고, AP에서도 그 수준에서 문제가 출제돼. 하지만 보다 깊은 이해를 위해서 그래프로 접근해볼 건데, 그 전에 지난 시간에 공부했던 총수요(AD)와 총공급(AS)곡선에 대해서 심화학습을 하고 지나가자.

총수요·총공급곡선의 실제

태리야, 오른쪽 페이지 그래프의 직선이 뭐지?

단기 총공급곡선요. 지난 시간에 배웠잖아요.

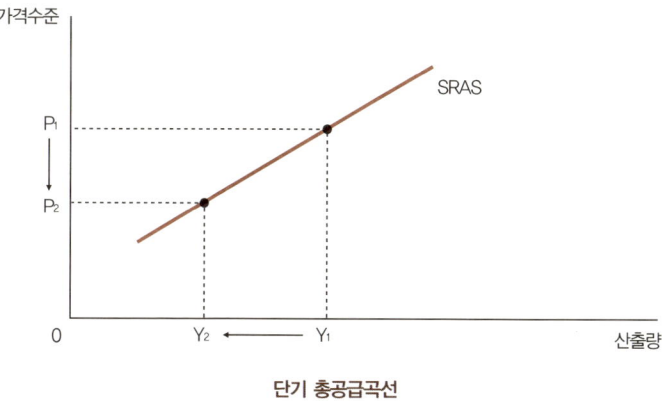

단기 총공급곡선

그렇지? 지난 시간에 우리는 총수요와 총공급곡선의 특징과 그 래프 상에서의 연계과정을 배웠지? 그런데 정작 왜 총공급곡선이 그렇게 생겼는지는 무심코 지나쳐버렸어. 때문에 이번 기회에 제대로 공부해보자.

선생님, 총공급곡선은 개별 공급곡선의 수평 합이니까, 개별 공급곡선의 특징을 그대로 가지고 있지 않을까요?

네 말에 일리가 있다만, 국가의 전체적인 공급은 개별 공급곡선처럼 그렇게 간단하지 않단다. 총공급곡선은 크게 세 가지 가설로 설명이 되는데, 지금부터 그 가설들을 알아볼 테니 잘 정리해놓거라.

네.

신고전학파의 착각이론

케인즈 학파의 임금경직성이론

신케인즈 학파의 가격경직성이론

신고전학파의 착각이론(Neo-Classical Misperceptions Theory)이란, 생산자들이 가격의 변화가 나타내는 신호기능을 잘못 해석할 수 있다는 가설이란다. 즉, 경제 전체의 물가 수준이 상승하는 경우, 자기 제품 가격이 상승한 것을 마치 자기가 생산하는 물건의 상대가격(실질 시장가치)이 증가한 것으로 착각하여 생산량을 늘린다는 거지.

반면에 케인즈 학파의 임금경직성이론(Keynesian Sticky-Wage Theory)은 임금의 변화 속도가 물가의 변화 속도보다 항상 느리기 때문이라는 것이다. 즉, 단기적으로는 임금 상승이 물가상승을 따라잡을 수 없기 때문에 실질임금이 낮아지게 되고, 결과적으로 고용이 증가한다는 가설이란다. 따라서 산출량이 늘어나겠지? 이때, 임금의 변화가 느린 이유는 단체협약 등 제도적 요인과 사회적 가치관 때문임을 기억하자.

마지막으로, 신케인즈 학파의 가격경직성이론(Neo-Keynesian Sticky-Price Theory)도 비슷한 이유로, 임금뿐 아니라 많은 재화의 가격도 물가 수준의 변화에 비해 느리게 변화한다는 게 이 가설이란다. 예를 들어, 메뉴비용이 있을 경우 일반 물가가 상승해도 일부 기업이 가격을 올리지 않는 경우가 있단다. 이 경우, 단기적으로 해당 제품의 실질가격이 하락하여 판매량이 증가하겠지.

그럼 장기에서는 왜 수직이 되는 거죠?

왜 이렇게 되냐고? 좋은 질문이다. 방금 배웠던 세 학설 모두 단기적으로 사람들의 미래 물가에 대한 예측과 실제 물가가 다르면 산출량이 자연 산출량과 달라질 수 있다고 보고 있지? 그러나 사람

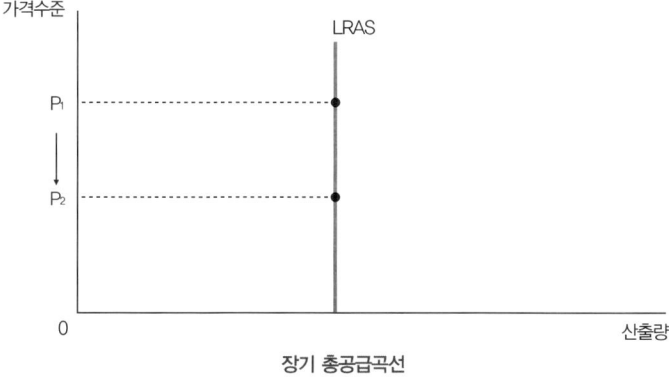

장기 총공급곡선

들의 반응은 장기적으로 합리적이므로 이러한 착각이 반복될 수 없기 때문에 장기적으로는 총공급곡선이 수직이 된단다.

이 말을 쉽게 풀이하면, 장기적으로 국내총생산량은 물가 수준과 무관하므로 장기 총공급곡선은 수직선이라고 할 수 있지. 참고로, 장기적으로 한 나라의 생산 능력은 그 경제가 가지고 있는 부존자원의 양, 생산요소의 투입량, 기술 수준, 법제도 및 정책능력에 달려 있다는 사실도 알아두자. 태리야, 다음 직선은 뭐지?

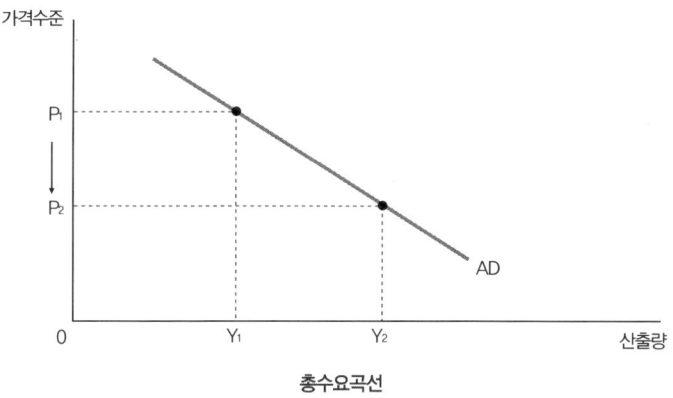

총수요곡선

재정정책 **347**

총수요곡선요. 그래프에 AD라고 적혀 있잖아요.

그럼 총수요곡선이 왜 이렇게 생겼는지 아니?

이번 경우도 총수요곡선은 개별 수요곡선의 수평 합이고, 개별 수요곡선은 수입효과와 대체효과에 의해서 우하향의 기울기를 가지기 때문이라고 설명하면 안 되나요?

훌륭한 추리력이다. 나의 유도를 잘 피했구나. 총수요곡선의 기울기를 결정함에 있어서도, 미시경제학과는 다르게, 약간 다른 이론들이 사용되었단다. 다음을 보렴.

피구의 자산효과

케인즈의 이자율효과

멘델-플레밍의 환율효과

먼저, 피구의 자산효과에 대해서 알아보자. 물가가 하락하면 돈의 가치가 상승하지? 그 경우, 소비자들은 자신들이 더 부자가 된 것으로 일시적인 착각을 하는데, 이때 소비자들은 소비를 늘린단다. 그런데 소비지출이 늘어난다는 것은 재화와 서비스의 수요량이 증가한다는 뜻이지? 따라서 총수요곡선의 모양과 정확히 일치하게 되지. 이 효과를 피구의 자산효과(A. Pigou's wealth effect)라고 한단다.

두 번째로, 가장 유명한 케인즈의 이자율효과를 공부해보자. 만약 물가가 낮아진다면, 가계가 원하는 재화와 서비스를 구입하기 쓰는 화폐의 양은 줄어들지? 그러면 가계는 남는 돈으로 은행에 예금을 할 수 있고, 은행은 이 예금을 재원으로 대출을 늘릴 수 있단다. 즉 대출자금의 공급이 늘어나면서 이자율이 떨어지게 되겠지. 그런데 이자율이 하락하면 투자재에 대한 지출이 늘겠고, 재화와 서비스의 수요량이 증가하겠지?

정리하자면, '물가 하락 → 이자율 하락 → 수요량 증가'라는 루트가 형성됨으로써, 총수요곡선의 기울기를 설명할 수 있는 거란다. 이를 케인즈의 이자율효과(Keynes's Interest Rate Effect)라 하지. 굉장히 중요하니까, 이 효과는 반드시 기억하자.

네.

마지막으로, 멘델-플레밍의 환율효과에 대해 공부해보자. 물가가 낮아지면 국내 이자율이 낮아지지? 그러면 일부 투자자들은 수익률이 높은 해외투자를 위해 외환시장에서 국내 통화를 매도하고, 외국 통화를 매수하겠지? 그러면 시장에서 국내 통화의 공급이 증가하면서 국내 통화가 평가절하(depreciate)되어 국내 제품이 외국 제품에 비해 싸진단다. 따라서 국내 재화와 서비스의 수출이 증가하고 수입은 감소하게 되겠지. 그럼 결과적으로 순수출이 증가하여 우리 물건에 대한 재화와 서비스의 수요량이 증가하게 되겠지? 이를 바로 환율효과(exchange rate effect)라 한단다.

자, 우리는 지금까지 총수요와 총공급곡선의 기울기가 왜 그렇게 생겼는지 증명해보았다. 그런데 모든 증명에는 이유가 있어야 되겠지? 우리가 굳이 이를 증명한 이유는 바로 다른 개념들과의 연관성을 파악하기 위해서였단다.

이때 가장 중요한 개념이 케인즈의 유동성선호이론(Theory of Liquidity Preference)인데, 이자율이 변해서 화폐의 수요와 공급이 일치한다는 이론이란다. 이 이론이 결국 총수요곡선이 우하향하는 이유와 재정정책과 나중에 배울 통화정책(금융정책)으로 인해 총수요곡선이 어떻게 이동하는지를 설명하는 데 도움이 되지. 이는 나중에 화폐시장을 공부할 때 더 자세히 다루도록 하자. 자, 아래 그래프를 보거라.

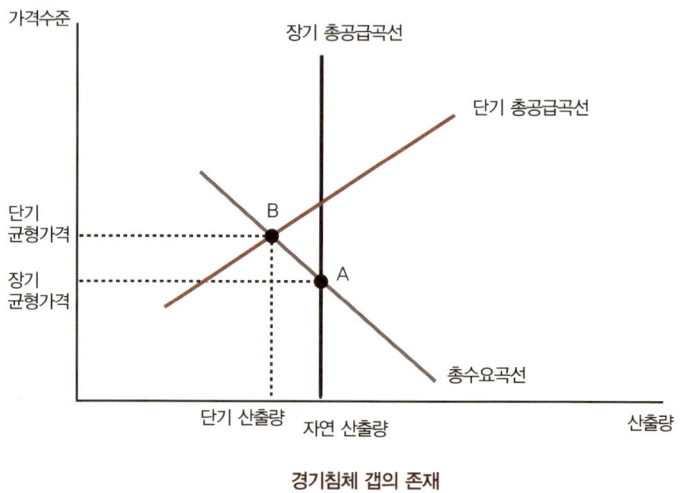

경기침체 갭의 존재

자, 장기 총공급곡선의 균형점이 단기 총공급곡선보다 오른쪽에 있지? 이 말은 현재 A점과 B점 사이에 경기침체 갭(Recessionary Gap 혹은 Deflatory Gap)이 있다는 소리란다. 그 말은, 이 갭이 존재할 경우에 현재 경기가 침체되어 있다는 말이지. 그러면 실업률이 증가하며 생산 활동이 둔화된단다. 그리고 장기적으로 임금 및 생산요소 가격이 인하되고, 따라서 생산비용이 감소하여 총공급곡선은 우측으로 이동하고 결국 장기 균형을 찾게 되어 물가가 하락하겠지? 그럼 네가 그 반대 이야기를 한번 내게 해보거라.

일단 그래프는 이렇게 그려지고요.

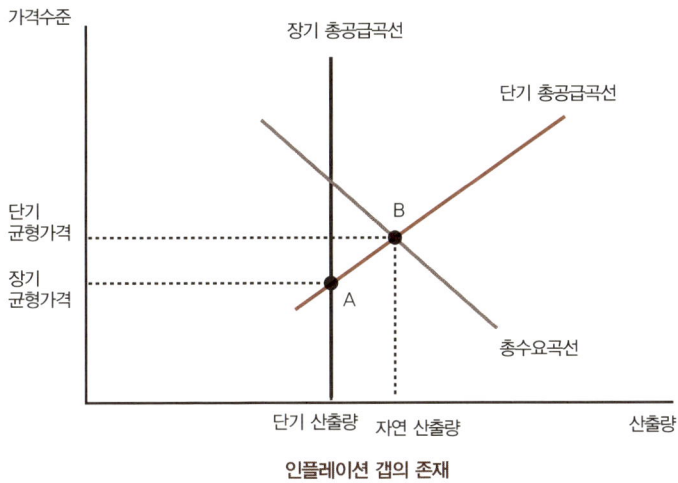

인플레이션 갭의 존재

인플레이션 갭(inflation gap)이 존재할 경우는 현재 총수요가 과다라는 뜻이고, 이는 기업이 정상 수준 이상의 조업을 하고 있다는 것을 뜻하며, 이는 임금 상승을 불러일으킵니다. 그런데, 임금이 상승하면, 즉 생산비용이 상승하면 총공급곡선이 좌측으로 이동하고, 균형 국민소득이 감소하고 물가상승을 촉진하여 결국 장기균형을 유도하죠. 여기서 임금 상승이 조정 과정의 핵심 요인이죠.

아니, 태리야. 너 갑자기 왜 이렇게 잘하니?

저 매일 예습하고 있어요.

그래? 아무튼 잘했다. 이렇게, 경제는 자기치유능력을 가지고 있단다. 하지만 지금 1분 1초 상황이 급박한데, 언제 총수요가 가장 이상적인 제자리를 찾아갈 때까지 기다리고 있겠니? 케인즈는 이 상황을 생각하고 다음의 유명한 말을 남겼단다.

장기에서, 우리는 모두 죽는다(In the long run, we are all dead).

또한 그는 정부가 직접 총수요를 움직이려 노력해야 한다고 제창했는데, 이 노력을 바로 재정정책(Fiscal Policy)이라고 한단다.

재정정책의 심화

선생님, 재정정책의 정확한 정의가 뭐죠?
정의는, 정부가 세입과 세출을 조절하여 총수요를 줄이거나 늘리는 경기 조절 정책을 말한단다. 경제 활동을 억제하여 경기의 과열을 방지하려는 정책을 긴축 재정정책(Recessionary Fiscal Policy or Deflationary Fiscal Policy)이라고 하고, 경제 활동을 활성화시켜 경기를 회복시키려는 정책을 확장 재정정책(Expansionary Fiscal Policy)이라고 하지. 따라서 우리는 이제 무엇을 해야 할까?
두 정책들 각각을 배워야겠죠.
맞아. 그럼 일단 긴축 재정정책에 대해 알아보자.
총수요가 과도하게 늘어나면 경기는 과열되지? 그때 정부는 세금을 높게 부과하고, 공공사업의 시행을 줄인단다. 세금이 높아지면 가계의 가처분소득이 줄어들어 소비가 줄어들겠지? 또한 기업은 이윤이 낮아지므로 투자를 줄이게 된단다. 따라서 총수요가 줄어들게 되겠지. 참고로, 이 정책을 추진하면 세입이 세출보다 많다고 해서 흑자 재정정책이라고도 한단다.

반대로, 확장 재정정책은 총수요가 부족할 때, 침체된 경기를 부양시키기 위해서 세금을 낮추어 가계의 소비와 기업의 투자를 유도하며, 공공사업을 통해 정부의 지출을 늘린단다. 이때는 반대로 적자 재정정책이라고 하지.

그럼 네가 각각의 정책에 따른 그래프를 그려보거라. 힌트를 주자면, 어제 그리고 아까 배웠던 그래프들을 떠올려 보거라.

아, 알겠어요.

일단 이게 확장 정책이구요.

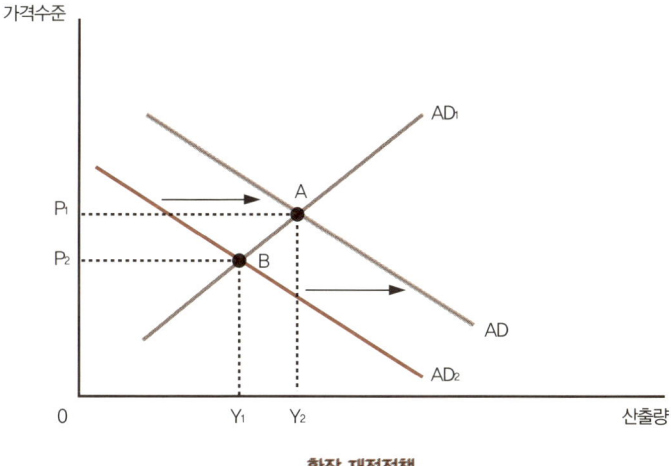

확장 재정정책

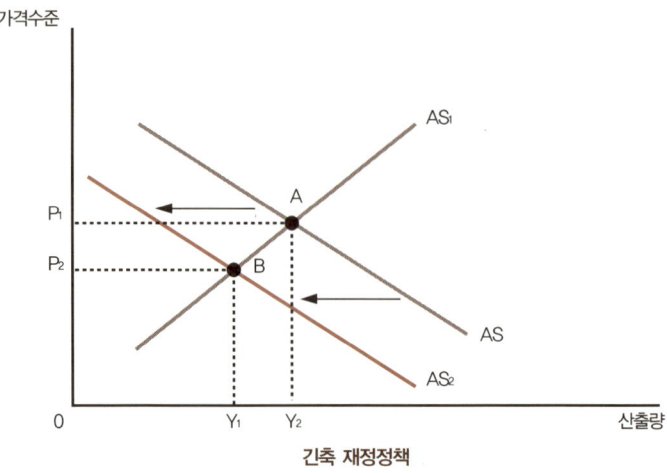

긴축 재정정책

이게 긴축 정책이에요.

잘했다. 바로 이 그래프들이 케인즈 학파의 재정정책을 나타내는 거란다. 아직 고전학파는 이야기도 꺼내지 않았지.

오늘 수업이 굉장히 길겠군요.

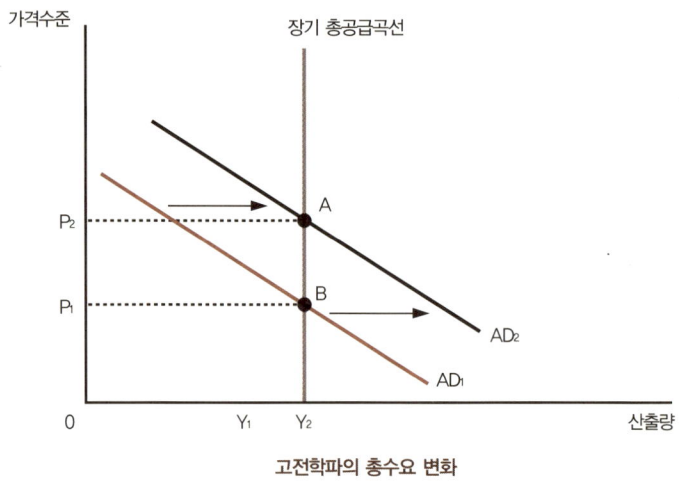

고전학파의 총수요 변화

꼭 그렇지도 않아. 고전학파는 간단히 배우고 마칠 거거든. 지난 시간에 공부한 걸 떠올려보거라. 고전학파는 총수요가 늘어나더라도 국가적 산출량, 즉 실질 GDP는 그대로 있다고 주장했고, 물가 수준만 증가시켜 오히려 인플레이션을 유발한다고 생각했단다. 그런데 이 이론이 재정정책에는 어떻게 적용되는 것일까? 다음을 보자.

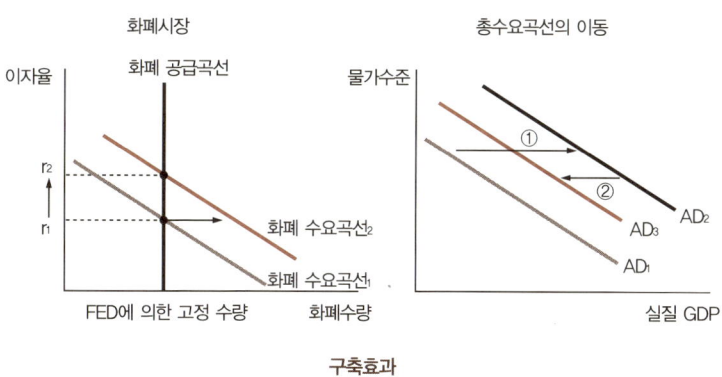

구축효과

정부가 지출을 하기 위해서 돈이 많이 필요하니까 화폐 수요곡선이 왼쪽으로 이동했고, 곧이어 총공급곡선이 AD_1에서 AD_2로 이동했는데, 왜 AD_2에서 AD_3으로 돌아간 거죠?

아, 그걸 설명하는 이론을 밀어내기효과 또는 구축효과라고 해. 왼쪽 그래프에서 볼 수 있듯, 정부 지출의 증가는 화폐 수요를 증가시키고, 이는 이자율 상승을 유발하지? 그런데 이자율이 올라가면 가계나 기업이 대출을 많이 해서 소비나 투자를 많이 할 수 있을까?

아니요, 오히려 그 반대죠.

그렇지. 오른쪽 그래프에서 볼 수 있듯, 정부 지출 증가가 초래하는 투자의 감소효과가 바로 구축효과가 되는 것이란다. 정부지출 증가로 인해 총수요가 얼마나 증가할지는 이 구축효과와 승수효과 중 어느 효과가 더 큰가에 달려 있지.

그럼 케인즈학파는 이 구축효과가 희박하다고 생각하고, 고전학파는 분명히 존재한다고 생각하겠군요.

그렇지. 그러니까 맨날 서로 싸우지.

음, 별것 아니군요. 그런데 예전에 선생님께서 재정정책을 공부할 때 필립스 곡선에 대해 설명해주신다고 하지 않으셨어요?

기억하고 있구나. 마침 필립스 곡선과 스태그플레이션 간의 관계를 알아보려고 했단다.

필립스 곡선과 스태그플레이션

필립스 곡선은 앞서 배웠듯, 물가상승과 실업 간의 상충관계를 그래프화한 것이지? 그런데 우리가 실업의 종류는 열심히 배운 반면, 정작 인플레이션의 종류는 있는지 없는지도 안 배웠지?

그렇네요.

사실, 인플레이션도 네 가지 종류가 있단다.

수요 견인 인플레이션

비용 인상 인플레이션

통화 인플레이션

관리 가격 인플레이션

먼저, 수요 견인 인플레이션(demand-pull inflation)이란, 총수요가 총공급을 초과함에 따라 국민 소득과 물가가 동반 상승하는 경우를 말한단다. 우리가 지금까지 배워왔던 일반적인 인플레이션 말이지.

반면, 비용 인상 인플레이션(cost-push inflation)이란, 오일 쇼크나 파업 등으로 인한 생산력이 약화되어 총공급이 좌측으로 이동하는 경우를 말한단다. 이것이 바로 그 유명한 스태그플레이션(Stagflation)이지.

또한 통화 인플레이션(Monetary Inflation)이란, 통화량의 증가에 기인하는 통화 가치 하락을 말한단다. 다시 말해서, 물가가 상승한 셈이지? 그래서 우리는 인플레이션이라는 이름을 붙인단다.

마지막으로, 관리 가격 인플레이션(Managed-Price Inflation)이란, 독점기업들이나 과점기업들의 전략적 가격 상승에 따른 물가 상승을 말한단다.

하지만 AP 시험에서는 수요 견인 인플레이션을 그냥 인플레이션이라 하고, 비용 인상 인플레이션을 스태그플레이션이라고 독립적으로 부른단다. 그리고 시험은 이 두 가지만 다루는 추세야. 지금까지 수요 견인 인플레이션에 대해 공부해왔으니, 오늘은 스태그플레이션에 대해서 배워 보자.

선생님, 필립스 곡선은요?

아, 그렇지! 그런데 필립스 곡선은 별것 없어. 아래 그래프를 보렴.

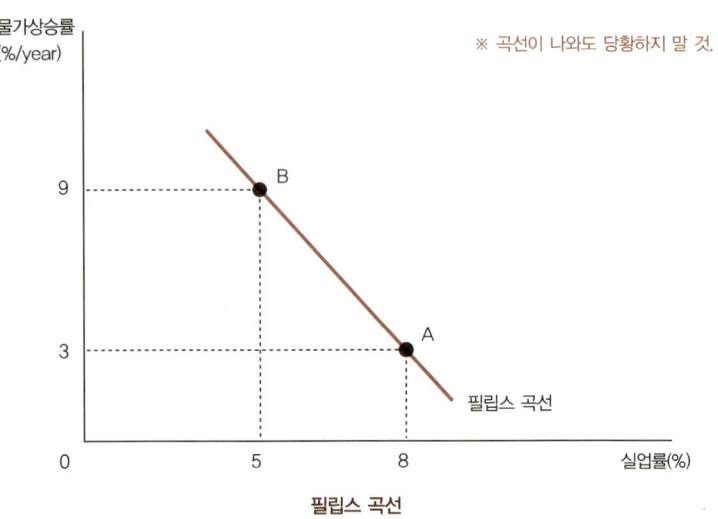

뭐, 이런 거야. 그런데 만약 스태그플레이션이 발생하면 어떻게 될까?

필립스 곡선이 우상향으로 이동하겠죠.

잘 아는구나. 그런데 만약 스태그플레이션이 발생할 때, 재정정책을 쓰면 어떻게 될까? 오른쪽 페이지의 그래프를 보고 설명해보거라.

어라? 총수요곡선을 왼쪽으로 이동시켜서 물가 안정을 시도했더니 실업률이 더 높아지고, 오른쪽으로 이동시켜서 실업률을 낮추려고 했더니 물가가 더 상승하는데요?

그렇지. 따라서 우리는 케인즈 학파가 항상 옳지는 않다는 것을

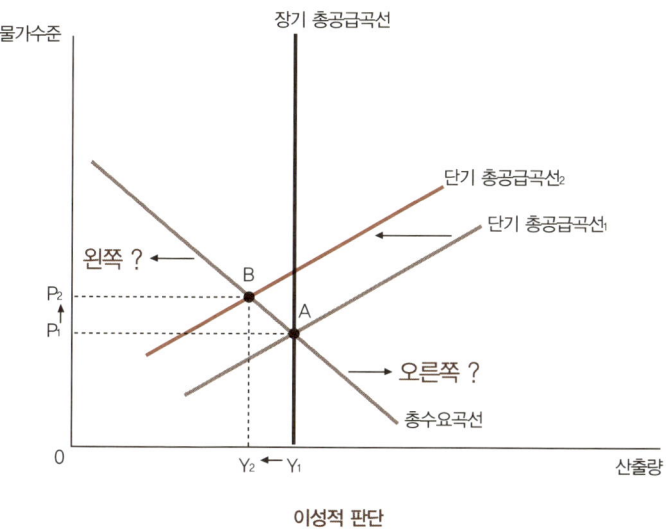

이성적 판단

알 수 있지. 이때는 고전학파의 주장대로, 생산성을 높이거나 자원을 더 개발하여 총공급곡선 자체를 이동시키는 수밖에 없겠지?

그렇네요. 그럼 이제 수업이 거의 끝나가네요.

너, 무슨 일 있니? 집에 빨리 돌아가고 싶은 모양이구나.

아, 오늘따라 그냥 유난히 피곤해요. 한 것도 없는데.

하하, 이제 재정정책이 싫어하는 구축효과, 스태그플레이션까지는 배웠으니까, 마지막 하나, 이성적 판단만 배우고 오늘 수업을 마칠 거야. 이것도 별 것 아니지만 말이야.

그럼 빨리 해요.

그러자꾸나. 너 혹시 시카고 학파(Chicago School)의 로버트 루카스(Robert Emerson Lucas, Jr.)라는 경제학자 아니?

예전에 대학 홈페이지들 돌아다니다가 본 것 같아요.

재정정책 **359**

현존하는 최고의 경제학자들 중 한 명이고, IDEAS/RePEc(경제학연구논문학회)에 따르면 세계 10대 경제학자 중 한 명에 속한다고 극찬을 하지. 그는 케인즈 학파를 비판하며, 거시경제학은 미시경제학에 바탕을 두어야 한다고 주장했단다. 그런 그가, 1995년에 기업과 노동자의 이성적 판단에 대한 연구로 노벨상을 받은 것은 절대 우연이 아니지. 아래를 보자.

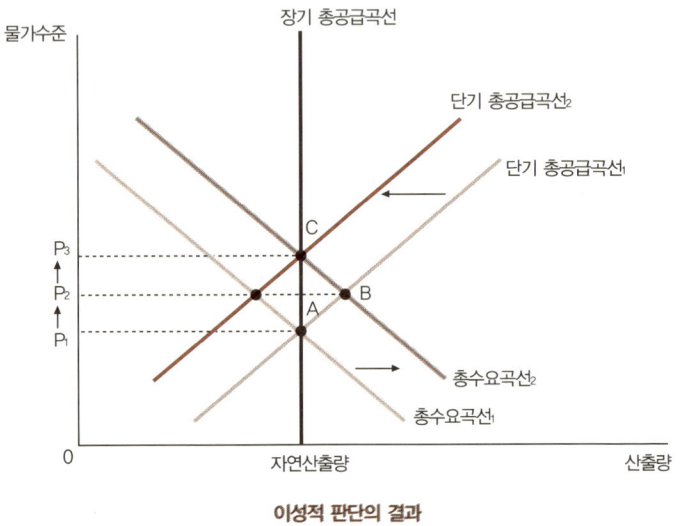

이성적 판단의 결과

만약 정부가 확장 재정정책을 써서 경기를 띄우고 싶어 한다고 가정하자. 그럼 이 소식을 들은 기업과 노동자들은 무슨 생각을 할까? 힌트는 물가상승이란다.

확장정책이 추진된다면, 물가 수준이 올라갈 것이므로 기업은 높은 가격에 팔기 위해서 지금 생산량을 줄이고, 노동자들은 그때의 더 높은 임금을 위해서 지금 노동량을 줄이게 되지요. 노동력도 용역이라는 상품의 한 종류이고, 물가가 올라간다는 말은 임금이 올라간다는 말과 같으니까요.

그렇지. 그래서 처음 균형점이 A에 있었는데, 총수요가 B점까지 증가하다가, 기업과 노동자의 이성적 판단에 의하여 총공급이 감소하여 안타깝게도 똑같은 실업률에 물가만 상승하는 결과를 초래하게 되지.

그런데요, 이 이론은 너무 극단적인 경우 아니에요? 비평도 많이 받았을 것 같은데······.

그런 면이 없지 않지. 하지만 이 이론을 생각해낸 것 자체는 대단한 거란다. 사람들은 노벨 경제학상을 유난히 쉽게 보는 경향이 있는데, 생각해보면 수상이 상당히 어려운 부문이기도 하단다.

제 생각에는 순수과학 같은 분야보다는 그래도 경제학이 훨씬 나은 것 같아요. 그나마 한국인이 수상할 확률이 가장 높지 않나요?

허허, 그럼 네가 타려무나. 다음 항목만 배우고 말이야. 바로 자동안정화장치가 오늘 수업의 마지막이 될 것이란다.

자동안정화장치요?

자동안정화장치(automatic stabilizers 혹은 built-in stabilizers)란 정부의 의사결정이 없어도 자동적으로 경기조절효과를 나타내도록 되어 있는 제도적 장치를 말한단다. 경기 침체기에는 저절로 총수요 증가효과를 나타내고, 경기 과열시에는 저절로 총수요 억제효과를 나타내는 제도이지.

그럼 자동안정화장치의 예로는 무엇이 있을까요?

음, 하나는 조세제도, 특히 누진세제도이고. 또 하나는 사회보장급여제도, 그리고 실업보험제도 등이 있단다. 누진세제도는 당연히 경기 확장기에 효과를 발휘하겠고, 나머지 제도들은 경기 침체기에 효과를 발휘하겠지?

아, 그 TANF(Temporary Aid to Needy Families, 빈곤가정을 위한 일시적 보조) 같은 거요?

그것도 아는구나? 그럼, 오늘은 여기서 마치자. 이제 다음 시간이면 우리의 긴 여정이 끝난단다.

그럼 쫑파티라도 해야 되지 않아요?

참 고교생적인 마인드구나. 아무튼 내일 보자.

네, 안녕히 계세요.

그래. 너도 조심해서 가거라.

1. 고전학파와 케인즈 학파
   - 고전학파의 주장
     ① 산출량은 자원과 기술에 의해 결정된다.
     ② 공급은 스스로 수요를 창출한다.(세이의 법칙)
   - 케인즈 학파의 이론
     ① 총수요가 늘어나면 그에 따른 산출량이 늘어난다.
     ② 총수요가 줄어들면 산출량도 줄어들어, 이는 국가의 실질 GDP 감소와 함께 실업률 증가를 불러온다.

2. 총공급곡선을 설명하는 세 가지 가설
   ① 신고전학파의 착각이론: 경제 전체의 물가 수준 상승에도 불구하고 공급자들은 자신이 생산하는 물건의 실질 시장가치가 증가한 것으로 착각하여 생산량을 증가시킨다는 이론.
   ② 케인즈 학파의 임금경직성이론: 단기적으로 임금 수준이 물가상승 수준을 따라잡을 수 없기 때문에 실질임금이 낮아지고 고용이 증가하며, 이는 산출량을 늘린다는 이론.
   ③ 신케인즈 학파의 가격경직성이론: 메뉴비용 때문에 물가가 상승해도 일부 기업이 상품의 가격을 올리지 않을 경우, 단기적으로 제품의 실질가격이 하락하여 판매량이 증가한다는 이론.

3. 총수요곡선을 설명하는 세 가지 이론
   ① 피구의 자산효과: 물가가 하락하면 돈의 가치가 상승하여 소비자들은 자

신이 더 부자가 된 것으로 착각하고 소비를 늘린다.

② 케인즈의 이자율효과: 물가 하락 → 화폐 수요 하락 → 예금 증가 → 이자율 하락 → 수요 증가

③ 멘델—플레밍의 환율효과: 물가 하락 → 국내 이자율 하락 → 해외 투자 증가 → 국내 통화 평가절하로 인한 국내 제품의 가격 하락 → 국내 재화와 서비스의 수출 증가 → 순수출의 증가로 인한 수요량 증가

4. 정부의 재정정책

① 확장 재정정책

② 긴축 재정정책

5. 인플레이션의 종류

- **수요 견인 인플레이션:** 일반적인 인플레이션을 말함. 총수요가 총공급을 초과함에 따라 국민 소득과 물가가 동반 상승하는 경우.
- **비용 인상 인플레이션:** 일반적인 스태그플레이션을 말함. 오일 쇼크나 파업 등으로 인한 생산력의 약화로 총공급이 위축되는 경우.
- **통화 인플레이션:** 통화량의 증가에 따른 통화 가치 하락.
- **관리 가격 인플레이션:** 독점기업이나 과점기업들의 전략적 가격 상승에 따른 물가 상승.

스물두 번째 수업

통화와 금융

PRI+N+STU+N ECONOMICS

▶ 경제학에서 말하는 돈의 의미와 역할에 대해서 알아보자.
▶ 통화의 종류에는 어떤 것이 있을까?
▶ 정부가 어떤 방법으로 통화정책을 펼치는지 알아보자.

통화의 경제학적 의미

선생님, 은행에 다녀오느라 조금 늦었어요.

괜찮다. 그런데 은행에는 크게 두 종류가 있는데, 어떤 건지 아니?

상업은행(commercial bank)이랑 투자은행(investment bank)요. 이 두 가지가 은행을 구성하는 체제 아닌가요?

음, 역시 그동안 경제학 공부를 하더니 이제는 뭘 좀 아는구나. 오늘 공부할 내용이 은행이랑 돈과 상당한 관련이 있단다. 그런데 돈을 영어로 하면 뭐지?

Money 아니에요? Capital은 자본이란 의미니까, Money가 더 적합할 것 같아요. 아닌가요?

하하하. 경제학에서 쓰는 용어들은 종종 우리가 일상생활에서 쓰는 용어들과 다른 경우가 있단다. 그 대표적인 예가 바로 Money 지. 우리는 보통 Money라는 단어를 다양한 상황에서 무차별적으로 적용하고는 한단다.

통화의 의미

자, 다음 문장들을 보자.

William Henry Gates earns a lot of money.
John Davison Rockefeller had more money than anyone else.
Microsoft made twice as much money this year as last.
Terry Kim paid lots of money for transportation in Italy.

빌 게이츠는 많은 돈을 번다.
존 록펠러는 다른 어떤 사람보다 많은 돈을 가지고 있다.
마이크로소프트는 작년과 비교해 두 배의 돈을 벌었다.
김태리는 이탈리아에서 교통수단을 이용하는 데 많은 돈을 지불했다.

일단, 첫 번째 문장에서는 money를 income으로 바꾸면 더 좋겠지? 그리고 두 번째에서는 자산(wealth)이 더 교양 있겠다. 세 번째 문장은 이윤(profit)이란 말이 더 정확하고, 마지막 문장에서는 교통에 드는 돈(money for transportation)이란 구문 전체를 교통비(transportation fee)로 바꾸는 편이 문장의 의미가 더 분명해지지.

선생님, 그러면 Money라는 단어는 결론적으로 어디서 사용하게 되나요?

네가 물어볼 줄 알았다. 경제학자들이 정의하는 돈은 크게, 다음 3가지 항목을 포괄하는 의미를 가진단다.

1. 교환의 수단(medium of exchange)
2. 가치의 저장(store of value)
3. 회계의 단위(unit of account)

그럼 먼저 1번인 '교환의 수단'부터 살펴보도록 하자.

인류는 오스트랄로피테쿠스를 종의 기원으로 본다는 사실 너도 알지? 그럼 현생 인류의 가장 직접적인 조상으로 평가 받는 단계는 뭐니?

잠시만요. 처음이 오스트랄로피테쿠스 → 베이징인, 자바인 → 네안데르탈인 → 크로마뇽인……. 맞나? 아 모르겠어요. 그런데 왜요?

호모 사피엔스 사피엔스(Homo Sapiens Sapiens)잖아. 그럼 신석기 혁명이라고 부르는 이 발전의 내용은 뭔지 아니?

그건 알아요. 목축과 농경의 시작이잖아요. 그러니까, 가축을 기르기 시작하고 작물을 재배함으로써 자연에게 완전히 지배당하는 세월이 끝나고, 조금이나마 자연을 조정할 수 있게 됐죠.

여기까지는 훌륭하다. 그럼 농경생활이 시작함에 따라 생긴 중요한 사회적 변화가 뭘까?

잉여생산물에 의한 계급의 분화요.

그렇지. 잉여생산물이 발생하면서부터 부유층과 빈곤층이 생기게 되겠지. 그런데 잉여생산물의 탄생과 함께 또 하나의 경제학적 개념이 등장한단다. 바로 물물교환(bartering)이지.

그러면 내가 표를 두 개 그려줄 건데, 이 표들이 갖는 특징을 네가 한번 말해봐라.

한 교환 경제		
	갖고 있음	갖고 싶음
Haliday	물리책	화학책
Oxtoby	화학책	생물책
Campbell	생물책	물리책

다른 교환 경제		
	갖고 있음	갖고 싶음
Feynman	물리책	화학책
Zumdahl	화학책	생물책
Kimball	생물책	물리책
Giancoli	물리책	화학책
McMurry	화학책	생물책
Purves	생물책	물리책

아, 선생님께서 뭘 원하시는지 알겠어요. 이렇게 시장의 범위가 작으면 물물교환으로 경제를 유지하는 것이 가능하겠지만, 사회가

커질수록 이 교환활동이 꼬여서 잘 안 돌아간다는 사실을 알려주려고 하신 것 아닌가요?

정확하다! 네가 말했듯이, 이런 식으로 물물교환에만 의존하게 되면 거래를 하는 과정에서 물품의 손실이 발생할 수 있다는 단점이 있고, 무엇보다도 시장의 규모가 커지면 커질수록 교환에 소요되는 비용, 예를 들어 운반비, 물품 보관비, 이런 쓸데없는 비용이 더 많이 들어가게 되지. 그래서 인간은 결국 상품화폐(commodity money)를 금본위 화폐(fiat money)로 바꾸게 된단다. 그러면 모든 상품들의 가격이 한 가지 방법으로 표현되게 되지. 경제학자들은 이러한 이유로 돈을 가치의 표준(standard of value)이라고 한단다.

금본위 화폐는 '금은 한정된 재화이기 때문에 돈의 양도 쉽게 한정시킬 수 있다'는 점에 고안하여 법정 통화를 발행하면서 나타났어. 하지만 결국에는 엄청난 속도로 증가하는 돈의 수요를 감당하지 못하게 되면서 금본위 화폐도 폐지되지. 그리고 금과 돈의 가치를 1대1로 대응시킬 수 없었기 때문에 화폐 자체가 본질적인 가치를 누리게 된 것도 금본위 화폐가 사라진 이유란다.

돈은 교환의 수단으로서의 역할을 하는 것 외에 회계의 단위로서도 역할을 한단다. 어떤 사람이 보유하고 있는 땅이나 집, 차, 보석, 주식 등으로 그 사람의 재산 정도를 가늠하듯, 보유하고 있는 돈의 양 또한 그 사람의 재정적 수준을 평가하는 잣대가 된다는 말이란다. 물론 돈이 많은 사람을 두고 부유하다고 하는 걸 보면 돈의 위력을 쉽게 느낄 수 있지.

그리고 돈은 가치를 저장하는 역할도 해. 무슨 말인가 하면, 어떤 사람이 열심히 일한 노동의 대가가 돈이라는 수단을 통해 저장이 된다는 뜻이지. 그래서 가치의 저장이라는 말을 쓰는 것이고.

돈의 종류

그런데 선생님, 경제학자들은 돈을 어떻게 정의하고 있나요?

다음 문장을 보렴.

Money is anything that society accepts in payment for a good or service.

돈이란 사회적으로 인정되는 재화와 용역의 가치가 환산되는 모든 것이다.

돈이 존재하는 이유와 돈의 정의를 공부했으니, 이제 돈의 종류에 대해서 공부할 차례지? 자, 얼른 시작해보자.

먼저, 경제학자들은 돈을 분류할 때, 'M1, M2, M3'로 분류를 하는데, M 오른쪽에 붙는 숫자가 클수록 그 범위가 커지는 거란다. 그러니까, M1보다 M2가 범위가 크겠지.

조금 헷갈리지? 그래서 AP에서는 M2는 M1을 포함하고 보통예금계좌(savings accounts)와 양도성 정기예금증서(NCD, certificates of deposit), 그리고 소매 금액 펀드(retail money funds)를 포함한다는 정도만 가르친단다. 그렇다면, 태리 네가 M1에 들어갈 항목을 맞혀보거라. 힌트를 주자면, M1에 있는 항목들은 돈의 유동성(liquidity)이 더 높단다. 다시 말해서, 현금화하기가 더 쉬운 항목들이지.

일단, 동전과 지폐가 있겠고, 자기앞수표는 확실히 들어가요. 그리고 또 뭐가 되려나······. 아! 신용카드도 될 것 같아요.

그 정도면 잘 맞힌 편이구나. 자, 정리를 해보자. 일단 M1은 흔히 '통화'라고 한단다. '통화'에는 네가 말한 동전과 지폐, 자기앞수표, 그리고 청소년들에게는 익숙하지 않은 여행자 수표(traveler's checks)가 포함된단다. 또한 미국에서 흔히 쓰는 수표 있지? 보통 앞면에 금액 적고, 뒷면에 배서하는 종이 있잖아. 사람들은 보통 한 다발을 들고 다니곤 하지. 경제학자들은 이를 직접적으로 표현하지 않고, 계좌를 표현하는 데 이를 거래계정(transaction account)이라고 한단다. 그 수표를 은행에 가서 바꿀 때, 이 계좌에서 정산이 되는 거지.

그리고 M2는 '총통화'라고 하는데, 여기에는 보통예금계좌와 양도성 예금증서, 그리고 소매 금액 펀드가 있고, M1의 요소들인 통화, 여행자 수표, 그리고 단순 거래 계정이 모두 포함되어 있다고 했다. 여기서 M1을 제외한 나머지 요소들을 깊이 있게 살펴보자.

먼저, 보통예금계좌는 네가 저축을 할 때 필요한 계좌란다. 따라서 아까 언급했던 거래계정보다는 현금화를 할 기회가 상대적으로 적지. 그래서 과감히 M2로 분류가 된단다.

또한 양도성 예금증서도 은행에 가면 쉽게 현금화할 수 있겠지만, 직접적인 상업 활동에 활용할 수 없는 점에 비추어 M2로 분류가 되겠다. 현금 인출기(CD, Cash Dispenser)와 구분하기 위해서 NCD라고 쓰는 이 증서는 은행이 정기예금에 대하여 발행하는 무기명의 예금증서로 예금자는 이를 금융시장에서 자유로이 매매할 수 있단다. 1961년 미국의 시티은행을 비롯한 거대 은행에서 주로 증권시장으로 유입되는 기업의 여유자금을 흡수할 목적으로 NCD를 발행한 이래, 미국에서는 대규모로 발행하게 되었지. 영국에서는 1968년 10월부터, 일본에서는 1979년 5월부터 NCD가 발행되었단다. 한국에서는 1984년 6월부터 정식으로 발행되었고.

마지막으로, 소매 금액 펀드는 쿠폰(coupon)과 상품권(gift certificate)의 성격을 모두 갖춘 증서를 말한단다. 보통, 말 그대로 소매(retail)의 범위에서 권리행사가 이루어지지. 참고로 M2M, M3에 대해서는 대학교 1학년 경제학의 범위를 넘어서므로 본 수업에서는 생략하겠다.

통화정책에 대한 간단한 소개

그럼, 오늘 수업은 끝인가요?

아니, 하나만 더 하자꾸나. 다음 시간에 공부할 통화정책(Monetary Policy)에 관해서 살짝 알아보고 수업을 마치는 편이 좋을 듯하구나.

미국에는 연방공개시장위원회(FOMC: Federal Open Market Committee)라는 위원회가 있는데, 이 위원회는 연방준비위원회(FED) 이사회(Board of Governors)의 명령을 받들어 수행한단다. 자, 여기서 퀴즈. 과연 무슨 명령을 수행할까?

왠지 금융정책(Fiscal Policy)이랑 관련이 있어 보여요. 그리고 왠지 이 정책도 총수요곡선의 이동과 관련이 있을 것 같은데요? 따라서 이 연방공개시장위원회도 공개시장(open market)에서 통화량(money supply) 조절을 도모할 것 같아요.

아, 역시 태리 너는 비즈니스맨의 피를 타고났구나. 방향은 정확하다. 그런데 중요한 사실이 하나 있다면, FED 이사회의 5명 모두와, 12개의 지역 본부(District Branch)들에서 5명의 대표 은행장이 합쳐져 FOMC를 결성한단다. 관계가 조금 희한하지?

그리고 이들은 크게 4가지 방법으로 총수요를 조절한다. 재정정책은 정부가 직접적으로 총수요곡선을 움직였잖니? 정부 지출과 과세 정도를 조절해서 말이야. 하지만 통화정책은 총수요곡선을 직접적으로 움직이지는 못하고 통화량의 조절을 통해서 간접적으로 경제에 영향을 끼친단다. 또한 이렇게 통화량의 변화가 총수요의 변화를 일으키는 과정을 통틀어 전달 경로(Transmission Mechanism)라고 하지.

아, 그러니까 '통화량 → 이자율 → 대출량 → 총수요곡선의 이동'으로 이어지는 루트를 말씀하시는 거죠?

그래. 그런데 그 과정에 대해 심층적으로 알아보는 것은 다음 시간에 하도록 하고, 오늘은 통화정책의 4가지 종류에 대해서만 알아보도록 하자. 이 부분도 정말 중요하단다.

먼저, 재할인율 정책에 대해 알아보자. 은행이 금융기관에 빌려주는 자금의 이자율을 할인율(discount rate)이라고 한단다. 이는 은행이 근본적으로, 단순히 가계의 돈을 저축해주는 보관소가 아니라 가계의 돈을 기업에 빌려주고, 기업에게 이자를 받고, 적당한 비율을 가계에 이자로 다시 지급하며, 그 차익을 남기는 하나의 사업체라는 인식 하에 이루어지지. 그런데 기업이 대출을 할 때는 부채(liability)를 상환(reimburse)하겠다는 신용증서인 어음을 작성한단다. 어음에는 상환 예정 날짜와 상환의 대상이 명시되고, 가장 중요한 상환 금액이 기입되지. 하지만 은행은 그 금액을 처음부터 그대로 빌려주지는 않아. 약간의 할인율을 적용시켜 조금 덜 빌려주게 되지. 자, 이해를 돕기 위해서 예를 들어볼게. 가령, 할인율이 10%이고 1,000달러가 상환 예정 금액이라면, 은행은 애초에 900달러만 빌려주게 된단다. 이제 알겠지?

네, 이해됐어요. 그런데 재할인율은 뭔가요? 말 그대로 한 번 더 할인하는 건가요?

언뜻 생각하면 그렇게 착각하기 쉬운데, 사실은 개념이 약간 다르단다. 은행이 대출을 많이 해주면 어음이 많아지는 대신 현금이 부족한 경우가 생기지는 않을까? 그럼 시중 은행들, 그러니까 너희 동네에서 흔히 볼 수 있는 일반적인 은행에서는 중앙은행, 즉 연방준비위원회에 어음을 맡기고 현금을 받아온단다. 이때, 연준위에서는 재할인율(re-discount rate)을 적용하여 어음을 받아. 물론 재할인율은 할인율보다 낮겠지. 그래야 은행이 이익을 보니까. 그런데 만약 연준위가 재할인율을 낮추면 어떻게 되겠니?

그러면 은행이 연준위에게 돈을 더 많이 빌릴 수 있다는 뜻이고, 그렇게 되면 기업에게도 더 낮은 할인율이 적용될 테니, 대출이 늘어나고 시중에 통화량이 증가하게 되겠네요.

그렇지, 그렇게 되지. 그럼 다음 항목을 공부해도 될 것 같구나.

연방준비위원회의 두 번째 통화정책으로는 공개시장조작정책(Open Market Operations)이 있는데, 이 정책의 내용은 국·공채(Government Securities)의 매매를 통해 통화량을 조절하는 정책이란다. 이 정책의 특징은 전달 경로가 다른 정책들에 비해 상당히 빠르다는 점이라는 사실, 기억해두자.

정부가 공개시장에서 거래하는 대표적인 유가증권인 국·공채의 종류로는 미 재무부 단기 채권(treasury bills), 중기 채권(treasury notes), 그리고 장기 채권(treasury bonds) 정도가 있단다. 정부는 이들을 자금이 필요할 때도 사용하지만, 통화량을 조절할 때도 매우 긴밀히 사용하게 되지. 그럼 만약 정부가 통화량을 증가하려면 어떻게 해야 할까?

그럼 연방준비위원회가 시중에 돌아다니는 국공채들을 사들이겠죠? 그러면 민간의 통화량이 증가할 테니까요.

그렇지. 만약 통화량을 감소시키고 싶다면 그 반대로 하면 되겠지. 연방준비위원회의 금융정책 중 세 번째는 지급준비율 정책인데, 이는 일반 시중 은행의 지급 준비금 비율(Required Reserve Ratio 혹은 Cash Reserve Ratio)을 조정하여 통화량을 조절하는 정책이란다. 아까도 말했듯, 은행도 하나의 사업체로서 국민들이 예금한 돈을 몽땅 금고에 던져 넣지는 않는단다. 기업에 대출해주게 되지. 그런데 어떤 기업이 너무도 성장 가능성이 큰 나머지 너희 동네에 있는 한 은행이 총 예금의 90%를 그 기업에게 빌려주었다고 가정해 보자. 그 상황에서 문제가 될 수 있는 것이, 갑자기 사람들이 그 은행에 몰려와서 원래 있었던 총 예금의 15%만큼의 돈을 인출하려 한다면, 나머지 5%에 해당하는 돈은 은행이 예금자에게 제때에 돌려주지 못하게 되지. 따라서 연방준비위원회는 그런 과도한 대출(bank-run)을 방지하기 위해서 지급 준비금의 비율을 정한단다. 이를 지급준비율이라고 해서 보통 지준율(RRR)이라고 부르지. 그런데 연준위는 통화정책의 수단으로서도 이 지준율을 사용한단다. 만약 지급준비율을 높이면 어떻게 될까?

제 생각에는요, 은행이 더 많은 돈을 수중에 가지고 있어야 하니까, 더 적은 돈을 기업에 빌려주게 되고, 결과적으로 시중에는 통화량이 줄어들게 되네요. 맞지요?

그렇지. 그렇게 통화량이 줄어들면 총수요곡선에 어떻게 영향을 미치지?

통화량이 줄어들었다는 뜻은, 기업의 투자가 줄어든다는 말이고, 일반 소비자들 또한 지출을 줄인다는 뜻이죠. 따라서 단기적으로 물가 하락을 유도하지만, 실업률이 증가하게 되죠.

음, 잘 알고 있구나. 여기서 우리는 다음의 식을 알 수 있단다.

**저축률이 S일 때, 정부 지출이 G라고 하면,
국민소득의 증가=$G+(1-S)G+G(1-S)^2+G(1-S)^3+\cdots+G(1-S)^\infty$**

그럼, 뭐가 되지?

일단, G를 맨 앞으로 묶고, 1-S를 C, 즉 소비율로 바꾸면 '국민소득의 증가=$G(1+C+C^2+\cdots+C^\infty)$가 되는데요? 예전에 화폐승수 구할 때와 같이 $G/(1-C)$가 되고, 이것은 G/S가 되네요. 즉, 저축률의 역수를 곱해준 것만큼의 국민소득이 증가하는군요.

그렇다. 바로 이 효과를 은행 예금의 관점에서 바라보면, 1억 원의 추가적인 저축은 10억 원의 화폐 공급을 감소시킨 것과 같게 되겠지? 이 현상을 예금창조(credit creation)라고 하며, 지급준비율의 역수를 신용승수(credit multiplier)라고 한단다. 절대 잊지 말자.

그럼 오늘 배운 내용을 정리해보자. 연방준비위원회가 통화정책에서 쓰는 3가지 정책이 뭐라고 했지?

일단, 지급준비율을 변화시키는 정책이 있고, 공개시장을 조작(open market operation)하는 정책 하나, 그리고 재할인율(rediscount rate)을 조절하는 정책이요.

맞아. 경제학자들은 그 3가지를 연방준비위원회의 간접 조절 수단이라고 하지. 하지만 마지막으로 하나만 덧붙이자면, 선별적 통화정책이 있는데 이는 중앙은행이 위의 간접 조절 수단들이 잘 통하지 않을 때 직접적·선택적으로 개입하는 금융정책이란다. 예로, 수산업의 경기가 불황에 시달린다면 일반적인 통화정책으로는 바로 해결하기가 쉽지 않겠지. 그래서 수산업 종사자 분들께 대출 이자를 대폭 감면해드리는 정책을 펼치면 어떨까? 많은 도움이 되겠지? 이 정책의 다른 예로는 대표적으로 벤처·중소기업 지원금융정책이나 학생 장학 금융정책, 일반 은행 대출 한도제, 이자율 규제 정책 등이 있지.

이야, 오늘 진도 많이 나갔는걸! 태리, 너 빨리 가야겠다. 시간이 너무 많이 지났구나.

아, 그러네. 그럼 안녕히 계세요.

그래, 조심해서 가거라.

스물세 번째 수업

통화정책

PRI+N+STU+N ECONOMICS

▶ 이자율, 자산 수준, 실질 GDP와 화폐의 수요에는 어떤 관계가 형성되는지 생각해보자.
▶ 화폐시장에서의 수요 및 공급곡선에 대해서 알아보자.
▶ 통화정책에 관해 경제학자들은 어떤 입장을 취했는가?

통화정책이란?

선생님, 안녕하세요?

그래, 어서 오거라. 예습은 했니?

예습은 기본이죠. 안 그래요?

그럼 그 말의 진실 여부도 판결할 겸 문제를 하나 맞혀보거라. 다음 4가지 상황이 가장 많이 방해할 경제학적 정책은?

짧아진 경제 순환 주기

늘어난 가계 부채

은행 간 대출 경쟁

달라진 금융환경

당연히 통화정책이죠.

어? 어떻게 알았어?

오늘 배울 정책이 그거 딱 하나기에 찍었어요. 왠지 재정정책은 아닌 것 같았고요.

아무튼 답은 맞아. 오늘 주로 공부할 내용이 통화정책에 관한 건데, 그 전에 기본적인 몇몇 개념들을 배워볼 거란다. 그리고 그 개념들 중 가장 먼저 공부할 항목이 바로 화폐시장의 그래프인데, 전혀 어려운 개념이 아니니까 차근차근 공부해보자.

먼저, 화폐시장의 공급곡선에 대해서 먼저 알아보자. 화폐의 공급은 중앙은행이 조절하는 외생변수란다. 여기서 지난 시간의 내용을 잘 기억하고 있는지를 알아보기 위해서 문제를 하나 내겠다. 연방준비위원회(FED)의 화폐 공급 조절 방법 4가지는 뭐가 있었지?

아, 그거요? '①공개시장의 조작, ②지급준비율 조절, ③재할인율의 조절, ④직접 규제' 잖아요.

이자율과 화폐의 수요

잘 기억하고 있구나. 네가 말한 처음 세 가지 이론은 '간접 규제'의 범주에 속한다는 사실 잊지 말자. 아무튼 이론들에 따르면, 화폐 공급량은 일반 이자율과는 무관하지? 따라서 화폐 공급곡선은 가로축에 수직하단다. 다음처럼 말이야.

아, 그러니까 이자율에 상관없이 화폐 공급량은 일정하군요?

그렇지. 그런데 화폐 수요를 결정하는 변수에는 여러 가지가 있지만, 이자율이 가장 중요한 변수란다. 신기하지?

왜 그렇죠?

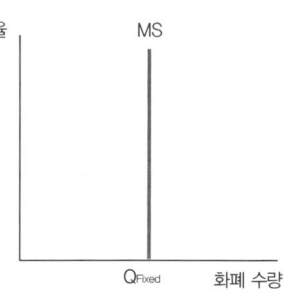
화폐 공급곡선

비록 화폐는 교환의 매개수단이지만, 수익성이 0인 자산이기 때문이란다. 따라서 이자율이 상승하면 화폐 보유의 기회비용이 증가하겠지. 쉽게 말해서, 이자율이 상승했을 때 되도록 많은 돈을 저축해놓아야 이익이 높아지잖아. 나름 불로소득이니까. 따라서 이자율이 상승하면 화폐에 대한 수요는 감소한단다. 다음 그래프처럼 말이야.

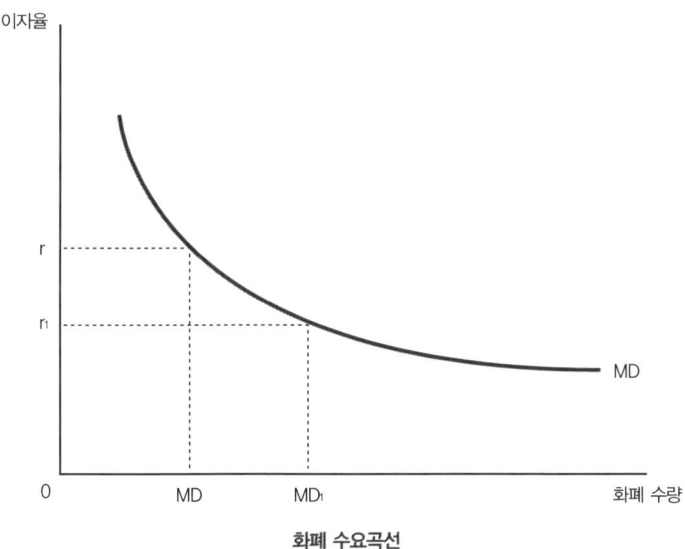
화폐 수요곡선

통화정책 **381**

이때 중요한 사실은 물가 수준이 오르거나, 아니면 실질 GDP가 상승할 때 돈을 더 많이 필요로 한다는 점이란다. 그 이유는 화폐 수요가 시장 가치(Market Value)에 비례하기 때문인데, 시장 가치는 물가 수준과 실질 GDP의 곱과 같단다. 따라서 물가 수준이 상승한다면 사람들이 평균적으로 보유하고자 하는 화폐의 수량이 늘어나고, 이에 따라 화폐의 수요가 증가하겠고, 실질적인 GDP가 상승할 때도 당연히 그렇겠지? 지금 내가 아래에 그리는 그래프처럼 말이야.

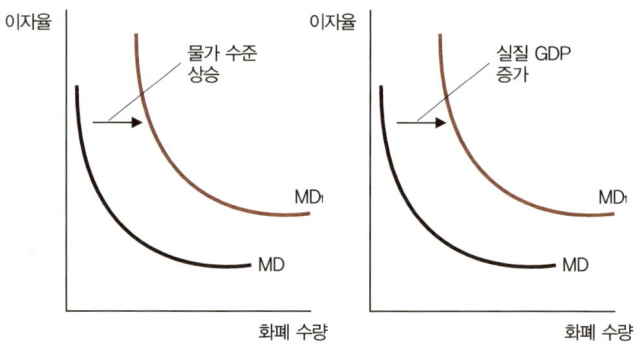

물가 수준과 자산 수준과의 관계

왜요? 사람들의 자산 수준이 높아진다고 해서 화폐를 더 많이 가지고 싶어 하지는 않지 않을까요?

하하, 이 녀석아. 화폐도 경제학에서는 재화의 한 종류란다. 우리의 실질 GDP가 높아지면 당연히 소비를 더 많이 하게 되고, 그 소비의 대상 중에는 화폐도 있는 거지.

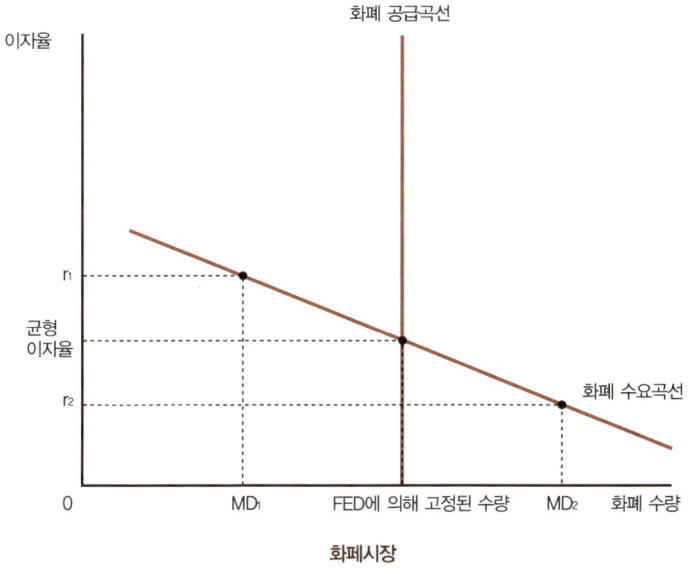

아무튼 이것이 예전에 잠깐 언급했던 케인즈의 유동성선호이론과 관련이 깊은 내용이란다. 즉, 이자율은 화폐의 수요량과 공급량이 같아지도록 변동한다는 말인데, 이 그래프에서 이자율이 균형 수준보다 높은 r_1이면 사람들이 보유하려는 화폐의 양(MD_1)이 중앙은행이 공급하는 통화량보다 적단다. 따라서 화폐의 초과공급으로 인해서 이자율은 하락하게 될 테지.

그런데 반대로 이자율이 균형 수준보다 낮은 r_2면 사람들이 보유하려는 화폐의 양(MD_2)이 중앙은행이 공급하는 통화량보다 많게 된단다. 따라서 화폐의 초과수요로 인해서 이자율은 상승하게 되지. 즉, 균형 이자율에서는 사람들이 보유하려는 화폐의 양이 중앙은행의 화폐 공급량과 일치하며, 화폐시장에서 수요와 공급은 '보이지 않는 손'에 의해서 균형 수준을 향해서 움직이게 된다는 말이란다.

통화정책에 대한 경제학자들의 입장

선생님, 여기까지 이해는 잘 되었는데요, 이 화폐시장이 다른 시장들과 어떻게 연관이 돼 있나요?

마침 그걸 알아보려고 했단다. 태리야, 화폐시장의 수요·공급곡선을 한 그래프에 그려보거라.

이렇게 그리는 것 아닌가요?

맞아. 잘 하는구나. 여기서 오늘 배울 금융정책을 간단히 정의하고, 그 금융정책이 어떻게 시장에 영향을 미치는지

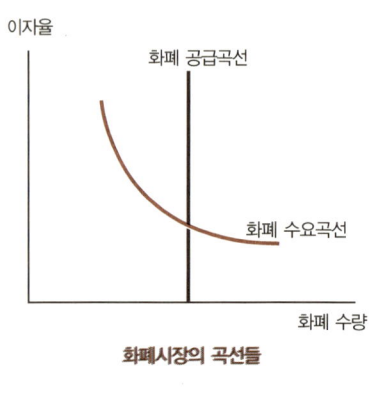

화폐시장의 곡선들

를 보여줄 것이다.

통화정책(monetary policy)은, 흔히 금융정책이라고 불린단다. 사실, 통화정책이 더 원어에 가까운 번역이지. 아무튼 재정정책과의 다른 점은, 재정정책이 총수요를 직접적으로 조절하는 정책이라면, 통화정책은 중앙은행이 통화량을 조절하는 정책이란다. 여기서 강조해야 하는 부분이, 통화량은 시중에 유통되는 화폐를 말한다는 점이다. 꼭 알아두자. 자, 여기서 문제 하나. 연방준비위원회

가 통화량을 어떻게 조절하는지 4가지의 조정요소를 말해보거라.

지급준비율, 재할인율, 공개시장조작, 그리고 선별적 금융정책이라고 해서 경제의 일부분을 직접적으로 조작하기도 하지요.

훌륭하다. 중앙은행이 화폐공급량을 증가시키면, 화폐 공급곡선이 오른쪽으로 이동하고, 화폐의 균형가치는 하락하며, 균형물가수준은 상승하지? 이렇게 통화량의 변화가 총수요의 변화를 일으키는 과정을 내가 뭐라고 했지?

전달 경로요.

경제학자들은 이 전달 경로가 갖는 일련의 효과들을 통틀어 화폐 수량설(quantity theory of money)이라고 한단다. 쉽게 말해서, 경제 내에 존재하는 화폐의 양이 물가 수준을 결정하며, 통화량의 증가가 물가상승을 유발하는 주요인이라는 이론이지.

그럼 내가 이 화폐시장에서의 변화를 보여줄 테니 잘 보거라.

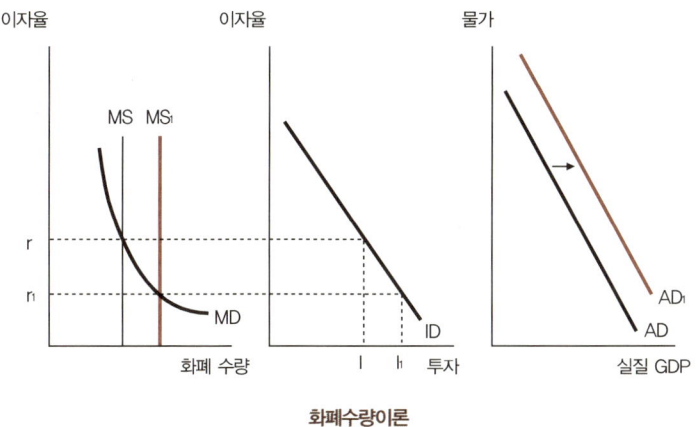

화폐수량이론

첫 번째 그림에서 볼 수 있듯이, 시중에 통화량이 증가하게 되면 이자율이 떨어지게 된단다. 그런데 상식적으로 이자율이 떨어지면 기업들이 더 많은 대출을 하여 더 많은 시설투자를 감행할 것이다. 그렇다면 이는 GDP의 구성요소인 C+I+G+NX 중 I가 증가하므로 GDP가 늘어난다는 이론이지.

바로 이 이론이 케인즈 학파의 통화이론이란다. 전에 재정정책에서도 등장했지? 이 학파는 재정정책의 강한 수호자라고 배웠다. 따라서 그들은 이 통화정책은 그리 효과적이지 못하다고 생각했는데, 그 이유가 앞에서 말했듯 통화정책에서는 오직 이자율만이 총수요에 영향을 미친다고 했기 때문이란다. 게다가 케인즈 학파는 통화정책에서는 유동성 함정(liquidity trap)이 있다고 주장했는데, 이는 이자율이 매우 낮을 때 통화량을 늘려도 이자율이 하락하지 않는 경우란다. 이때를 가리켜 유동성 함정에 빠졌다고 하는 거지.

자, 여기서 문제. 만약 통화량을 늘려도 이자율이 하락하지 않는다면 경기에 어떤 영향을 끼칠까?

이자율이 하락하지 않으면, 통화량을 늘려도 투자가 증가하지 않기 때문에 경기가 살아나지 않게 되죠.

정확하다. 이제 알겠지?

선생님, 그럼 고전학파도 이 통화정책에 대한 이론이 있어요?

당연하지. 하지만 재정정책 때와 원리는 같단다. 말 나온 김에 하나 물어보자. 고전학파의 이론에서, 총수요가 증가하면 한 경제에 어떤 영향을 끼치니? 그래프로 설명해보거라.

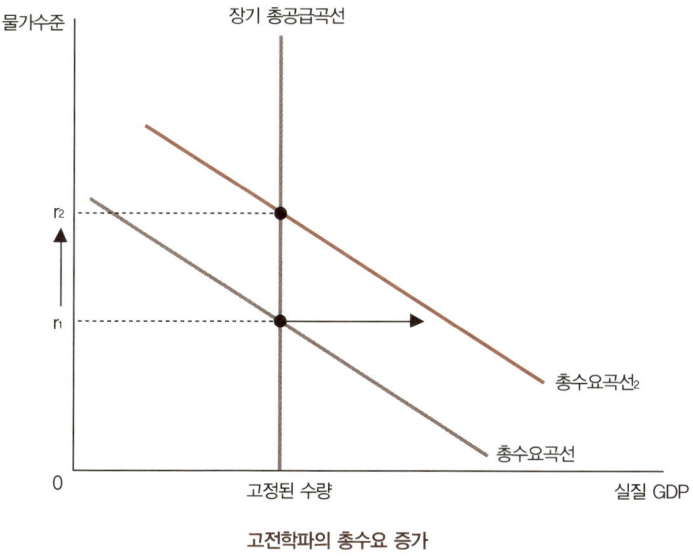

고전학파의 총수요 증가

일단 그래프는 위와 같이 돼요. 총수요가 늘어나면 물가는 상승하지만, 생산량은 그대로 있죠.

그렇다면 생산량 변화가 없으니 실업률도 변화가 없겠구나. 그럼 여기서 고전학파가 화폐량 변화에 대해서 취한 입장을 살펴보자.

영국의 고전주의 경제철학자 데이비드 흄(David Hume)은 실질변수는 통화량이 변화해도 영향을 받지 않는다고 보았단다. 즉, 화폐 공급이 증가하면 물가가 상승하지만(화폐량이 많아지면 화폐의 가치가 떨어지고 상대적으로 물가는 상승하게 된다), 생산량, 고용, 실질임금, 실질이자율 등의 실질변수(real variables)에는 아무런 영향을 미치지 못한다고 주장했다는 뜻이지. 이렇게 화폐시장에서 발생한 변화가 실질변수와 무관하다고 보는 견해를 화폐의 중립성이론

(monetary neutrality theory)이라고 한단다. 알겠지?

화폐의 중립성이론이 무슨 뜻인지는 알겠는데요, 그게 경제학에 어떻게 적용이 되는 거죠?

아, 아직 정확히는 감이 안 잡힌다는 말이구나? 좋은 질문이다. 여기서 우리는 화폐 수량 방정식(equation of exchange)을 통해서 화폐의 중립성이 무엇인지 정확히 알아보자.

$$M \times V = P \times Y$$

여기서 M은 통화량(Money supply)을, V는 화폐유통속도(money Velocity)를 말한단다. 다시 말해서, 화폐 1단위가 평균적으로 1년에 몇 번 손 바뀜을 했는가를 나타내는 수치지. 그리고 P는 물가수준 (Price level)이란다. 이건 익숙하지? 그리고 Y도 실질 GDP(real GDP)로써, 네게는 익숙할 것이다. 그런데 경우에 따라서는 Y 대신 산출량(Quantity of output)이라고 해서 Q를 쓰는 책들도 있는데, 미시경제학의 Q와 차별화를 위해서 나는 Y를 선호하는 편이란다. 참고로 오늘 우리가 배울 모든 학파들은 이 방정식이 옳다고 믿는다. 그러나 고전학파들은 여기서 V와 Y가 일정하다고 믿지. 따라서 통화량이 N% 상승하면 가격도 N% 상승하겠지? 바로 이 현상을 보고 화폐는 중립의 위치를 지킨다고 생각한 거지. 이제 이해가 되니?

$$M \times \bar{V} = P \times \bar{Y}$$

아, 알겠어요. 그러니까, 결국 돈은 실질 GDP와 고용량에는 아무런 영향을 끼치지 않는 셈이군요.

그렇지. 앞서 말했듯 고전학파는 오직 보유자원의 증대와 생산성의 향상만이 그런 실질요소들을 변화시킬 수 있다고 생각한 셈이지. 아, 빼먹은 게 하나 있다. 화폐 수량 방정식에서 M과 V의 곱은 한 경제 내에서 구매자들이 쓴 지출금액의 총합을 뜻하고, P와 Y의 곱은 판매자들이 얻은 수입의 총합을 뜻한단다. 따라서 좌변과 우변의 값은 일치하게 되지.

그럼 이제 마지막으로, 2006년 11월 16일, 94세를 일기로 타계한 밀튼 프리드먼(Milton Friedman)을 대표로 하는 통화주의자(monetarist)들의 의견을 들어보자.

통화주의자요?

통화주의(monetarism)란, 말 그대로 통화정책을 믿는 학파(school)란다. 이 학파는 반면, 재정정책은 효과가 작다고 보는데, 그 이유가 예전에 언급했던 구축효과 때문이란다. 또한 내가 재정정책 수업에서 케인즈 학파는 재량정책을 주장한다고 배웠지? 그런데 통화주의자들은 준칙정책(rules policy)를 주장하며, 정책 시차(policy lag)를 피해야 한다고 경고한단다. 즉, 경기의 미세 조정(fine tuning)은 불가능하다고 한 셈이지.

여기서 준칙정책이란, 통화 공급을 일 년에 N%씩 정해놓고 그대로 시행해가야 한다는 거지. 이를 주장하는 이유가 바로 정책 시차인데, 경제 문제를 인식하는 데 걸리는 시간을 인지 시차(recognition lag)라고 하고, 실제로 정책을 수립하는 데 걸리는 시간을 실행 시차 (implementation lag)로 나누어 이를 내부시차(inside lag)라고 하고, 정책이 시행된 이후, 실제적으로 효과를 볼 때까지 걸리는 시간을 외부시차(outside lag)라고 한단다. 여기까지 알겠지?

그런 여러 가지 방해요소들이 실제로 어떤 효과를 불러일으키죠?

아, 뭘 질문하는지 알겠다. 그러니까 경기가 좋을 때 정부가 경기를 긴축시키기 위한 정책을 수립하여 실행하려고 하잖아, 그때, 정책이 효과를 발휘할 때쯤이면 경기는 이미 진정되어 있어서 그 정책은 오히려 높은 실업률 같은 부작용을 낳을 수 있다는 소리지. 그 반대 경우도 물론 있을 수 있고.

선생님, 그러면 케인즈 학파는 정부의 적극적인 개입을 주장했잖아요. 그럼 그 사람들은 어떠한 믿음 때문에 통화론자들의 반대 이론에 굴하지 않은 거죠?

좋은 질문이다. 케인즈 학파는 단기적으로 사람들의 심리적 변화 때문에 경기의 등락이 발생한다고 믿는단다. 즉, 사람들의 경제에 대한 예측은 어느 정도 스스로 실현되는 예언의 속성을 가진다고 생각하는 것이지. 참고로, 이를 피그말리온 효과(Pygmalion Effect)라고 한단다. 이 효과를 믿기 때문에 통화론자의 정책 시차 이론을 거들떠보지도 않은 셈이지.

선생님, 그럼 통화주의의 총수요·총공급곡선들은 어떻게 생겼죠?

통화주의의 그래프는 케인즈와 비슷하단다. 총수요곡선은 일단 세 학파 모두 같고, 총공급곡선은 흔히 말하는 단기에서의 총공급과 같은 모습을 띠지. 아무튼 중요한 점은 통화정책을 믿으니까, 통화정책을 통해 총수요의 증가율이 케인즈 학파의 그래프에서보다 더 두드러지게 나타난다는 점 알아두자.

아까 배웠던 화폐 수량 방정식에서 고전학파처럼 V와 Y가 일정하지는 않지만, 그리 큰 변화는 없다고 생각했단다. 따라서 M을 증가시키면 P와 Y가 모두 영향을 받지. 하지만 케인즈 학파가 오직 이자율을 통해서만 시중 통화량이 조절된다고 주장했던 반면, 고전주의 학파처럼 통화주의자들은 모든 변수에 의해서 통화량이 조절 가능하다고 믿었단다. 따라서 통화정책의 효과는 정말 크다고 생각했지. 자, 여기서 마지막 문제 하나만 풀고 수업을 마치자. 오늘 배운 세 학파의 견해를 칠판에 정리해보거라.

이 정도 정리하면 되겠죠?

	고전학파	통화주의	케인즈 학파
경기 조절이 가능하다고 믿는 유일한 요소	생산함수 Y=A(R) 중에서 A와 R(L, K, N, H)	M×V= P×Y에서 M	GDP 방정식 Y=C+I+G+NX 에서 G
통화량의 변화를 만드는 요소	무수함	무수함	오직 이자율
통화량의 변화에 영향 받는 요소	오직 물가 수준(P)	P와 Y(=Q)	P와 Y(=Q)
통화정책에 따른 영향의 강도	강하지만, Y 혹은 Q에는 영향을 못 미침	매우 강함	약함
화폐의 속도와 실질 GPD의 일정함	항상 일정	일정하지는 않지만 큰 변화는 없음	항상 변함
대표 경제학자	장 세이	존 케인즈	밀튼 프리드만

이야, 정말 훌륭하다. 오늘은 이제 그만 쉬고, 내일 만나자. 이제 어려운 과정은 다 마쳤다. 이제 내일이 마지막 수업이구나.

그렇네요. 집에 가서 복습을 열심히 해야 되겠어요.

그래. 그럼 잘 쉬고, 내일 보자.

네, 안녕히 계세요.

그래.

스물네 번째 수업

환율과 경제성장

PRI+N+STU+N ECONOMICS

▶ 국민총생산의 개념을 다시 한 번 정리하고, 순해외투자의 의미를 파악하자.
▶ 환율을 움직이는 구체적인 예를 생각해보자.

환율

선생님, 저희 어머니께서 선생님께 지금까지 저를 가르쳐주셔서 감사하다고 식사를 한번 대접하시고 싶으시데요.

아, 그러셔? 뭐 잘해준 것도 없는데 너무 과분한 처사시다.

아니에요. 선생님은 자격이 충분하세요.

그래? 고맙다. 그럼 얼른 진도 나가고 약간 일찍 나가서 어머님을 기다리는 게 좋겠다.

그래요.

하하, 그런데 너 관리 플로트(Managed Float)가 뭔지 아니?

글쎄요, 뭐에요?

'관리 플로트'란 변동환율제도하에서 국가가 외환시장에 개입하는 제도를 말한단다. 여기서 'Float'란 단어는 '환율을 시장에서 자유로이 변동시키다'라는 술어지. 환투기 등이 일어나기 쉬운 환경에서는 변동시세가 반드시 통화의 실세를 반영하는 것은 아니므로, 당국이 외국환시장에 개입해서 타당하다고 인정되는 수준으로 시세를 안정시키는 행위가 보편화되었는데, 이를 바로 관리 플로트라고 한단다. 오늘 배울 '환율'과 관련이 있어서 그냥 물어보았단다.

그럼 우리는 순수출(NX: net export)이 순해외투자(NFI: net foreign investment)와 같다는 사실을 생각하면서 오늘 수업을 시작해보자.

'순해외투자'가 정확히 뭐에요, 선생님?

예를 들어보면 쉽게 알 수 있단다. 유럽의 에어버스사가 일본의 한 항공사에 비행기 몇 대를 판다고 가정해보자. 유럽의 순수출이 증가하며, 동시에 해외자산, 즉 엔화를 취득한 것이므로 순해외투자도 역시 증가하지?

아하, 이해했어요.

그리고 $Y = C + I + G + NX$도 기억하지?

당연하죠. 국민총생산은 가계의 소비, 기업의 투자, 정부의 지출, 그리고 순수출로 구성되어 있다는 거잖아요.

그런데 여기서 국민저축(S: National Saving)은 말할 것도 없이 국가의 소득 중에서 소비와 정부 지출에 충당하고 남은 금액이겠지? 따라서 다음과 같은 식이 성립한단다. 칠판을 보자.

S=Y-C-G

국민저축은 국민총생산에서 가계의 소비와 정부의 지출을 뺀 값이라고 했다. 그런데 이 식에 조세수입(T)을 넣었다 빼서 다음과 같이 식을 바꾸어보자.

S=(Y-T-C)+(T-G)

첫 번째 괄호인 (Y-T-C)는 민간저축(Private Saving)이라고 해서, 가계소득 중에서 소비하고 세금을 내고 남은 금액을 말한단다. 또한 두 번째 괄호인 (T-G)는 정부저축(Public Saving)이며, 조세수입 중 정부 지출을 제하고 남은 금액을 말한단다. 알겠지?

네, 알겠습니다.

또한 S=Y-C-G에서, (Y-C-G)는 (I+NX)와 같지? 원래 식을 변형하면 말이야. 그래서 우리는 결론적으로 다음 식을 도출할 수 있단다.

S=I+NFI

여기서 S=I+NFI라는 식이 의미하는 바가 뭘까?

국민저축이란, 국내투자에 순해외투자를 더한 것임을 나타내는 거네요.

맞아. 쉽게 말해서 국제적으로 보았을 때, 우리 국민이 1000원짜리 지폐 한 장을 더 저축하면, 그 돈이 해외자산의 구입재원으로 쓰인다는 말이지. 즉, 이렇게 다른 재화나 용역을 구입하기 위해 돈을 빌리는 시장을 대부자금시장(Loanable Funds Market)이라고 한단다.

그럼 대부자금시장의 그래프는 어떻게 돼요?

궁금하지? 다음 그래프를 보렴.

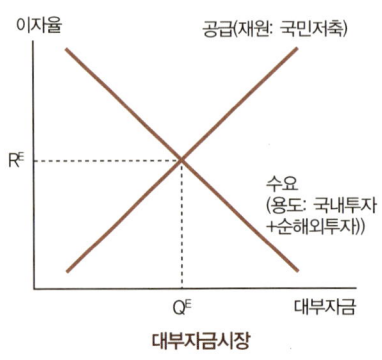

대부자금도 돈이라고 해서 화폐시장과 동일시하다가는 큰 코 다친단다. 왜냐하면, 이자율이 높을 때 국민들이 더 많은 돈을 저축하기 때문에 이자율과 대부자금시장의 공급곡선은 양의 비례관계에 있단다. 다시 강조하는데, 공급곡선은 '재원'의 의미이고, 수요곡선은 '용도'의 의미라는 점 기억하자.

선생님, 그럼 외환시장의 그래프는 뭐가 다른가요?

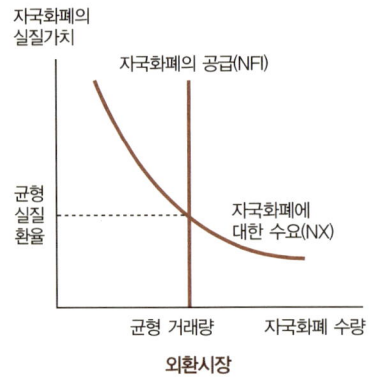

많이 다르지. 외환시장이 오히려 화폐시장과 더 비슷한 양상을 보인단다. 세로축이 화폐의 실질 가치이고, 가로축이 화폐의 수량이라는 점도 굉장히 흡사하지. 왼쪽 그래프를 보자꾸나.

일단, 우리가 기본적으로 알아야 할 것은 외환시장에서 수요와 공급을 일치시키는 가격은 균형 실질환율이라는 점이란다. 실질환율이란 국내 상품과 외국 상품 사이의 상대가격을 말하지. 만약 원화의 실질환율이 낮으면 우리 상품이 외국 상품에 비해 더 싸져서 순수출이 증가하지? 그러면 순수출 대금을 결제하는 데 필요한 원화의 수요가 증가하고, 이는 원화에 대한 수요곡선이 마이너스 기울기를 갖게끔 하지.

그럼 자국 화폐의 공급곡선이 수직인 이유는 무엇인가요?

그건 순해외투자를 위한 자금수요는 실질환율과 무관하기 때문이란다. 오히려 실질이자율과 관련이 있지. 아직 완벽히 이해가 안 가지? 그래서 경제학자들은 대부자금시장과 외환시장을 연결해주는 변수로 순해외투자곡선을 쓴단다. 그래프를 보렴.

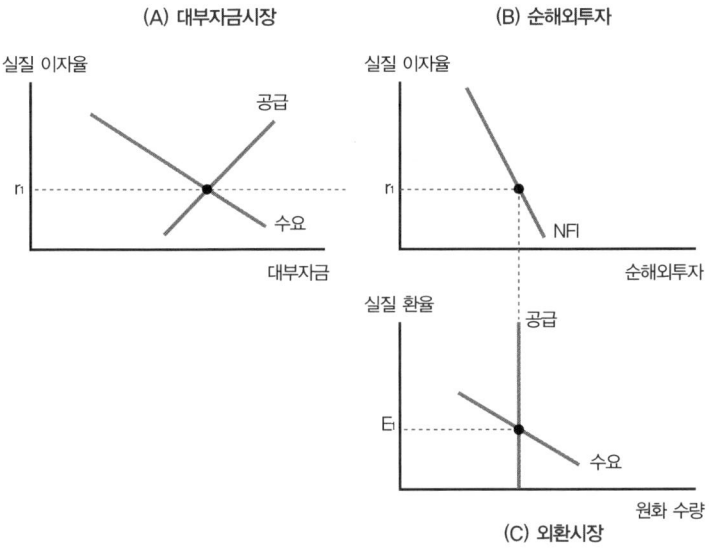

순해외투자는 실질환율이 아니라 실질이자율과 관련이 있다는 것을 증명하기 위해서 예를 들어보자. 만약 국내 이자율이 높아지면 국내 자산을 보유하는 것이 상대적으로 유리하겠지? 따라서 순해외투자는 감소하게 된단다. 이는 실질이자율과 순해외투자 사이에 상충관계가 있음을 말해주고, 곡선의 기울기를 설명하지.

아하, 그래서 대부자금시장에서 실질이자율이 결정되면, 순해외투자곡선이 그 이자율에 맞추어 외환시장에서 공급곡선으로 변화하는군요? 그래서 환율이 결정되고요.

무역을 제한하는 목적

맞았어. 그런데 여기까지는 AP 시험에 잘 안 나오는 부분이야. AP의 범위를 넘어서긴 하는데, 일단 배워두면 나중에 편하다는 사실을 깨닫게 될 거야. 자, 또 다시 문제 하나만 풀어보자. 어떤 나라가 다른 나라와의 무역을 제한하는 경우는 무엇 무엇이 있을까?

일단, 보호무역주의적인 시각에서 국내의 약소기업들을 보호하려는 의미가 있겠고, 가격을 갑자기 올리는 등의 횡포를 피하기 위해서 한 상품에 대해 지배권을 잃지 않으려는 노력도 있을 수 있겠고, 국내 노동자들이 직장을 잃지 않게끔 하려는 시도가 있을 수 있겠네요. 싼 외국산 제품에 대항해서 말이에요.

맞아. 그런데 한 가지가 더 있어. 바로 덤핑(dumping)이라는 경영전략을 막기 위해서야.

덤핑이요?

옛날 Sony TV가 텔레비전의 본고장인 미국에 진출할 때, 자국에서는 상당히 비싼 값에 공급을 하는 데 반해 미국에서는 굉장히 저렴한 가격으로 판매를 했단다. 물론 일본은 그 특유의 장인정신으로 품질도 최상을 자랑했지. 그런데 그렇게 점유율이 안정권을 넘어서자, 이 Sony는 고급화 전략이란 이름으로 값을 서서히 올리기 시작했단다. 이 방법으로 상당히 많은 이윤을 얻었고, Sony는 이제 고급 브랜드로서의 명성을 날리게 됐지.

아, 맞아요. 제가 테네시(Tennessee)주의 내쉬빌(Nashville)을 다녀온 적이 있는데요. 거기 사람들은 소니(Sony)가 미국산인 줄 알고 있었어요. 그리고 소니 TV를 소유하고 있다는 것을 상당한 자랑으로 여기다라고요.

그래. 그게 바로 덤핑의 폐해야. 그럼 그런 자국의 시장을 보호하기 위해서 정부는 어떠한 노력을 할까?

이건 쉽네요. 영화산업의 경우처럼 쿼터(quota)를 정하기도 하고, 자동차처럼 관세(tariff)를 정하기도 하죠.

응, 맞아. 굳이 한 가지 더 보충하자면 특정 물품을 수입하는 사람들에게 면허증(license)을 따라고 하기도 해. 매해 뽑히는 인원은 보통 정해지기 때문에, 깔끔하게 관리가 되겠지? 그런데 벌써 반이나 했어. 이제 확장된 경제성장론을 공부하면 끝나. 뭐 질문 없니?

선생님, 환율을 움직이는 이론은 알겠는데요. 구체적인 예가 혹시 있을까요?

아, 좋은 질문이다. 나중에 설명하려고 했는데, 지금 정리해줄게. 참고로 그것도 AP에 잘 나오는 개념이니까 꼭 암기하자. 그리고 지금 내가 외환시장의 모형도 같이 설명할 건데, 원(Won)화가 기준이 된다는 사실을 꼭 기억하자.

1. 상대적 소득 수준의 차이
2. 국가의 수출상품에 대한 기호
3. 상대적 가격 차이(구매력 평가 이론)
4. 정치적 안정성
5. 상대적 금리(이자율)의 차이
6. 환투기

첫 4가지 항목, 즉 상대적 소득 수준의 차이가 있을 때나 국가의 수출상품에 대한 기호가 있을 때, 상대적 가격 차이가 있을 때, 그리고 나라간 정치적 안정성 정도의 차이가 있을 때에는 외환시장에서 원화에 대한 수요와 공급이 동시에 움직인단다. 이때, 원화에 대한 수요와 공급곡선이 항상 반대로 움직이게 되어 있는데, 그걸 네가 설명해보거라. 힌트를 주자면, 이때 외환시장은 저량(stock)의 개념이란다. 유량(flow)의 개념이 아니지. 다시 말하면, 어떤 시점에 네 시야를 고정시켜야 한다는 말이란다.

미국이 한국보다 상대적으로 소득 수준이 높으므로, 한국의 상품을 살 소지가 더 많을 것이고, 한국에 맛있는 먹을거리 수출품(?)이 많다고 가정했을 때도 한국의 상품을 살 소지가 상대적으로 많을 것이고, 한국이 상대적으로 물가가 싸므로 한국의 상품을 살 소지가 역시 상대적으로 많을 것이며, 한국이 미국보다 정치적으로 안정화된 경우에도 한국 상품에 대한 수요가 많아지게 되겠죠. 또한 한국이 미국보다 상대적으로 정치적 안정성을 띠고 있다고 판단되면 미국 투자자들은 한국에 투자를 많이 하게 될 거예요. 이때, 외환시장에서 원화에 대한 수요가 늘어나게 되므로, 외환시장에서의 공급은 줄어들게 되죠. 왜냐하면, 한 시점을 중심으로 화폐량을 비교하게 되니까요.

훌륭하구나. 그럼 그 밑의 항목을 보자. 상대적 이율의 차이가 있을 때인데, 예를 들어, 한국이 미국에 비해서 이자율이 높아졌다고 가정해보자. 그렇다면 미국 사람들이 한국에 많이 투자를 하겠지? 이때, 네가 알아야 할 사실은 이자율은 외환시장에서 원화 공급과는 관련이 없다는 사실이란다. 헷갈리지 않도록 주의하거라. 이자율의 차이는 수요에만 영향을 끼친다.

아하, 알겠어요.

그리고 마지막 항목은 환투기가 존재할 경우인데, 만약 미국 사람들이 한국의 원화 절상 및 절하를 예측하여 원화를 투기의 수단으로 활용할 경우(원화를 가진 사람의 입장에서)에, 원화가 달러화

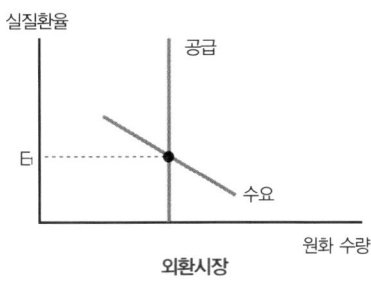

보다 가치가 떨어졌을 때를 생각해보자. 이때, 원화에 대한 공급은 늘어나게 되겠지? 여기서도 중요한 점은, 이때 원화의 수요에는 영향을 미치지 않는다는 점을 유의하도록 하자. 환투기성 예측(speculation)은 외환시장에서 공급곡선에만 영향을 미친다.

그리고 이제 국제수지의 개념만 정리해보고 마치자.

그럼 이제 경제성장론을 다시 배우죠?

그래. 너 참 조급하구나. 국제수지(balance of international payments)란, 일정 기간 동안에 한 나라의 거주자와 다른 나라들의 거주자 사이에 발생한 모든 경제 거래의 값을 말한단다. 경제학자들과 통계학자들은 이를 표(table)로 정리했는데, 좌변을 차변(debit)으로 하고, 우변을 대변(credit)이라고 한단다. 즉, 일종의 국가적인 대차대조표라고 할 수 있지. 여기까지 질문 있니?

선생님, 국제수지표에서 차변과 대변이 뭔지 자세히 설명해 주세요.

먼저, 대변부터 알아보자. 너 학교에서 학점을 딸 때, 무엇을 받는다고 하니?

학점(credit)을 몇 점 받는다고 하죠.

여기서도 같은 원리야. 네가 선생님한테서 학점을 받듯이, 한 나라도 외국으로부터 수입(income)을 얻는 거지. 그리고 그 거래내역이 바로 대변에 기록된단다.

그럼 반대로, 차변은 외국에 대한 지급 거래가 기록되는 건가요?

그렇지. 그런데 이 표의 특징이 하나 있다면, 양 변의 합의 합계는 항상 일치한다는 점이란다. 그 이유는 국제 거래의 종류에 따라 국제수지표의 항목이 구성됨에 따라서, 어떠한 거래가 일어나든지 대변의 어느 항목에 한 번, 차변에도 어느 항목에 한 번이 기록되기 때문이지.

선생님, 말이 너무 어려워요.

나도 이 단원을 처음 공부할 때 많이 고생을 했어. 하지만 표를 직접 공부하고 나서 깨닫게 되었지. 너도 그럴 수 있단다. 다음 표를 보자.

구분	차변	대변
경상계정	재화나 용역의 수입	재화나 용역의 수출
자본계정	국내에서 외국에 투자 → 현금 유입	외국에서 국내에 투자 → 현금 유출
준비 자산 증감	외환 보유고 증가	외환 보유고 감소

일단, 경상계정(Current Account)이라는 항목은 경상 거래, 즉 실질적인 재화와 용역의 거래를 기록한단다. 이 계정에는 크게 다음 네 가지 항목이 있어.

1. 상품수지
2. 서비스수지
3. 소득수지
4. 이전수지

상품수지는 재화의 수출입을 말하고, 서비스수지는 용역의 수출입을 뜻한단다. 이 둘을 합쳐서 무역수지(Balance of Trade)라고 하지. 그리고 소득수지(Net Investment Income)는 국가의 경계를 넘어선 임금 지급 및 이자의 배당을 의미하며, 마지막으로 이전수지(Net Transfers)는 아무런 대가 없이 일어나는 거래를 말한단다. 우리가 북한에 소를 주는 것처럼 말이야.

그럼 자본계정에는요?

자본계정(Capital Account)에는 경상계정과는 달리 돈의 흐름을 주시한단다. 이 계정은 크게 다음과 같은 거래가 기록되지.

1. 직접 투자
2. 차관(국제간의 장기자금대차)에 의한 자본의 유·출입
3. 해외 채권의 매매

진짜 마지막으로, 준비 자산 증감(Changes in Reserve Assets)란, 흔히 말하는 외환 보유고(Official Reserve)의 변화량이란다. 외환 보유량의 감소는 대변에 기록되고, 증가는 차변에 기록된다는 사실, 꼭 기억하자. 또한 경상수지와 자본수지를 더해서 종합수지라고 한다는 것도 알아두자.

선생님, 이 내용이 AP의 범위 안에 있나요? 너무 어려워 보이는데…….

사실 너무 어려워서 많이 출제되지는 않는단다. 하지만 개념은 파악해두어야겠지. AP에서는 이 정도 개념만 알면 된단다. 사실

이 정도만 공부해도 AP 수준 이상이지만 말이야. 그럼 이제 다음 내용으로 넘어가보자. 우리의 기나긴 여정의 끝이 될 내용이니까, 더욱 경건한 마음으로 공부에 임해보자.

네.

경제성장론의 확장

태리야, 우리나라의 경제가 성장했다는 것을 표현할 그래프는 무엇이 있었는지 기억하니?

첫 번째는 생산가능곡선이 오른쪽으로 이동하는 것이고, 두 번째는 장기 총공급곡선이 오른쪽으로 이동하는 그래프죠. 이게 다 아닌가요?

맞았어. 그럼 그들을 오른쪽으로 움직이게 하는 요소들은 무엇이 있을까?

일단, 자원의 부존량(resource availability)의 증가를 말할 수 있겠고요. 생산성(productivity)의 증가가 다른 하나의 요소가 되겠네요.

좋아. 그럼 먼저, 구체적으로 한 나라가 소유한 자원은 어떻게 늘어나지?

가장 일반적인 사례가 금광을 새로이 개발하거나, 유전을 발견하는 등의 천연자원의 증가이고, 두 번째로 일을 할 수 있는 인구인 노동인구(Labor Force)의 증가가 한 예가 되며, 마지막으로 보유한 자본의 주가가 올라가면 되겠죠.

잘 아는데?

예습 좀 했죠, 뭘. 환율론은 너무 어려워서 공부를 많이 못했는데, 이 부분은 쉬워서 금방 했어요.

그럼 생산성을 늘리는 지표는 무엇이 있을까?

일단, 기술력이 발전을 해야 하겠죠. 그리고 기술력은 더 고등교육을 받은 노동자들로부터 나오니까, 교육의 질과 양을 늘리는 것도 한 방법이 되겠네요.

그러니까 정리하자면, 기술의 진보와 노동자들의 숙련도의 증가라고?

그런 셈이죠.

조금 많이 빼먹었어. 즉, 생산함수 $Y=Af(L, K, H, N)$에서 우리는 생산성의 정의를 도출할 수 있단다. 생산성은 바로 양변을 노동자들의 수인 L로 나누었을 때의 값이지. 즉, 생산함수의 식을 다음과 같이 표현해도 무방하겠지?

$Y/L = A/L\ f(L, K, H, N)$

그런데 이것은, '$Y/L = Af(1, K/L, H/L, N/L)$'과 같다고 할 수 있지? 따라서 여기서, 생산성은, 한 사람이 가진 설비와, 능력과, 천연자원의 양과 비례한다는 거야. 따라서 네가 K/L, N/L를 빼먹은 거지. 이제 알겠지?

예.

휴, 이제 4주간의 여정이 끝났구나. 뭐, 질문할 내용 있니?

아, 선생님 지금 내려가시면 안 될까요? 내려가면서 질문을 할게요.

아, 레스토랑에 예약이 되어 있니?

네. 지금 내려가시면 돼요. 그런데요, 선생님. 어떤 책에서 봤는데, 72의 법칙(The Rule of 72)이 뭐에요?

그건 한 나라의 경제가 2배로 발전할 때까지 걸리는 시간을 측정하는 공식이란다. 여기서 독립변수는 국가의 성장율(National Growth Rate)이지. 즉, 중국이 1년에 9%의 성장을 꾸준히 한다고 가정했을 때, 현재 경제 규모의 2배가 되기 위해서는 72/9, 즉 8년의 세월이 걸리겠지. 만약, 인도가 1년에 6%대 성장을 꾸준히 한다고 치면, 인도의 현재 경제규모가 2배가 되기까지는 72/6, 즉 12년의 세월이 걸린다고 알 수 있지.

그런데 너는 한 나라의 경제 수준을 측정하는 가장 정확한 지표가 뭔지 아니?

제 생각에는 실질 GDP인 것 같아요. 명목 GDP에서의 물가상승률을 제외해야 하잖아요.

하하. 너도 낚인 거야, 인마. 그럼 지금 스위스가 인도보다 못 산다고 말하니?

그건 아닌데요.

하하. 사실 한 나라의 경제 수준을 우리는 1인당 실질 GDP(Real GDP per capita)를 가지고 판단한단다. 인도의 전체 GDP는 현재 우리나라보다 훨씬 높아. 인구가 많으니까 말이야. 하지만 그 어떤 사람이 인도가 룩셈부르크보다 잘 산다고 하니?

 그렇네요. 그런데 선생님, 나중에 대학교 2학년 수준의 경제학도 가르쳐주실 수 있으세요?

 당연하지. 그럼 2학년 여름방학 때쯤 오거라. 그때 AP랑 SAT2가 마무리돼서 시간이 많이 남으면 말이야.

 하긴, 그때가 좋겠네요. 어, 저기 어머니께서 오세요!

 그래? 어서 인사드려야겠구나.

태리의 **개념 정리** 노트 NO. 10

1. 돈의 경제학적 의미
- **교환의 수단:** 재화와 용역을 구입하거나 제공하는 대가로서의 역할
- **가치의 저장:** 노동의 대가에 대한 가치를 돈이라는 수단으로 저장.
- **회계의 단위:** 재정적 수준을 평가하는 잣대.

2. 미국 연방준비위원회의 통화정책
- 재할인율 정책
- 공개시장조작정책
- 지급준비율 정책
- 직접적, 선택적으로 개입하는 금융정책

3. 화폐의 수요량을 움직이는 요소들
- **이자율:** 이자율이 상승하면 화폐에 대한 기회비용이 높아지기 때문에 화폐의 수요는 감소한다.
- **물가 수준:** 물가 수준이 상승하면 평균적으로 보유하고자 하는 화폐의 수량이 늘어나기 때문에 화폐 수요가 증가한다.
- **실질 GDP:** 실질 GDP가 상승하면 화폐의 수요도 증가한다.

4. 순해외투자에 관한 개념 정리
- 순수출=순해외투자
- 국민저축=기업의 투자+순해외투자

5. 환율을 변동시키는 요소

- 상대적 소득 수준의 차이
- 국가의 수출상품에 대한 기호
- 상대적 가격 차이
- 정치적 안정성
- 상대적 금리(이자율)의 차이
- 환투기

appendix

미니 경제학 용어사전

경제학을 공부할 때는 먼저 경제학에서 사용하는 용어들에 익숙해져야 한다. 이어지는 미니 경제학 용어사전을 보며 지금까지 공부한 개념들을 떠올려보자.

〈ㄱ〉

가격상한(price ceiling) 어떤 재화 판매가격의 법정 최고치

가격차별(price discrimination) 동일한 상품에 대해 구입자에 따라 다른 가격을 받는 행위

가격하한(price floor) 어떤 재화 판매가격의 법정 최저치

가변비용(variable costs) 산출량에 따라 변하는 비용

가치의 저장 수단(store of value) 현재의 구매력을 미래로 이전시키는 데 이용되는 수단

개방경제(open economy) 전 세계 여러 나라 경제들과 자유롭게 교류하는 경제

거래비용(transaction costs) 이해 당사자들이 협상을 통해 합의에 도달하는 과정에서 부담하는 비용

거시경제학(macroeconomics) 인플레이션, 실업, 경제성장 등 경제 전반에 관한 현상을 연구하는 경제학의 분야

게임 이론(game theory) 사람들의 전략적 행동을 연구하는 이론

경기적 실업(cyclical unemployment) 자연 실업률을 벗어난 실업

경기침체(recession) 실질 소득이 감소하고 실업이 증가하는 시기

경쟁시장(competitive market, 완전경쟁시장이라고도 함) 소비자와 판매자가 매우 많아서 개별 소비자나 판매자가 시장가격에 거의 영향을 미치지 못하는 시장

경제순환모형도(circular-flow diagram) 시장을 통해 가계와 기업 간에 자금이 순환하는 과정을 그림으로 표현한 경제 모형

경제적 순손실(deadweight loss, 자중손실 또는 사중손실이라고도 함) 세금 부과 등과 같은 시장 왜곡 현상에 의해 초래되는 총 잉여 감소분

경제학(economics) 한 사회가 희소한 자원을 어떻게 관리하는가를 연구하는 학문

경제학적 이윤(economic profit) 총수입에서 명시적 비용과 암묵적 비용을 포함한 모든 기회비용을 뺀 금액

경제활동인구(labor force) 실업자, 취업자의 합

경제활동 참가율(labor-force participation rate) 성인 인구 중에서 경제활동인구가 차지하는 비율

경합성(rivalry) 한 사람이 재화를 소비하면 다른 사람의 소비가 제한 받게 되는 속성

고전학파의 이분법(classical dichotomy) 경제변수를 명목변수와 실질변수로 나누는 것

고정비용(fixed costs) 산출량에 따라 변하지 않는 비용

공개시장 조작(open market operations) 중앙은행이 민간으로부터 국채를 사거나 파는 행위

공공재(public goods) 배제성도 없고 경합성도 없는 재화

공급곡선(supply curve) 어느 재화의 가격과 공급량 사이의 관계를 보여주는 그래프

공급량(quantity supplied) 판매자가 팔 의사와 능력이 있는 수량

공급의 가격탄력성(price elasticity of supply) 어느 재화의 가격이 변할 때 그 재화의 공급량이 얼마나 변하는지를 나타내는 지표로서, 공급량의 변화율을 가격 변화율로 나눈 수치

공급의 법칙(law of supply) 다른 조건이 불변일 때, 어느 재화의 가격이 상승하면 그 재화의 공급량이 증가하는 법칙

공급 충격(supply shock) 기업들의 비용과 가격에 직접적 영향을 미쳐 총공급곡선과 필립스 곡선을 이동시키는 사건

공급표(supply schedule) 어느 재화의 가격과 그 재화의 공급량 사이의 관계를 나타내는 표

공리주의(utilitarianism) 정부가 사회 구성원 전체의 총효용을 극대화시키는 정책을 선택해야 한다는 정치 철학

공유 자원(common resources) 경합성은 있으

나 배제성이 없는 재화
공유 자원의 비극(Tragedy of Commons) 공유 자원이 사회적 관점에서 볼 때 과다하게 사용되어 결국 고갈된다는 이야기
공평성(equity) 사회 구성원들 간에 공정한 경제적 후생의 배분
과점(oligopoly) 유사하거나 동일한 상품을 공급하는 소수의 공급자가 존재하는 시장 구조
관세(tariff) 외국에서 생산되어 국내에서 소비되는 물건에 부과되는 세금
교환의 매개수단(medium of exchange) 어떤 재화나 서비스를 사는 사람이 파는 사람에게 주는 지불수단
구두창비용(shoe-leather costs) 인플레이션에 직면한 경제 주체들이 현금 보유를 줄이는 과정에서 낭비되는 자원
구매력평가설(purchasing-power parity) 한 나라의 화폐는 모든 나라에서 동일한 수량의 재화를 구입할 수 있어야 한다는 환율 결정 이론
구조적 실업(structural unemployment) 노동시장에서 제공되는 일자리의 수가 직장을 찾고 있는 노동자들의 수에 비해 적어서 발생하는 실업
국내총생산(GDP, gross domestic product) 일정 기간 동안에 어느 나라에서 생산된 모든 최종 재화와 서비스의 시장 가치
국민저축(national saving, 줄여서 저축이라고 함) 경제 전체의 소득 중에서 소비와 정부 지출에 충당하고 남은 금액
국민총생산(GNP, gross national product) 일정 기간 동안에 한 나라 국민들이 생산한 모든 최종 재화와 서비스의 시장 가치
국제 가격(world price) 세계 시장에서 형성된 가격
규모에 대한 수익 불변(constant returns to scale) 장기 평균총비용이 산출량과 관계없이 일정한 현상
규모의 경제(economies of scale) 산출량이 증가함에 따라 장기 평균총비용이 하락하는 현상
규모의 비경제(diseconomies of scale) 산출량이 증가함에 따라 장기 평균총비용이 상승하는 현상
규범적 주장(normative statements) 현실이 어떻게 되어야 한다는 주장
균형(equilibrium) 수요와 공급이 일치된 상태
균형가격(equilibrium price) 수요와 공급을 일치시키는 가격
균형 거래량(equilibrium quantity) 수요와 공급이 일치된 상태의 수요량 및 공급량
금융시장(financial markets) 저축하는 사람들이 차입하는 사람들에게 자금을 공급할 수 있게 해주는 시장
금융정책(monetary policy, 통화정책, 통화신용정책이라고도 함) 중앙은행의 정책 입안가들이 통화량을 결정하는 것
금융제도(financial system) 한 사람의 저축을 다른 사람의 투자로 연결하는 것을 돕는 기관들
금융 중개 기관(financial intermediaries) 저축하려는 사람들이 차입하려는 사람들에게 자금을 간접적으로 공급할 수 있게 해주는 금융기관
급진적 자유주의(libertarianism) 정부가 범죄를 처벌하고 계약의 준수를 강제해야 할 뿐 소득을 재분배해서는 안 된다는 정치 철학
기술 지식(technological knowledge) 재화와 서비스를 생산하는 최선책에 대한 사회의 이해
기펜 재(Giffen good) 가격이 상승하였는데도 수요량이 증가하는 재화
기회비용(opportunity cost) 무엇을 얻기 위해 포기한 다른 어떤 것

〈ㄴ〉

내쉬 균형(Nash equilibrium) 각 기업이 상대방의 전략을 주어진 것으로 전제하고 거기에 대하여 최선의 전략을 선택하여 형성된 균형 상태

노동의 한계생산(marginal product of labor) 노동 한 단위가 추가로 투입되었을 때 추가적으로 발생하는 산출량 증가

노동조합(union) 고용주들과 임금이나 근로 조건에 관하여 협상하기 위해 결성한 근로자 조직

누진세(progressive tax) 고소득층이 저소득층에 비해 소득의 더 큰 몫을 납부하는 세금

능력 원칙(ability-to-pay principle) 사람들의 세금 부담 능력에 따라 세금을 내야 한다는 원칙

〈ㄷ〉

단체교섭(collective bargaining) 노조와 기업주가 고용 조건에 합의하는 과정

담합(collusion) 기업들이 가격과 수량을 협의하여 결정하는 행위

대부자금시장(market for loanable funds) 저축하려는 사람들이 투자 재원을 마련하기 위해 차입하려는 사람들에게 자금을 공급해주는 시장

대체재(substitutes) 한 재화의 가격이 하락함에 따라 다른 한 재화의 수요가 감소하는 경우 두 재화의 관계

대체효과(substitution effect) 소비자 만족 수준을 일정하게 유지한 채 오직 상대가격의 변화에 의해 초래된 소비자 선택의 변화

독점기업(monopoly) 밀접한 대체재가 없는 상품의 유일한 공급자

독점적 경쟁(monopolistic competition) 수많은 공급자들이 동일하지는 않지만 유사한 상품을 공급하고 있는 시장 구조

따라잡기 효과(catch-up effect) 가난한 상태에서 출발한 나라들이 이미 부유한 상태에 있는 나라들에 비해 성장률이 높은 경향

〈ㅁ〉

마이너스 소득세(negative income tax, 부(負)의 소득세라고도 함) 고소득자에게는 세금을 징수하고 저소득자에게는 보조금을 주는 소득세 제도

마찰적 실업(frictional unemployment) 구직자들이 자신에게 가장 잘 맞는 직장을 찾는 데 시간이 걸리기 때문에 발생하는 실업

매몰비용(sunk cost) 지불되고 난 뒤 회수할 수 없는 비용

메뉴비용(menu costs) 가격을 변동시키는 데 드는 비용

명목 GDP(nominal GDP) 재화와 서비스 생산의 가치를 현재 가격으로 계산한 것

명목변수(nominal variables) 화폐 단위로 측정된 변수

명목이자율(nominal interest rate) 인플레이션을 감안하여 조정하지 않은 이자율

명목환율(nominal exchange rate) 한 나라의 화폐(통화)와 다른 나라 화폐(통화) 사이의 교환 비율

명시적 비용(explicit costs) 현금 지출을 필요로 하는 요소 비용

무역수지(trade balance) 한 나라의 수출액에서 수입액을 뺀 수치. 순수출이라고도 함.

무역수지 균형(balanced trade) 수출액과 수입액이 같은 상태

무역수지 적자(trade deficit) 수입이 수출을 초과하는 금액

무역수지 흑자(trade surplus) 수출이 수입을 초과하는 금액

무역정책(trade policy) 한 나라가 수입 또는 수출하는 재화와 서비스의 양에 직접적인 영향을 미치는 정책

무임승차 행위(free-rider) 어떤 사람이 어떤 재화의 소비로부터 이득을 보았음에도 불구하고 이에 대한 대가 지불을 회피하는 행위

무차별 곡선(indifference curve) 소비자에게 동일한 만족을 주는 재화 묶음들을 연결한 곡선

물가 연동(indexation) 법률이나 계약에 의해 인

플레이션 효과를 조정하는 것
물적 자본(physical capital) 재화와 서비스의 생산에 투입되는 장비와 구조물의 스톡
물품 화폐(commodity money) 물건 그 자체로서 가치를 지닌 화폐
뮤추얼 펀드(mutual fund) 일반 대중들에게 주식을 공모하여 조성한 자금으로 다양한 주식과 채권을 구입하는 투자회사
미시경제학(microecnomics) 개별 소비자와 기업의 의사 결정이 어떻게 이루어지며 이들이 시장에서 어떤 식으로 상호 작용하는지를 다루는 경제학의 분야
민간 저축(private saving) 가계 소득 중에서 소비와 정부 지출에 충당하고 남은 금액
밀어내기(crowding out) 정부 차입으로 인한 민간 투자의 감소 현상
밀어내기 효과(crowding-out effect, 구축 효과라고도 함) 확대 재정정책으로 인한 이자율의 상승으로 투자가 감소하여 총수요의 증가가 일부 상쇄되는 현상

〈ㅂ〉

배제성(excludability) 사람들이 재화를 소비하는 것을 막을 수 있는 가능성
법정 지급 준비율(reserve requirements) 은행들이 예금액 중에서 의무적으로 보유해야 되는 지급 준비금의 최저 비율
법화(fiat money) 자체로서는 가치가 없고 정부의 명령에 따라 교환의 매개수단으로 통용되는 화폐
보상적 임금격차(compensating differential) 비금전적인 직업 속성의 차이를 보상해주기 위한 임금의 차이
보완재(complements) 한 재화의 가격이 하락함에 따라 다른 한 재화의 수요가 증가하는 경우 두 재화의 관계

부분 지급 준비제도(fractional-reserve banking) 예금액의 일부만 지급 준비금으로 남겨두고 나머지는 대출하는 은행제도
불황(depression) 심한 경기침체
비교 가치론(comparable worth) 비슷한 직업을 가진 사람들은 같은 임금을 받아야 한다는 원리
비교우위(comparative advantage) 기회비용이 낮은 생산자가 비교 우위를 지니고 있다.
비례세(proportional tax) 고소득층이나 저소득층이나 소득의 일정 비율을 납부하는 세금
비용(cost) 재화를 생산하기 위해 생산자가 포기해야 하는 모든 것의 가치
비용 편익 분석(cost-benefit analysis) 공공재 공급의 사회적 비용과 편익을 비교하는 연구·분석
빈곤선(poverty line) 소득이 그 이하이면 가계가 절대빈곤의 상태에 있다고 판단되는 소득 수준. 빈곤선은 가구원의 수에 따라 다름
빈곤율(poverty rate) 가계소득이 빈곤선에 못 미치는 사람들이 총인구에서 차지하는 비율
빈곤층 소득 보조(welfare) 빈곤한 사람들의 소득을 보조해주는 정부의 각종 지원제도

〈ㅅ〉

사적 재화(private goods, 사유재라고도 함) 배제성과 경합성을 가진 재화
생산가능곡선(production possibilities frontier) 한 나라의 경제가 주어진 생산요소와 생산 기술을 사용하여 최대한 생산할 수 있는 산출물의 조합을 나타내는 곡선
생산성(productivity) 근로 시간 1시간당 생산되는 재화와 서비스의 양
생산요소(factors of production) 재화와 서비스를 생산하기 위해 투입되는 자원
생산자물가지수(producer price index) 기업들이 구입하는 재화와 서비스 묶음의 비용을 나타

내는 지표

생산자잉여(producer surplus) 공급자가 실제로 받은 금액에서 공급자 비용을 뺀 나머지 금액

생산함수(production function) 생산요소 투입량과 산출량 사이의 관계

생애 주기(life cycle) 한 사람의 인생을 통해 나타나는 일정한 소득 변화 패턴

소득효과(income effect) 상대가격은 일정하게 유지한 채 오직 소비자 만족 수준의 변화에 의해 초래된 소비자 선택의 변화

소비(consumption) 신축 주택에 대한 지출을 제외한 재화와 서비스에 대한 가계의 지출

소비자물가지수(consumer price index) 대표적인 소비자가 구입하는 재화와 서비스의 전반적 비용을 나타내는 지표

소비자잉여(consumer surplus) 구입자의 지불용의에서 구입자가 실제로 지불한 금액을 뺀 나머지

수요곡선(demand curve) 어느 재화의 가격과 수요량 사이의 관계를 보여주는 그래프

수요&공급의 법칙(law of demand and supply) 어느 재화의 가격이 그 재화에 대한 수요와 공급이 일치하도록 조정되는 현상

수요량(quantity demanded) 소비자들이 값을 치르고 구입할 의사와 능력이 있는 재화의 양

수요의 가격탄력성(price elasticity of demand) 어느 재화의 가격이 변할 때 그 재화의 수요량이 얼마나 변하는지 나타내는 지표로서, 수요량의 변화율을 가격 변화율로 나눈 수치

수요의 교차탄력성(cross-price elasticity of demand) 한 재화의 가격이 변할 때 다른 재화의 수요량이 얼마나 변하는지를 나타내는 지표로서, 한 재화의 수요량의 변화율을 다른 재화의 가격 변화율로 나눈 수치

수요의 법칙(law of demand) 다른 조건이 불변일 때, 어떤 재화의 가격이 상승하면 그 재화의 수요량이 감소하는 법칙

수요의 소득탄력성(income elasticity of demand) 소비자의 소득이 변할 때 어느 재화의 수요량이 얼마나 변하는지를 나타내는 지표로서, 수요량의 변화율을 소득 변화율로 나눈 수치

수요표(demand schedule) 어느 재화의 가격과 그 재화의 수요량 사이의 관계를 나타내는 표

수입(imports) 외국에서 생산되어 국내에서 판매되는 재화와 서비스

수입 쿼터(import quota, 수입 할당제라고도 함) 외국에서 생산되어 국내에서 소비되는 물건의 수량에 부과되는 수입 상한선

수직적 공평성(vertical equity) 세금 부담 능력이 비슷한 사람들은 비슷한 세금을 내야 한다는 원칙

수확 체감(diminishing returns) 생산요소의 투입량이 증가함에 따라 추가 투입에 따른 산출량 증가분이 감소하는 현상

순수출(net exports) 국내에서 생산되어 외국에서 판매된 금액(수출)에서 외국에서 생산되어 국내에서 판매된 재화와 서비스의 가치(수입)를 뺀 금액

순해외투자(net foreign investment) 내국인에 의한 외국 자산의 취득금액에서 외국인에 의한 국내 자산의 취득 금액을 뺀 수치

스태그플레이션(stagflation) 산출량이 감소하고 동시에 물가가 오르는 현상

승수효과(multiplier effect) 확대 재정정책으로 인한 소득 증가로 소비지출이 증가하여 총수요가 추가적으로 증가하는 현상

시장(market) 특정한 재화나 서비스를 사고파는 사람들의 모임

시장경제(market economy) 수많은 기업과 가게가 시장에서 상호 작용하면서 분산된 의사 결정에 의해 자원 배분이 이루어지는 경제 체제

시장 실패(market failure) 시장이 자유롭게 기능하는데도 효율적이지 못한 자원배분 상태를 초래하는 경우

시장 지배력(market power) 한 사람 또는 소수의 사람들이 시장가격에 대해 상당한 영향을 미칠 수 있는 능력
실망 실업자(discouraged workers) 직장을 찾다가 구직 활동을 포기한 사람
실업률(unemployment rate) 경제활동 인구에서 실업자가 차지하는 비율
실업 보험(unemployment insurance) 근로자들이 실직할 경우 소득의 일부를 보충해주는 정책 프로그램
실증적 주장(positive statements) 현실이 어떠하다는 주장
실질 GDP(real GDP) 재화와 서비스 생산의 가치를 불변 가격으로 계산한 것
실질변수(real variables) 실물 단위로 측정된 변수
실질이자율(real interest rate) 인플레이션을 감안하여 조정한 이자율
실질환율(real exchange rate) 한 나라의 재화와 서비스가 다른 나라의 재화와 서비스와 교환되는 비율

〈ㅇ〉

암묵적 비용(implicit costs) 현금 지출을 필요로 하지 않는 요소 비용
역진세(regressive tax) 고소득층이 저소득층에 비해 소득의 더 작은 몫을 납부하는 세금
연방준비제도(Federal Reserve: Fed) 미국의 중앙은행
열등재(inferior good) 다른 조건이 불변일 때, 소득이 증가(감소)함에 따라 수요가 감소(증가)하는 재화
예금통화승수(money multiplier, 신용승수라고도 함) 1달러의 지급 준비금으로 은행제도가 창출할 수 있는 예금 통화의 양
예산제약선(budget constraint) 주어진 예산과 재화의 가격 하에서 소비자가 구입할 수 있는 재화 묶음을 보여주는 선
완전대체재(perfect substitutes) 직선인 무차별 곡선을 갖는 두 재화
완전보완재(perfect complements) 직각인 무차별 곡선을 갖는 두 재화
외부효과(externality) 한 사람의 행위가 제삼자의 경제적 후생에 영향을 미치고 그에 대한 보상이 이루어지지 않는 현상
외부효과의 내부화(internalizing an externality) 사람들의 유인 구조를 바꾸어 자신들의 행동이 초래하는 외부효과를 의사 결정에 감안하도록 만드는 과정
요구불예금(demand deposits) 개인 수표를 발행하여 인출할 수 있는 은행 예금 계좌
용의자의 고민(prisoners' dilemma) 두 용의자가 협력하여 서로 유리한 결과를 얻을 수 있음에도 불구하고 이것이 왜 어려운지를 보여주는 게임 상황
우월전략(dominant strategy) 상대방이 어떤 전략을 선택하는지와 무관하게 자기에게 유리한 전략
유동성(liquidity) 어떤 자산을 교환의 매개수단으로 얼마나 쉽게 바꿀 수 있는지의 정도
유동성선호이론(theory of liquidity preference) 이자율이 변해서 화폐의 수요와 공급이 일치하게 된다는 케인즈의 이론
이윤(profit) 총수입-총비용
인적 자본(human capital) 교육이나 직업 훈련과 같은 사람에 대한 투자의 축적
인플레이션(inflation) 물가 수준의 전반적인 상승 현상
인플레이션 조세(inflation tax) 정부가 통화 증발을 통해 조달하는 수입
인플레이션율(inflation rate) 지난 기 대비 물가지수 변화율

〈ㅈ〉

자동안정화장치(automatic stabilizers) 경기 침체가 발생할 때 정부가 별도의 조치를 취하지 않더라도 총수요가 증가하도록 만드는 재정정책의 변동

자본(capital) 생산 과정에 사용되는 장비와 설비

자본 도피(capital flight) 한 나라의 자산에 대한 수요가 갑자기 대폭적으로 감소하는 현상

자연 독점(natural monopoly) 시장 전체 수요를 여러 생산자보다 하나의 생산자가 더 적은 비용으로 생산·공급할 수 있는 시장조건

자연 실업률(natural rate of unemployment) 실제 실업률이 상승·하락하는 기준이 되는 정상적인 실업률

자연 실업률 가설(natural-rate hypothesis) 인플레이션이 얼마가 되든 장기적으로 실업률은 자연 실업률로 되돌아간다는 주장

자연자원(natural resources) 토지, 강물, 광물 등 자연에 의해 제공되는 생산요소

재정적자(budget deficit) 재정 지출이 재정 수입을 초과하는 금액

재정흑자(budget surplus) 재정 수입이 재정 지출을 초과하는 금액

재할인율(discount rate) 중앙은행이 시중 은행에 제공하는 대출금에 부과하는 이자율

절대우위(absolute advantage) 생산성이 높은 생산자가 절대우위를 지니고 있다.

절상(appreciation) 외국 화폐에 대한 자국 화폐 가치의 상승

절하(depreciation) 외국 화폐에 대한 자국 화폐 가치의 하락

점진적 자유주의(liberalism) 정부의 '무지의 베일' 뒤에 있는 공정한 제삼자가 만든 것과 같은 공정한 정책을 선택해야 한다는 정치 철학

정부 구입(government purchases) 재화와 서비스에 대한 연방정부, 주정부, 지방정부의 지출

정부저축(public saving) 정부의 조세 수입에서 정부 지출을 제하고 남은 금액

정상재(normal good) 다른 조건이 불변일 때, 소득이 감소(증가)함에 따라 수요가 감소(증가)하는 재화

정액세(limp-sum tax) 누구에게나 동일한 금액으로 부과되는 세금

조세의 귀착(tax incidence) 세금을 결국 누가 부담하는가에 대한 분석

주식(stock) 한 회사의 소유 지분에 대한 청구권

중앙은행(central bank) 한 나라의 은행제도를 감독하고 통화량을 통제하는 기구

지급준비금(reserves) 은행 예금 중에서 대출되지 않은 금액

지급준비율(reserve ratio) 예금 중에서 은행이 지급준비금으로 보유하는 금액의 비율

지불용의(willingness to pay) 구입자가 어떤 재화를 구입하기 위하여 지불하고자 하는 최고 금액

직업 탐색(job search) 근로자들이 자신의 취향과 기술에 맞는 적절한 직업을 찾는 과정

〈ㅊ〉

차별(discrimination) 비슷한 배경을 가진 사람들에게 인종, 성(性), 연령이나 다른 개인적 특성에 의해 서로 다른 기회를 부여하는 것

채권(bond) 일종의 차용증서

초과공급(surplus) 공급량이 수요량을 초과하는 상태

초과수요(shortage) 수요량이 공급량을 초과하는 상태

총공급곡선(aggregate supply curve) 각 물가수준에서 기업들이 생산·판매하려는 재화와 서비스의 양을 나타내는 곡선

총비용(total cost) 기업이 생산 과정에 투입한 모든 요소의 시장 가치

총수요 · 총공급 모형(model of aggregate demand and aggregate supply) 장기 추세를 중심으로 발생하는 단기 경기 변동을 설명하는 모형
총수요곡선(aggregate demand curve) 각 물가 수준에서 가계, 기업, 정부가 구입하려는 재화와 서비스의 양을 나타내는 곡선
총수입(total revenue) 어느 재화에 대한 소비자의 지출액이며 동시에 재화 판매자의 판매수입으로서, 그 재화의 가격에 거래량을 곱한 수치
최소 극대화 기준(maximin criterion) 정부가 사회 최빈민의 복지를 극대화해야 한다는 주장

〈ㅋ〉

카르텔(cartel) 담합 행위에 참여한 기업들
코즈의 정리(Coase theorem) 민간 경제 주체들이 자원의 배분 과정에서 아무런 비용을 치르지 않고 협상을 할 수 있다면, 외부효과로 인해 초래되는 비효율성을 시장에서 그들 스스로 해결할 수 있다는 가설

〈ㅌ〉

탄력성(elasticity) 수요량이나 공급량이 그 결정변수의 변화에 대해 반응하는 정도를 나타내는 지표
통화량(money supply, 화폐 공급량이라고도 함) 경제 내에 유통되는 화폐의 양
투자(investment) 새로운 생산 설비와 건축물에 대한 지출과 신축 주택의 구입

〈ㅍ〉

파업(strike) 노동 공급을 거부하는 노동조합의 단체행동
편익 원칙(benefits principle) 사람들이 정부 서비스로부터 누리는 편익에 따라 세금을 내야 한다는 원칙
평균가변비용(average variable cost) 가변 비용을 산출량으로 나눈 것
평균고정비용(average fixed cost) 고정비용을 산출량으로 나눈 것
평균세율(average tax rate) 세금 총액을 소득 총액으로 나눈 수치
평균수입(average revenue) 총수입을 수량으로 나눈 값
평균총비용(average total cost) 총비용을 산출량으로 나눈 것
폐쇄경제(closed economy) 세계 다른 나라 경제들과 교환하지 않는 경제
피구세(Pigovian tax) 부정적 외부효과를 시정하기 위해 도입된 세금
피셔 효과(Fisher effect) 인플레이션율이 변하면 명목이자율도 같은 폭으로 변하는 현상
필립스 곡선(Phillips curve) 인플레이션과 실업률 사이의 단기 상충관계를 보여주는 곡선

〈ㅎ〉

한계대체율(MRS, marginal rate of substitution) 소비자가 만족 수준을 유지하면서 한 재화를 다른 재화로 대체할 때 교환되는 두 재화의 비율
한계비용(marginal COST) 산출량을 한 단위 증가시킬 때 총비용의 증가분
한계생산가치(value of the marginal product) 요소의 한계생산에 산출물의 시장가격을 곱한 금액
한계생산물(marginal product) 생산요소의 투입량을 한 단위 증가시킬 때 창출되는 산출량의 증가분
한계생산물체감현상(diminishing marginal product) 생산요소의 투입량이 증가함에 따라 그 요소의 한계생산물이 줄어드는 현상

한계세율(marginal tax rate) 소득이 $1 증가할 때 세금의 증가액

한계수입(marginal revenue) 한 단위의 추가 판매로 인해 발생하는 총수입의 변화

한계적 변화(marginal changes) 현재 진행 중인 행동으로부터의 작은 변화

합리적 기대(rational expectations) 사람들은 정부 정책을 포함한 사용 가능한 모든 정보를 적절하게 이용하여 장래를 예측한다는 이론

항상소득(permanent income) 한 사람의 정상적 소득

현금(currency) 일반 국민들의 수중에 있는 지폐와 동전

현물 보조(in-kind transfer) 현금이 아닌 재화나 서비스의 형태로 빈민에게 지원되는 보조

화폐(money) 사람들이 다른 사람들로부터 재화와 서비스를 구입하기 위해 통상적으로 사용하는 몇 가지 자산

화폐 수량 방정식(quantity equation, 교환 방정식이라고도 함) M×V=P×Y라는 화폐 수량, 즉 통화량과 산출량의 명목 가치 사이의 관계를 나타내는 방정식

화폐수량설(quantity theory of money) 한 경제에 유통되는 화폐의 양이 물가 수준을 결정하며, 통화량의 증가율이 인플레이션율을 결정한다는 이론

화폐유통속도(velocity of money) 화폐가 한 사람에게서 다른 사람에게로 이동하는 빈도

화폐의 중립성(monetary neutrality) 통화량의 변화가 실질변수에 영향을 주지 못한다는 이론

회계의 단위(unit of account) 물건 가격을 정하고 채무를 기록할 때 사용되는 측정 기준

회계학적 이윤(accounting profit) 총수입에서 명시적 비용을 뺀 금액

효용(utility) 행복 또는 만족의 척도

효율성(efficiency) 사회 구성원이 누리는 총잉여를 극대화시키는 자원 배분의 속성

효율 임금(efficiency wages) 근로자의 생산성을 증가시키기 위해 시장 균형임금보다 높은 수준에서 지급되는 임금

효율적 생산량(efficient scale) 평균총비용이 최소가 되는 산출량 수준

후생 경제학(welfare economics) 자원의 배분이 사람들의 경제적 후생에 미치는 영향을 연구하는 경제학의 한 분야

희생 비율(sacrifice ratio) 인플레이션율을 1%포인트 낮추는 과정에서 비롯되는 연간 GDP의 % 포인트 감소분

희소성(scarcity) 한 사회가 가지고 있는 자원의 유한성

〈기타〉

ceteris paribus 지금 분석하고 있는 변수들을 제외한 다른 모든 변수들이 고정되어 있다는 의미의 라틴어 문구

GDP 디플레이터(GDP deflator) 물가 수준의 지표로서 명목 GDP를 실질 GDP로 나눈 수치에 100을 곱한 것